Fragmente eines neuen Liberalismus

Ralf Dahrendorf

Fragmente eines neuen Liberalismus

Deutsche Verlags-Anstalt · Stuttgart

CIP-Kurztitelaufnahme der Deutschen Bibliothek

Dahrendorf, Ralf:
Fragmente eines neuen Liberalismus /
Ralf Dahrendorf.
Stuttgart : Deutsche Verlags-Anstalt, 1987.
ISBN 3-421-06361-3

Lektorat: Wolfgang Stammler
Umschlagentwurf: Reichert Buchgestaltung, Stuttgart
Satz: Setzerei Lihs, Ludwigsburg
Druck- und Bindearbeit:
Friedrich Pustet, Regensburg
Printed in Germany

Inhalt

Vorbemerkung

Es ist nicht ungewöhnlich, daß man bei der Arbeit an einem Buch unversehens ein zweites schreibt. Das Buch, an dem ich sitze, hat mit der unvollendeten Revolution der Moderne zu tun. Es wird zeigen, daß die nicht mehr ganz taufrische Dame Modernität dennoch von ihrem Charme und ihrer Anziehungskraft wenig eingebüßt hat. Viel bleibt zu tun, um den Traum einer Gesellschaft gleicher Bürgerrechte und vielfältiger Wohlfahrtschancen überall, ja auch nur an einem einzigen Ort zu verwirklichen. Was zu tun bleibt, läßt sich an Hand der wirtschaftlichen, politischen und sozialen Entwicklungen der zweihundert Jahre seit den großen Revolutionen zeigen. Bei diesem Versuch habe ich indes eine Reihe von Rückgriffen, Ausgriffen, Vorgriffen nützlich gefunden, die nicht unmittelbar in die Argumentation des Buches gehören. Daß sie es lohnen, zur Diskussion gestellt zu werden, darf ich aus dem Echo schließen, das die meisten dieser Stücke tatsächlich gefunden haben. Sie sind zum größeren Teil Diskussionsbeiträge aus Anlässen gewesen, bei denen Wissenschaftler, Politiker, Praktiker von mancherlei Profession und eine interessierte Öffentlichkeit sich treffen. Das sagt etwas über ihren Stil und ihren Anspruch aus, der vielleicht in dem Kapitel »Theorie und Praxis« am deutlichsten wird. Es erklärt auch, warum es im Hinblick auf die verwendeten Denkfiguren – nicht die behandelten Themen – hier und da Wiederholungen gibt.

Der Schlagbaum zwischen Theorie und Praxis ist ein unsicherer und auf die Dauer unbefriedigender Aufenthaltsort. Darum sei hier wenigstens angemerkt, daß ich ihn gelegentlich verlassen habe. Ausflüge in die eine Richtung, die der Theorie, führen zu dem Gedanken einer *civil society* (oh, wäre »bürgerlich« doch im Deutschen nicht so ein Unglückswort!), die aber in erster und vielleicht einziger Hinsicht institutionell verstanden wird. Nach meiner Meinung ist das Bauen von Institutionen die wichtigste Aufgabe der Zeit und das Nachdenken darüber daher das wichtigste Thema der Theorie. Etwas davon findet sich in den Vorlesungen über *Law and Order,* die ich im Sommer 1985 in London gehalten habe (43)*.

Ausflüge in die andere Richtung, die der Praxis, habe ich in diesen Jahren häufig und mit Vergnügen gemacht. Dabei standen die beiden Themen der Zukunft des Sozialstaates und der Zukunft der Arbeit im Vordergrund. Für ersteres habe ich vor allem als (einziges nichtamerikanisches) Mitglied der Kommission der Ford Foundation über »Social Welfare Policy and the American Future« viel gelernt. Zum Zeitpunkt der Veröffentlichung dieses Bandes ist der Kommissionsbericht noch nicht abgeschlossen. Über praktische Fragen der Zukunft der Arbeit habe ich unter anderem als Vorsitzender der »High-Level Group of Experts« der OECD zum Thema der Arbeitsmarktflexibilität nachdenken können. Der Bericht dieser Gruppe (111) zeigt dem Interessierten, wieviel – oder wie wenig – Theorie die Praxis erträgt. Viele Anregungen zu den Fragen der Arbeitsgesellschaft verdanke ich der Beteiligung an Arbeiten der schwedischen Firma Volvo. Themen der angewandten Verfassungspolitik haben vor allem die Gremien der britischen Liberalen sowie der liberal-sozialdemokratischen Allianz beschäftigt, deren Mitglied ich war beziehungsweise bin. Trotz solcher Ausflüge wird in diesem Band nach Kräften der unbequeme Balanceakt auf dem Schlagbaum zwischen Theorie und Praxis durchgehalten.

Die milde Ironie der Rede von einem »neuen Liberalismus« wird geneigten Lesern und Leserinnen sicher nicht entgehen. Sie werden merken, daß es hier nicht um Neoliberalismus in einem landläufigen Sinne geht. Auch um Parteipolitik geht es nicht. Wohl aber steht hinter dem Titel die Annahme, daß der Ausweg aus den Erschöpfungen der politischen Diskussion eine politische Theorie der Freiheit

---

* Bei Literaturangaben verweist die erste Ziffer in der Klammer stets auf die laufende Nummer einer Publikation in der alphabetischen Bibliographie am Ende des Bandes.

sein wird. Im ersten und im letzten Kapitel dieses Bandes wird dazu direkt mehr gesagt; alle übrigen Kapitel bezeugen die löbliche Absicht.

Alle Stücke dieses Bandes stammen aus den Jahren 1985 und 1986. Wenn sie Spuren eines neuen, gar eines frischen Ansatzes verraten, ist der Autor darüber nicht traurig. Die Komplettierung und Zusammenstellung des Bandes wäre nicht möglich gewesen ohne die großzügige Beurlaubung von der Universität Konstanz und die ebenso großzügige Einladung als Visiting Scholar an die Russell Sage Foundation in New York. Harry Dahms M.A. hat mich zur Veröffentlichung des Buches ermuntert und durch mancherlei technische Hilfe das Seine dazu beigetragen.

New York, im Dezember 1986   R. D.

ERSTER TEIL

Löbliche Absichten

1 Politik und politische Theorie

Politik ist im Normalfall langweilig. Für die Mehrzahl der Menschen ist die Verwaltung der öffentlichen Dinge kaum interessanter als der Alltag an der Börse und eher weniger interessant als ein Fußball-Wochenende im zweiten Drittel der Saison. Das ist ohne kritischen Unterton gesagt, jedenfalls was die Mehrzahl der Menschen betrifft. Eher schon muß man sich über die Haltung der Minderheit wundern, die immerfort die niedrige Wahlbeteiligung oder den Mitgliedermangel der Parteien beklagt und so tut, als sähe sie am liebsten die ständige Mitwirkung aller an allem. Weiß diese Minderheit, was sie tut?

Die beiden Kautelen − der »Normalfall« und die »Mehrzahl der Menschen« − sind allerdings wichtig. Für die unmittelbar Beteiligten ist Politik nicht nur nicht langweilig, sondern eines und alles zugleich. Selbst Börsenjobber und Aktienspekulanten, Fußballtrainer und Vereinsanhänger kennen mehr von der Welt jenseits ihres Enthusiasmus' als die Akteure der Politik und ihr Kometenschweif von Aktivisten. Das hängt wohl mit der Vorstellung zusammen, daß es eben um die öffentlichen Dinge geht. Man kann seinen Narzißmus hinter dem Argument verstecken, daß man ja alles nur für andere tut, sogar für *die* anderen im weitesten, unbestimmtesten Sinne.

Die zweite Kautel ist noch wichtiger. Es war vom Normalfall die Rede. Es gibt also den nicht-normalen Fall. Den gibt es zwar auch an der Börse und im Fußballstadion, bis hin zum Schwarzen Freitag und zum Abstiegskampf am Ende der Saison. Da fühlen sich dann auch mehr Menschen betroffen oder mindestens interessiert. Aber der Ausnahmefall in der Politik hat einen besonderen Charakter. In ihm fühlen sich Menschen nicht nur betroffen, sondern sie sind es.

Da werden Lebensläufe und Lebenspläne durcheinandergeschüttelt, weil sich öffentliche Dinge ins normalerweise Private drängen. Manchmal steht das Leben selbst auf dem Spiel. Solche Zeiten haben politische Denker seit langem beschäftigt, als Revolution oder totale Mobilmachung, Ausnahmezustand oder Legitimitätskrise. Immer geht es dabei ums Magere, um das Gerüst von Staat und Gesellschaft, ohne das alles in sich zusammensinkt zu einer gestaltlosen Masse.

Daß dieser Grenzfall möglich ist, hat übrigens seine Bedeutung auch für die normale Politik. Um die Grenze zwischen Ironie und Mißverständnis zu ziehen, sei immerhin angemerkt, daß Politik sich vom Börsenhandel und Fußballspiel darin unterscheidet, daß sie einen repräsentativen Charakter hat. Sie liefert nicht nur ein mögliches Gesprächsthema für alle Fälle, sondern sie wird auch für andere veranstaltet, in deren Namen und Auftrag. Das Besondere des Grenzfalls beweist nur diesen Charakter.

Der Grenzfall hat, wie gesagt, mancherlei Namen. Sucht man diesen jede übermäßig dramatische Absicht zu nehmen, so ist von Situationen die Rede, in denen es um die *Verfassung* von Gemeinwesen geht, oder auch um den *Gesellschaftsvertrag.* Auch das sind belastete Vokabeln. Vor allem der Gesellschaftsvertrag hat eine schwankend-gewichtige Geschichte, die es verständlich macht, wenn mancher schon vor dem Begriff zurückschreckt. Verfassungen haben sich Gemeinwesen zuweilen – zu häufig? – wirklich gegeben; aber wo Gesellschaftsverträge ausdrücklich geschlossen wurden, waren sie fast immer kurzlebige Utopien oder nicht minder ephemere Karikaturen wie Harold Wilsons *social contract,* der den Gewerkschaften für eine unzuverlässige Lohndisziplin ein Stück der verfassungsmäßigen Regierungsmacht abtrat.

Es gibt eine Ausnahme von dieser Regel, das sind die Vereinigten Staaten von Amerika. Der amerikanische Gesellschaftsvertrag ist von eigener Art. Schon hundert Jahre, bevor er geschlossen wurde, schrieb John Locke: »Am Anfang war die ganze Welt Amerika« (91, S.319). Am Anfang ging es um den Kern dessen, was mit Verfassung vielleicht zu juristisch und mit Gesellschaftsvertrag zu philosophisch bezeichnet ist: um die Koordinaten des Gemeinwesens, die alles Besondere bestimmbar machen, um die formalen Voraussetzungen aller inhaltlichen Ziele der Politik. Diese sind denn auch der einzig lohnende Gegenstand der politischen Theorie.

Insoweit läßt politische Theorie sich von politischer Wissenschaft und von Sozialwissenschaft überhaupt unterscheiden. Die letztere reproduziert in ihr eigener und nur ihren Adepten verständlicher Sprache den Normalfall. Sie ist daher ebenso langweilig für die meisten, wenn auch nicht für die unmittelbar Beteiligten, die sich freudig der Begriffe von Thomas Kuhn bemächtigt und zur *scientific community* erklärt haben (82). Sie sind nicht mehr eine Gemeinschaft der Lehrenden und Lernenden, sondern nur mehr eine Gesellschaft der Entfremdeten.

Politische Theorie dagegen ist auf den Grenzfall bezogen. Ihre großen Zeiten waren die der Glorreichen Revolution in England, der angewandten Aufklärung des späten achtzehnten Jahrhunderts, der Brüche im neunzehnten Jahrhundert und des Totalitarismus im zwanzigsten Jahrhundert. John Locke war so wenig entbehrlich wie die Autoren der *Federalist Papers* (65) oder dann des *Staats-Lexicons* (127). Über die des *Kommunistischen Manifests* kann und muß man sich streiten (96). Unentbehrlich aber war in unserem Jahrhundert der Autor von *Parlament und Regierung im neugeordneten Deutschland* (155), der Verfasser der *General Theory of Employment, Interest and Money* (78) und jener des *Die offene Gesellschaft und ihre Feinde* (119).

Die Frage bleibt schwierig, wie man den Grenzfall vom Normalfall unterscheidet. Ist das ausgehende zwanzigste Jahrhundert eine Zeit für politische Theorie oder sollte man sich mit normaler Sozialwissenschaft bescheiden? Man weiß übrigens nicht, was man wünschen soll. Langweilige Zeiten sind für die Mehrzahl der Menschen eben die, die dermaleinst als »gute alte Zeit« verklärt werden; wenn politische Theorie floriert, steht Unruhe ins Haus. Doch liegt das Interesse der Beteiligten auf der Hand. Schon Börsenjobber und Fußballtrainer müssen versuchen, durch kapriziöse Übertreibung das Interesse der Gelangweilten wachzurufen – um wieviel mehr gilt das für Politiker. Wehe dem, der die nächste Wahl nicht für das wichtigste Ereignis der Zeitgeschichte hält: Die Politik lebt von der Dramatisierung des Unbedeutenden.

Das ist für Politik und Politiker nicht so schlimm, denn bei ihnen gehört Klappern zum Handwerk. Politische Theorie und die, die sie betreiben, sind da in einer schwierigeren Lage. Wenn sie ihre Stunde zur Unzeit gekommen sehen, schlägt das auf die Theorie selbst zurück. Der Revolutionsprediger, der selbst die kleine Gemeinde im Hinterzimmer eines Dorfgasthofes nur zum Gähnen bewegt, ist ein Ritter von der traurigen Gestalt; aber auch der Krisentheoretiker, dessen große Worte allenfalls wohlige Schauer durch die Reihen beamteter und betuchter Zuhörer jagen, ist keine sehr erbauliche Figur. Da ist man manchmal versucht, den noch taufrischen Marx zu kopieren und Hohn und Spott auszugießen: *Die Heilige Familie oder Kritik der kritischen Kritik* (94).

Die Mahnung liegt auf der Hand. Nicht jede Zeit der Langeweile verbirgt »in Wahrheit« eine Legitimitätskrise. Man muß sich vor der Säkularisierung des Ephemeren hüten. Vielleicht muß man sich sogar damit abfinden, daß die Zeiten nicht gut sind für die politische Theorie.

Wer sich auf politische Theorie einläßt, unternimmt also stets eine Gratwanderung, eine Gratwanderung zwischen Theorie und Praxis. Da bewegt die Absicht den Gedanken, die Welt nicht nur zu verstehen, sondern auch zu verändern. Das ist nicht als Hegelsche Phrase gemeint und schon gar nicht als Marxsche *trahison des clercs*. (Beides gilt natürlich nur im böswilligen Mißverständnis der Autoren.) Es ist also nicht daran gedacht, daß die Theorie selbst zur Praxis wird. Derlei Wortgeklingel gilt günstigstenfalls der Selbsttröstung ohnmächtiger Akademiker. Es ist auch nicht daran gedacht, daß die Philosophen die Welt nur verschieden interpretiert haben, es aber darauf ankommt, sie zu verändern. Was das heißen kann, hat der Freiburger Rektor Martin Heidegger 1933 praktiziert, als er die Abdankung des »Lehrstandes« gegenüber dem »Wehrstand« zur Theorie erhob und damit den Sturmabteilungen der Nazis das Feld überließ.

Eher schon ist an das gedacht, was Keynes in der Zeit der Weltwirtschaftskrise in die, zugegebenermaßen, arroganten Worte faßte, dies sei einer »jener außergewöhnlichen Krisenpunkte der menschlichen Geschichte, an dem wir durch nichts mehr als durch die Lösung eines intellektuellen Problems zu retten sind« (68, S. 355). Keynes hat die Welt nicht gerettet, jedenfalls nicht am Anfang der dreißiger Jahre. Doch könnte es immerhin sein, daß er in späteren Zeiten manchen möglichen Irrtum verhindert hat. Man möchte hoffen, daß dasselbe für die Schriften von Hannah Arendt, Friedrich von Hayek und Karl Popper über den Totalitarismus gilt. Es gibt Konjunktionen, in denen Theorien so unmittelbar aus praktischen Erfahrungen geboren werden, daß sie zukünftiges Handeln bestimmen und vielleicht vor allem verhindern können.

Wer politische Theorie so versteht, handelt immer schon von der Freiheit. Insofern ist ein Ausdruck wie »politische Theorie der Freiheit« ein Pleonasmus. Doch ist es manchmal nützlich, das Offenkundige explizit zu machen. Damit ist die Frage, ob das Ende des zwanzigsten Jahrhunderts eine Konjunktion für politische Theorie bietet, nicht beantwortet. Daß Soziologie herhalten muß, um diese zu beantworten, stimmt eher verdächtig. Doch ist zur Klage kein Grund; denn entweder herrscht Konjunktur für das Glück der großen Zahl oder für den Fortgang der Theorie der Politik. Das letztere zumindest läßt sich versuchsweise erkunden.

2 Theorie und Praxis

Jedes geistige Leben hat ein Leitmotiv; meines hat sicher zu tun mit dem Thema von Theorie und Praxis. Schon in der Buchversion meiner Dissertation aus dem Jahre 1952 (über den Begriff des Gerechten im Denken von Karl Marx) wird eine gewisse Ungeduld mit der reinen Theorie spürbar. Am Ende der Einleitung ist von einer »Absicht« der Untersuchung die Rede, nämlich »einer neuen Sozialphilosophie, einer neuen sozialistischen Theorie«, die das Nachdenken über Konflikt und Wandel auf Fragen der Zeit wendet (30, S. 20). Ein Jahrzehnt später arrangierte ich an der Universität Tübingen, an der ich damals lehrte, den sogenannten »Positivismusstreit« zwischen Theodor W. Adorno und Karl Popper (1); dahinter steckte auch die Erinnerung an das Ereignis und die Thematik des »Werturteilsstreits« im »Verein für Socialpolitik« im Januar 1914 (vgl. 36, S. 74 ff.). Ich war und bin überzeugt von den einfachen Wahrheiten der Position Max Webers und also davon, daß das frankfurtisierende Reden von der »Einheit von Theorie und Praxis« ein ideologischer Nebel ist, den vorzugsweise diejenigen um sich verbreiten, die sich mit der Praxis immer schwergetan haben. Doch braucht man die Unterscheidung von Wissenschaft und Werturteil nicht mit Max Weber bis an die Grenzen der Selbstzerstörung zu treiben. In meiner Konstanzer Antrittsvorlesung unter dem Titel »Die Soziologie und der Soziologe« habe ich 1966 argumentiert, daß die Verantwortung des Wissenschaftlers nicht mit der Verantwortung für den Fortschritt seiner Wissenschaft endet (35). Der Soziologe muß mehr sein als einer, der Soziologie betreibt. Das bedeutet, daß ein Teil der Antwort auf die Frage von Theorie und Praxis nur praktisch gegeben werden kann. In dem Buch *Reisen nach innen und außen* ist

von meinen wechselhaften Erfahrungen mit dieser Aufgabe die Rede
(42). Die italienische Übersetzung des Buches heißt übrigens *Pensare e
fare politica,* Politik bedenken und betreiben. Ebendieser Aspekt des
Verhältnisses von Theorie und Praxis soll hier etwas näher untersucht
werden. Dabei möchte ich einen Teilbereich ins Zentrum rücken, der
einer der Schlüssel zu diesem schwierigen Thema ist: die Zeit. Die Rede
ist also vor allem von der Bedeutung der Zeit in Theorie und Praxis.

Mein akademischer Lehrer, der Hamburger (später Göttinger)
Philosoph Josef König, unterschied gelegentlich mit überlegter Willkür zwischen *Fragen* und *Problemen.* Fragen sind Aufforderungen
zur Entscheidung, die, wie er sagte, uns das Leben stellt. So phanta-
sievoll oder verzweifelt wir es auch versuchen mögen, wir können
ihnen nicht entweichen. Selbst wenn wir Fragen nicht beantworten,
geben wir eine folgenreiche Antwort. Fragen sind da und stellen sich
uns, ob wir uns ihnen stellen oder nicht. Probleme dagegen schaffen
wir selbst. Sie sind nicht nur Menschenwerk – das sind viele Fragen
auch –, sondern in gewisser Weise immer das Werk dessen, der
ihre Lösung anstrebt. Sie sind zum Unterschied von Fragen selbst-
gemacht und insoweit künstlich. Wir können sie lösen oder auch
nicht; im Prinzip können wir sie auch liegenlassen, ja vergessen,
ohne daß sie uns verfolgen. Fragen bezeichnen die Welt der Praxis,
Probleme die der Theorie.

Ein Beispiel, das uns durch die folgende Argumentation hin begleiten wird, ist hier nützlich. Der bengalische Landarbeiter Gupta
hat Hunger. Eines seiner Kinder ist schon an Diarrhöe gestorben;
seine Frau und seine zwei anderen Kinder hocken apathisch da, die
Kinder mit aufgedunsenen Bäuchen, die Frau mit dem stieren Blick
eines Menschen, der schon beinahe nicht mehr von dieser Welt ist.
Gupta ist Saisonarbeiter, aber die Saison war schlecht. Seit Tagen
schon weiß er nicht mehr, wie er an eine Schale Reis kommen soll.
Wenn er nicht bald etwas zu essen findet, wird die Familie den Weg
vieler Tausende um sie herum gehen und sterben. Wie kann ich
rasch für meine Familie und für mich etwas zu essen finden? Das ist
die Frage, Guptas Frage.

Der Oxforder Ökonom Amartya Sen dagegen hat ein Problem.
Bei genauer Analyse der verfügbaren Daten (und in Indien gibt es

immer Daten und Datenverwalter, die übrigens nicht verhungern, auch wenn der Reis knapp wird) hat er festgestellt, daß es während der großen Hungerkatastrophen in Bengalen 1943, in Äthiopien 1972–74, in der Sahelzone 1973–74 und in Bangladesch 1974–75 nicht eigentlich an Nahrungsmitteln fehlte (136). In einigen Fällen, zum Beispiel im Fall Bengalens, gab es sogar im Jahr der größten Häufung von Hungertoden mehr Reis als in den Vorjahren. Auch handelte es sich nicht einfach um ein Verteilungsproblem. Nicht nur waren Transportmittel verfügbar, sondern es gab im Prinzip sogar genug Nahrungsmittel in der unmittelbaren Nachbarschaft der Verhungernden. In mehreren Fällen wurden die verfügbaren Transportmittel benutzt, um vorhandene Nahrungsmittel in andere, reichere Gebiete zu »exportieren«. Was also war der wirkliche Grund für die Hungersnöte? Das ist das Problem, Sens Problem.

Sens Problem ist in bestimmter Weise nur ein Problem. Er kann Tag und Nacht daran sitzen, um es zu lösen, also die wahre Ursache der Hungerkatastrophen herauszufinden. Er kann es aber auch liegenlassen und zum Beispiel mit Freunden auf eine Segeltour bei den Scilly Isles gehen oder in Princeton einen Vortrag über mathematische Methoden in der ökonomischen Theorie halten oder sich der Fragen annehmen, die seine Kinder beunruhigen. Vielleicht fällt ihm sogar bei solchen scheinbar abwegigen Tätigkeiten die Lösung des Problems ein. Jedenfalls aber gilt, daß das Problem warten kann. Während der Saisonarbeiter Gupta stirbt, wenn er nichts zu essen findet, und mühsam überlebt, wenn er in letzter Minute doch noch an Reis kommt, kann der Universitätsprofessor Sen sein Problem auch ganz und gar vergessen. Vielleicht hätten manche seiner bequemeren Kollegen es sogar ganz gerne gesehen, wenn er ihnen die Schwierigkeiten erspart hätte, die seine Lösung bis heute macht.

Das Beispiel ist dramatisch und vielleicht ein bißchen zu sentimental. Es ist hier vor allem wegen der hohen Qualität der Theorie gewählt worden, die Amartya Sen zuerst in seinem Buch *Poverty and Famines* aus dem Jahr 1981 entwickelt hat; das Buch war übrigens – was in diesem Zusammenhang von Bedeutung ist – ursprünglich ein Gutachten für die Internationale Arbeitsorganisation. Hier soll nicht behauptet werden, daß es bei allen Fragen um Sein oder

Nichtsein geht und auch nicht, daß sich die vielschichtige Beziehung von Theorie und Praxis an dem Beispiel hinlänglich erläutern läßt. Doch öffnet das Besondere oft den Blick aufs Allgemeine. Das gilt auch hier, wenn wir uns fragen, worin denn der Unterschied zwischen der Frage von Herrn Gupta und dem Problem von Herrn Sen liegt.

Die Antwort ist offenkundig. Der Unterschied liegt in dem, was man zunächst die Dringlichkeit der Beantwortung nennen kann. Gupta muß eine Antwort geben, und zwar in einem begrenzten Zeitraum, dessen Begrenzung er überdies nicht selber bestimmen kann. Sen mag sich selbst eine zeitliche Grenze setzen (vielleicht – davon wird noch einmal zu sprechen sein – wird ihm die Grenze sogar vom Auftraggeber des Gutachtens gesetzt, das er schreibt), aber im Prinzip ist die Grenze willkürlich. Der Unterschied der Dringlichkeit verweist auf den tieferen Unterschied der Zeitperspektive. Praxis ist eingebunden in unentrinnbare Grenzen der Zeit; Theorie ist grundsätzlich zeit-los. Wer vor einer praktischen Frage steht, mag um die Zeitgrenze selbst streiten, sie auszuweiten versuchen, ihre Bedeutung in Zweifel ziehen, ja ihren Sinn leugnen – am Ende holt die Zeit ihn ein. Wer dagegen ein theoretisches Problem zu lösen versucht, kennt nur insoweit Zeitpläne, als nahezu keiner von uns ein rein theoretisches Leben leben kann, nicht einmal der Mönch, der in Beuron die *Vetus Latina* herausgibt.[1] Irgendwann will man zum Schluß kommen und muß es meist auch, weil man sonst sein Honorar nicht bekommt. Die innere Zeit der Theorie indes ist immer unendlich. Probleme sind erst gelöst, wenn sie gelöst sind, vielleicht heute abend, vielleicht in hundert Jahren, vielleicht nie.

Ich kann der Versuchung nicht widerstehen, die These durch zwei Anekdoten zu unterstreichen. Während meiner Zeit als Direktor der London School of Economics (LSE) bat mich der damalige britische Premierminister Callaghan, doch einmal mit einigen Ökonomen in die Downing Street No. 10 zu kommen, um Fragen der Arbeitslosigkeit zu besprechen. Er wußte, daß es an der LSE ein Forschungszentrum für diese Fragen gab. So gingen wir dorthin und hatten eine intensive Diskussion vor allem über die Beziehung von Inflation und

Arbeitslosigkeit. Der Premierminister vermutete, daß er – damals war die Phillips-Kurve in Theorie und Praxis noch in Mode – einen allenfalls erträglichen Preis an Geldwertstabilität für die Verringerung der Arbeitslosigkeit bezahlen müsse, an der ihm vor allem lag; die Ökonomen wandten ein, daß die Beziehung der beiden keineswegs sicher geklärt sei. »Wann werdet Ihr das denn wissen?« fragte Jim Callaghan. »Oh«, sagte spontan einer der Ökonomen, »unser jetziges Forschungsprojekt läuft für fünf Jahre, aber es kann wohl sein, daß wir eine Verlängerung brauchen.« Der Kollege dachte, er hätte geschickt um neue Forschungsmittel geworben; aber das Gesicht des Premierministers verdüsterte sich. »Im nächsten Jahr sind vermutlich Wahlen. Wenn bis dahin die Arbeitslosigkeit nicht zurückgeht, wird es sehr schwierig.« Labour verlor bekanntlich die Wahl von 1979, wohl nicht nur wegen der Zeitperspektive der LSE-Ökonomen. Die Geschichte ist indes darum ernst, weil beide recht hatten. Die Zeithorizonte von Theorie und Praxis sind unvereinbar; die Praxis kann nicht warten und die Theorie kann nicht hasten.

Die zweite Anekdote ist daher kurz; sie betrifft Callaghans Vorgänger Harold Wilson. Premierminister (heute Lord) Wilson litt darunter, daß viele ihn einen Taktiker nannten, einen »bloßen« Taktiker. »Das ist nicht gerecht«, sagte er einmal, als ihm der Vorwurf vorgehalten wurde. »Ich denke schon strategisch, aber *in politics everything is a matter of timing,* in der Politik ist alles eine Frage des richtigen Zeitpunktes.« In der Politik, die Praxis ist, ist alles Frage einer Zeit, die die Handelnden nicht beherrschen; in der Wissenschaft, die Theorie ist, ist alles Problem ohne Zeit.

Derlei Aussagen sind offenkundig nur der Anfang der Analyse. So einfach sind die Dinge glücklicherweise nicht, daß da nur Fragen sind und Probleme und daß die beiden zueinander nicht kommen können. Wer heutzutage auf die Theoretiker schimpft und ihnen gegenüber die härteren Zeiten der Lebenswelt anruft, kann des Beifalls seiner Zuhörer sicher sein; nur wird er es mit den meisten Fragen nicht weit bringen. Daß man um vier Uhr früh aufstehen und Kühe melken kann, bringt die verfahrene europäische Agrarpolitik nicht vom Fleck. Umgekehrt ist es in modernen Gesellschaften auch nicht mehr so, daß sich privilegierte Herren der Muße des theoretischen Lebens hingeben, während ihre Frauen und überhaupt alle anderen durch ihr praktisches Leben die Bedingungen erarbeiten, die der *leisure class* ihr bittersüßes Leben erlauben. Die Frage – oder ist es doch ein Problem? – ist also, wie denn Fragen und Probleme, die unentrinnbare und die endlose Zeit aufeinander bezogen werden können. Darauf sollen im folgenden einige Antworten gegeben werden.

Die erste Antwort lautet: Man verbindet Theorie und Praxis nicht dadurch sinnvoll, daß man die eine für die andere ausgibt und dadurch beide miteinander vermischt. Um mit Problemen zu beginnen: Theoretiker sehen ihre Aufgabe in aller Regel durchaus nicht als zeitlos. Nicht nur Teilzeittheoretiker, also beispielsweise Studenten, die an Examensarbeiten sitzen, sondern auch hauptamtlich tätige Wissenschaftler haben meist Termine, an die sie sich halten müssen. Termine, *deadlines,* Endzeiten beinahe, gesetzt von Prüfern, Verlegern, Forschungsgemeinschaften, Stiftungen, das ist der Einbruch der Praxis in die Theorie, der sich desto weniger vermeiden läßt, je stärker unser Leben »rationalisiert« wird. Einsamkeit und Freiheit sind ja längst schon Organisation und Bürokratie gewichen. Auch von solchen neueren Entwicklungen abgesehen haben indes die, die mit Problemen umgehen, eine Tendenz, diese für sich als Fragen zu definieren, also von ihren Problemen besessen zu sein, als seien diese Fragen. Sie schlafen schlecht, stehen mitten in der Nacht auf, um die neueste Idee zu Papier zu bringen, die sie dann im hellen Lichte des Tages alsbald verwerfen, zerbrechen sich fast im Wortsinn den Kopf, ob denn nun Schumpeter recht hat oder Michels[2]. Da kommt einem die Geschichte des Professors in den Sinn, der das Buch eines Kollegen zu rezensieren hatte und dessen Theorien in Grund und Boden verriß. Ein paar Tage später erhielt er mit der Post die Anzeige vom Tod des Kollegen. »Das habe ich nicht gewollt!« rief er aus. Wer wollte da lachen? Die Welt der Theorie als Praxis – das, was Thomas Kuhn ganz harmlos die *scientific community* genannt hat (82) – ist mindestens so grausam wie die Welt der Praxis selbst. Nur löst sie das Problem der beiden Welten sicherlich nicht.

Übrigens gibt es auch die umgekehrte Tendenz, also die zur Welt der Praxis als Theorie. Eine der mißlichsten Wirkungen dessen, was manche die »Verwissenschaftlichung der Welt« genannt haben, ist die Unfähigkeit, Fragen als Fragen zu formulieren. Auf einmal wird alles zum Problem verstellt. In seinen *Kopfgeburten* führt Günter Grass das Lehrerehepaar aus Itzehoe ein, das vor einer durchaus ernsten Frage steht: Sollen wir Kinder haben oder nicht? (59) Aber besprochen wird diese Frage immerfort in ganz verqueren Begriffen. Da findet eine Landtagswahl statt, bei der sie doch keine Plakate kleben kann, wenn sie schwanger ist. Das kann man vielleicht noch eine Fragestellung nennen. Da ist aber auch die Sache mit der aussterbenden Nation. Was sagt uns die demographische Entwicklung der Bundesrepublik? Sterben die Deutschen aus? Und wäre das eine schlechte Sache oder vielleicht sogar eine gute? Soll man zur Bestätigung oder zur Widerlegung dieser Annahme beitragen? Wie sähe andererseits die Welt aus, wenn es so viele Deutsche gäbe wie Chinesen? Die Frage – die nämlich, ob das Paar ein Kind haben soll oder nicht – verflüchtigt sich, so wie sich, wenn nicht alles täuscht, bei manchen jungen Akademikern immer mehr Fragen in eine unwirklich entfremdete Problemwelt verflüchtigen. Die Betroffenen nehmen Schaden an ihrer Seele, ohne daß irgendwelche Probleme der Lösung näher kämen. Hier vor allem liegt auch die Gefahr des Eindringens von pseudowissenschaftlichem Jargon in die Alltagssprache, für das es so viele mißliche Beispiele gibt.

Theorie und Praxis sind also zweierlei. Wer Probleme zu Fragen zu machen versucht, wird unfreiwillig komisch; wer Fragen zu Problemen verfremdet, wird es auch, sofern er oder sie nicht doch eher Mitleid erregen. Das gilt nun aber nicht für eine zweite Antwort auf die Frage der Beziehung zwischen Fragen und Problemen. Die Probleme der Theorie können im Hinblick auf Fragen der Praxis ausgewählt werden. Ganz ohne Tücke ist auch dies nicht. Schon mancher, der versucht hat, seine Lebensfragen mit den Mitteln der Wissenschaft zu lösen, hat damit Geist und Seele zugleich verwirrt. Es gibt nur wenige Ökonomen, die an der Börse ein Vermögen verdient haben – Keynes, von dem noch einmal die Rede sein wird, war auch in dieser Hinsicht exzeptionell –, und es gibt noch weniger Psychologen, denen ihr Fach aus inneren Schwierigkeiten geholfen hat. Vielleicht sollten die Fragen, die zu Problemen anregen, ganz so persönlich nicht sein. Doch hat Amartya Sen sein Buch sicherlich auch darum geschrieben, weil ihn die Hungersnöte seines Mutterlandes beunruhigten, weil er etwas tun wollte und weil er sah, daß die gängigen Mittel der Hilfe nichts fruchteten. In den abstrakteren Bezirken der Naturwissenschaften mag das anders sein, aber ansonsten schadet es nicht, wenn Lebenserfahrung und Werturteile die Formulierung von Problemen anregen. Die Lösung geht dann immer noch ihre eigenen Wege.

Das galt jedenfalls für Amartya Sens Problem, das uns zu einer weiteren Antwort auf die Frage der Beziehung von Theorie und Praxis führt. Es ist ja Zeit, daß wir zu des Rätsels Lösung kommen, also zu Professor Sens Theorie der Hungerkatastrophen. Wenn »FAD«, also *food availability decline*[3], die Verringerung der verfügbaren Nahrungsmittel, nicht der Grund für Hungersnöte ist – wo liegt die Ursache dann? Der Untertitel von Sens Buch verrät seine Antwort: *an essay on entitlement and deprivation.* Das ist nicht ganz leicht zu übersetzen, doch werde ich für *entitlement* den Begriff *Anrecht* verwenden. Sens Theorie besagt, daß Menschen stets mit bestimmten Anrechtsmengen ausgestattet sind. Darunter sind insonderheit (obwohl keineswegs nur) Warenbündel zu verstehen, die sie sich leisten können. »Sich leisten« kann heißen, bezahlen können, aber es kann vor allem heißen, in Anspruch nehmen dürfen. Der selbständige Bauer hat ein Anrecht auf die Erträge seines Bodens; der Katasterbeamte mit einem gesicherten Einkommen hat dadurch ebenfalls ein Anrecht auf bestimmte Warenbündel. *Deprivation,* das Fehlen von Anrechten, kann also sowohl Realeinkommen als auch rechtlich garantierte Zugangschancen betreffen. Wenn die einem Menschen (einer Familie, einem Haushalt) zustehende Anrechtsmenge nicht genug Nahrungsmittel einschließt, dann muß er (müssen die Mitglieder der Familie, des Haushalts) verhungern. Die Erklärung dafür, daß Menschen inmitten des Überflusses, jedenfalls aber trotz zulänglicher Gütermengen, Not leiden und sogar verhungern, liegt daher im Fehlen von Anrechten, nicht im Fehlen von Gütern.

Die theoretischen Weiterungen dieses Ansatzes sind offenbar zahlreich und vielfältig. Wie kommen Menschen zu hinlänglichen, vor allem auch hinlänglich unverwundbaren Anrechten? Unter welchen Umständen können sie Anrechte wieder verlieren? Was muß also geschehen, damit große Gruppen vorübergehend unter die Grenze der zum Überleben nötigen Anrechte sinken? Was bringt jenes Maß an Verschlechterung der Realeinkommen von Landarbeitern oder der Weiderechte von Nomaden hervor, das zum Elend und im schlimmsten Fall zum Verhungern führt? Wer trifft in solchen Fällen die Entscheidungen und mit welchem »Recht«? Warum übrigens nehmen sich Menschen nicht, was sie nicht haben dürfen, wenn es doch da ist und das Überleben auf dem Spiel steht?[4] Wie kommt es, daß Recht und Ordnung stärker sein können als Sein und Nichtsein? Was wäre andererseits nötig, um Anrechtsstrukturen so zu verändern, daß niemand mehr verhungert?

Halten wir inne bei dieser Frage. Sen beantwortet alle gestellten Fragen, doch ist dies nicht der Ort, seiner Argumentation im einzelnen zu folgen. Dagegen müssen wir prüfen, was denn nun aus seiner Theorie für die Praxis folgt. Wir sind ja davon ausgegangen, daß es ein praktischer Anstoß war, der ihn zu seinen Überlegungen geführt hat. Was geben die Ergebnisse dieser Überlegungen zur Lösung der praktischen Frage her? Die Antwort ist zunächst: die Theorie enthüllt die gängige Praxis als irrig. Die modische Antwort – Sen spielt, wie angedeutet, mit dem Wort für Modetrends, *fad*, das für ihn zugleich die Theorie des *food availability decline* abkürzt – ist eine falsche Antwort. Die Leute machen es sich mit ihren gängigen Vorurteilen zu leicht. Das ist zweifellos wichtig – für die Theorie. Was aber bedeutet es für die Praxis?

Hier kommt Sen in ein Dilemma, das nicht untypisch ist für das schwierige Verhältnis von Theorie und Praxis. In einem späteren Aufsatz (unter dem Titel »Food, Economics and Entitlements«) hat er sich damit beschäftigt (137). Es gibt ja eine offenbare Folgerung aus Sens Theorie. Wenn Menschen nicht darum verhungern, weil es ihnen an Nahrungsmitteln fehlt, sondern weil sie die nötigen Anrechte nicht haben, dann ist Nahrungsmittelhilfe offenbar nicht der richtige Weg, um ihnen zu helfen. Soll man also Hilfsaktionen wie die für Eritrea und die Sahelzone stoppen? Wenn ja, worauf soll man sich dann konzentrieren? Gibt es überhaupt andere Methoden der Soforthilfe? Oder existiert die Theorie auch in dieser Hinsicht in einer anderen Zeit als sie diejenigen kennen, für die die nächste Schale Reis Überleben bedeutet?

Sen tut sich schwer mit diesen Fragen. Unzweifelhaft, so sagt er, hat die kostenlose Nahrungsmittelversorgung in Notlagern und Verteilungszentren viele Leben gerettet. Auch dabei wäre allerdings die Unterscheidung zwischen der »Fähigkeit, Nahrungsmittel zu bekommen« *(ability to command food)* und den verfügbaren Nahrungsmitteln selbst wichtig (136). Nur die erstere rührt an Anrechtsfragen. Daher ist Finanzhilfe wirksamer als Nahrungshilfe. Gibt man den Leuten Geld, dann hat das sogar mehrere wünschenswerte Wirkungen: es beseitigt etwa vorhandene Ineffizienzen des Transport- und Verteilungssystems durch finanzielle Anreize; es hält vorhandene Nahrungsmittel in den Notregionen; es führt zur Verbesserung der Infrastruktur mit möglicherweise bleibenden Wirkungen; es erlaubt produktive Investitionen; es begrenzt die Notwendigkeit des Lebens in Notlagern. Professor Sen ist nicht naiv. Bargeld, so sieht er, kommt oft nicht schnell genug an den richtigen Platz. So ist direkte Nahrungsmittelhilfe am Ende manchmal doch die einzige wirksame Methode, eine Methode zudem, die präziser auf die unmittelbaren Bedürfnisse gezielt werden kann als das durch Anrechte in Form von Geld zum Kauf der auf dem Markt verfügbaren Güter geschieht. Man kann Sens Verlegenheit verstehen. Dennoch hinterlassen seine Schlüsse Verwirrung, wenn man aus ihnen ein vertieftes Verständnis des Verhältnisses von Theorie und Praxis ablesen will. Versuchen wir also, sie zu sortieren und damit die einstweilen letzte Antwort auf unsere Frage zu finden. Ich tue das in drei Schritten, die von dem Beispiel zu allgemeineren Schlußfolgerungen führen.

Für das, was Sen in den letzten erwähnten Bemerkungen empfiehlt, gibt es ein Wort, das ohnehin im gegenwärtigen Zusammenhang nicht fehlen darf: es heißt pragmatisch. Hunderttausende stehen vor dem Verhungern. Ihnen muß rasch geholfen werden. Rasche Hilfe kann nur direkte Hilfe sein. Also kommt es darauf an, alle bürokratischen und sozialen Gewohnheiten zu durchschneiden und mit wirksamen Mitteln das Nötige dorthin zu bringen, wo es nötig ist. Eben dies ist die Absicht von Aktionen wie denen von Karlheinz

Böhm und Rupert Neudeck in Afrika[5]. Es geschieht etwas Unerträgliches; man kann es nicht einfach geschehen lassen; man muß etwas tun, und zwar jetzt und hier.

Solcher Pragmatismus in Ausnahmesituationen ist fast ganz untheoretisch und muß es auch sein. Ich sage »fast ganz«, denn ein Stück Theorie steckt schon darin, wenn man nicht nur ausgediente Containerschiffe mit Magermilchpulver belädt und damit sein Gewissen und seine Überschuß-Lager zugleich entlastet, sondern bestimmte Flugzeuge mit bestimmter Fracht an bestimmten Orten selbst in Empfang nimmt, um durch bestimmte Leute die Fracht an diejenigen zu verteilen, die sie am dringlichsten brauchen. Es steckt in gewisser Weise sogar eine Anrechtstheorie in derart überlegtem Pragmatismus. Wer so handelt, weiß nämlich, daß er zumindest auf Zeit vorhandene Anrechtsstrukturen außer Kraft setzen muß. Das ist nicht leicht – es hat ja seinen Grund, daß die Schiffe mit Magermilchpulver zuweilen in den Häfen afrikanischer Länder auf Reede liegen, bis ihre Fracht vollends ungenießbar geworden ist –, ja es geht wahrscheinlich nur, wenn die öffentliche Aufmerksamkeit auf die Not diejenigen vorübergehend still macht, deren Privilegien durch Notlieferungen immerhin suspendiert werden. Sie können es sich leisten; Vorrechte währen länger als das öffentliche Interesse an menschlicher Not.

Im Kern bedeutet pragmatisches Handeln jedoch den absoluten Vorrang der praktischen Zeit. Die Handelnden haben im Wortsinn keine Zeit für die Theorie. Rings um sie sind Fragen, und wer da mit Problemen kommt, steht nur im Weg. Da heißt es zupacken und mit jedem Griff eine Frage beantworten; alles andere hat, wie wir sagen, Zeit. Es liegt jenseits der unentrinnbaren Zeit der Praxis. Die Welt ist voll von solchen Situationen. Man kann sogar verstehen, daß sich in der Idylle der Hörsäle an Orten, die von drängender Not weit entfernt liegen und sich schläfrig ihrer Geschichte und ihrer Schönheit hingeben, mancher zu sehnen beginnt nach der wirklicheren Welt des pragmatischen Handelns. Doch beginnt der zweite Schritt dieser Folgerungen zum Thema des Verhältnisses von Theorie und Praxis mit der Warnung, den Pragmatismus nicht zum Prinzip zu erheben. Manchmal ist pragmatisches Handeln nötig; aber wer die

Not zur Tugend zu machen versucht, richtet wenig aus, ja verschlimmert oft das, was zu reparieren er ausgezogen ist. Theorie ist mehr als ein süßer Luxus.

Auch hier hilft uns das Beispiel noch weiter. Pragmatische Hilfe in Not kann nicht dauern, und sei es nur, weil keiner der Beteiligten den Ausnahmezustand sehr lange ertragen kann. Die Geber wenden sich anderen Dingen zu; die Helfer verlieren den Mut und erlahmen; die Opfer sterben, wenn sie nicht jenes »Gleichgewicht der Armut« finden, das nach wie vor der Normalzustand der großen Mehrheit aller Menschen ist (vgl. 53). Bloß pragmatische Hilfe führt übrigens nicht einmal zu diesem Zustand. Sie produziert vielmehr fast notwendig den nächsten Ausnahmezustand, weil sie nämlich die Bedingungen unberührt läßt, die die Not von gestern hervorgebracht haben. Pragmatismus ist Konservatismus als Anschein der Aktion. Er bewahrt das Bestehende, indem er so tut, als gäbe es Bewegung. Das Äußerste, was Pragmatiker an Veränderung schaffen, ist, daß sie ein Loch aufreißen, um ein anderes zu stopfen – Beschäftigungstherapie statt Beschäftigung, Veränderungsspiel statt Veränderung. Das kann man gewiß wollen; aber wenn man es nicht will, sollte man sich weder durch die ernste Miene noch durch den Gestus der Aktivität der Pragmatiker irreführen lassen.

Derlei Polemik löst indes das Dilemma von Theorie und Praxis nicht. Das wird eher schon gelöst durch Amartya Sens Vorschlag der Geldhilfe an Stelle von Nahrungsmittelhilfe. Die Punkte, die er zugunsten der Hilfe mit, sei es auch zeitlich begrenzten, Anrechten (Anrechtsscheinen sozusagen) anführt – Beseitigung von Ineffizienzen, Schaffung von Infrastruktur usw. – sind nicht aus der Luft, sondern aus der Theorie gegriffen. Sie sind die Anwendung einer weitreichenden Theorie, der Anrechtstheorie von Hungersnöten, auf begrenztere Aktionen, sind die Verkürzung der unbegrenzten Frist der theoretischen Erklärung auf die mittlere Frist des überlegten Handelns.

Es lohnt sich, einen Augenblick bei diesem Gedanken zu verweilen. Die Zeit der Praxis ist immer begrenzt, wenn auch nicht immer auf so kurze Fristen wie bei den Fragen von Sein oder Nichtsein; nennen wir sie T. Die Zeit der Theorie ist im Prinzip immer unendlich, was nicht heißen muß, daß sie nie abläuft (wenngleich die Wahrheit selbst für uns immer versperrt bleibt), sondern vor allem heißt, daß es für sie keinerlei feste Größen gibt. Zwischen T und ∞ gibt es keinen Mittelweg; beide zu summieren ist so sinnlos, wie die Summe zu halbieren. Jede Verbindung der beiden verlangt also eine Entscheidung. Das ist immer schon ein Opfer an Theorie; denn Entscheidung heißt der Natur der Sache nach Praxis. Es ist allerdings auch ein Nachgeben der Praxis, nämlich der Verzicht auf Pragmatismus. Auf diese Weise kann ein theoretisch informiertes Handeln zustandekommen, nämlich die Einführung der mittleren Frist in Theorie und Praxis. Sie stärkt die Praxis, indem sie ihr die Atemlosigkeit und auch die bloße Scheinbewegung des Pragmatismus nimmt; sie gibt zugleich der Theorie Gewicht, indem sie den Bezug ihrer Problemlösungen auf Fragen erhält.

Ich bin ein Anhänger der praktischen Allianz von Theorie und Praxis im Bemühen um mittelfristige Lösungen und Antworten. Allerdings ist die Frage, wo und wie diese Allianz geschlossen werden soll, nicht ganz leicht zu beantworten. Um noch einmal eine persönliche Erfahrung als Argument zu verwenden: In meinen Anfangsjahren an der London School of Economics kam mir der Gedanke, daß gerade Großbritannien ein Element mittelfristigen Denkens in der Politik brauchen könnte. Dort ist ja der Pragmatismus zur schönen Kunst entwickelt, die von Staatsschauspielern auf der Bühne von Westminster teils zum Gaudi, teils zum Entsetzen des Publikums entfaltet wird. Es gibt weder Planungsstäbe – der *Central Policy Review Staff,* den Edward Heath eingeführt hatte, wurde von Margaret Thatcher prompt wieder abgeschafft – noch Institute von der Art der *Brookings Institution* oder des *American Enterprise Institute* in Washington. Die Idee eines »British Brookings« leuchtete vielen ein, und mir schien, daß die LSE, die schließlich mit vollem Namen *London School of Economics and Political Science* heißt, dafür der geeignete Ort wäre. Ich schrieb ein Vorschlagspapier und brachte es vor das Academic Board, die Versammlung aller Mitglieder des Lehrkörpers. Dort ereignete sich am 1. März 1976 eine dramatische Stunde. Linke und Rechte waren sich einig, daß der Direktor zwar im Hinblick auf die Erfordernisse des Landes recht haben möge, daß aber die LSE, eine Universität, ganz und gar der falsche Ort für seine Pläne sei. An der Universität sei das Opfer der Theorie unerträglich. Da gelte nur die prinzipiell unendliche Zeit der Theorie, und Themen würden gewählt, weil sie Probleme sind, nicht Fragen. Allenfalls könnten einzelne Mitglieder der Universität die Allianz der mittleren Frist für sich abschließen; die Institution aber sei dafür da, sie alle vor dem Eindringen der Praxis zu schützen. Die Universität sei nun einmal eine theoretische Einrichtung. Ich habe das Thema einer britischen Brookings Institution für Politikforschung nicht wieder in die Diskussionen der LSE eingeführt. Vielleicht wäre es mir sogar gelungen, mit Hilfe der unentschiedenen Mitte eine Mehrheit für meinen Vorschlag zustande zu bringen; aber die Wortführer jener denkwürdigen Sitzung hatten mich überzeugt. Ohne den Gedanken einer mittelfristigen Allianz aufzugeben, sah ich es fortan als meine Aufgabe an, die LSE als Stätte der Theorie zu schützen.

Nun kann man gewiß darüber streiten, ob Universitäten in diesem Sinne ganz und gar Stätten der Theorie sein müssen. Viele große Universitäten der Welt sind ja längst zu Warenhäusern geworden, in denen es *bargain basements* ebenso gibt wie Luxusboutiquen, Ramschabteilungen und Spezialsortimente. Warum sollten da nicht Theorie und mittlere Frist koexistieren? Allerdings scheint dies mir sicher, daß es niemandem nützt, wenn alle Theoretiker beginnen, mit hängender Zunge den Zeithorizonten der Praxis nachzulaufen. Wissenschaftler, die so tun, als hätten sie zu allen Tagesfragen von den Folgen von Tschernobyl über die Implikationen der Informationstechnologie bis zur Räumung des Arbeitsmarktes und den Chancen von Arbeiterkindern etwas zu sagen, verfallen leicht dem doppelten Irrtum: ihre Wissenschaft unzulässig zu verkürzen und sich ohne notwendige Legitimation in Entscheidungsfragen einzumischen. Es spricht viel dafür, Stätten der Theorie als solche zu erhalten, und Universitäten sind da zumindest die ersten Kandidaten.

Das heißt dann aber, daß die Allianz der mittleren Frist in eigenen Instituten geschmiedet werden muß. Mehr noch, die so entstehende Welt zwischen Theorie und Praxis bedarf ihrer eigenen Regeln. Pla-

nungsstäbe und Institute der angewandten Forschung, auch wohl
Gutachten für Entscheidungsinstanzen, haben es eben nicht in einem strengen Sinn mit Wissenschaft zu tun. In all diesen Fällen
werden Zeitgrenzen akzeptiert, die dem Prozeß der Wissenschaft an
sich fremd sind. Hier geht es also nicht primär um Erkenntnis,
sondern um die nützliche Anwendung des zu gegebenen Zeitpunk-
ten Bekannten. Planungsstäbe und Institute und Gutachten haben es
aber auch nicht in einem strengen Sinn mit Entscheidung zu tun. Sie
sind kein Ersatz für Politik und dürfen sich Rollen nicht anmaßen,
zu denen ihnen die Berechtigung fehlt. Auch aus dem brillantesten
Resümee des Standes der Forschung, ja der eindringlichsten Anwendung von Theorien folgt nicht, daß irgend etwas nun auch getan
werden muß. Es mag durchaus Gründe geben, aus denen die Handelnden keine Geldhilfe in Notstandsgebiete geben wollen. Jedenfalls steht es den Beratern nicht zu, für diese Entscheidungen eine
höhere Kompetenz in Anspruch zu nehmen, als die mit den nötigen
Kompetenzen Ausgestatteten sie haben. Die Allianz der mittleren
Frist verlangt von den Praktikern ein offenes Ohr, die Bereitschaft,
einfache Vorurteile in Frage zu stellen, die Fähigkeit zu neuen Per-
spektiven, übrigens auch ein Talent, oft schwer Verständliches für
sich und für die Wähler in eine einfachere Sprache zu übersetzen.
Von den Theoretikern, die zu Beratern werden, verlangt die Allianz
vor allem Askese. Sie sind weder potentielle Nobelpreisträger noch
potentielle Ministerpräsidenten. Wer das nicht ertragen kann – und
auf die Dauer ist es nicht leicht zu ertragen –, der muß eben hin und
wieder die Grenze in die eine oder andere Richtung überschreiten,
sich also eine Zeitlang dem Genuß der reinen Theorie oder auch
dem Streß der reinen Praxis hingeben.

Pragmatismus, Allianz der mittleren Frist: das sind, so mag man
sagen, eher unsaubere, ja unbefriedigende Lösungen des Dilemmas
von Theorie und Praxis. Das wäre so schlimm nicht; das Leben ist
nun einmal keine säuberlich geordnete, rundherum befriedigende
Veranstaltung. Aber da ist noch die Frage der Theorie von Professor
Sen, die ja eine starke Theorie ist. Ihre praktische Wendung bedeutete, daß wiederkehrenden Hungerkatastrophen am Ende nur dadurch wirksam abgeholfen werden kann, daß Anrechtsstrukturen

geschaffen werden, die niemandem jenes Warenbündel verweigern, das unter anderem zureichende Nahrungsmittel für die ganze Familie enthält. Das könnte zum Beispiel ein garantiertes Mindesteinkommen leisten. Nur, welcher Weg führt von dieser Theorie zur Praxis? Wie kommt also das zustande, was geschehen müßte, um auf absehbare Zeit Ausnahmezustände der Not zu verhindern?

Nichts in menschlichen Gesellschaften ist schmerzhafter und daher schwieriger als die Veränderung von Anrechtsstrukturen. Die Aussage ist so hart gemeint, wie sie formuliert ist. Anrechte, Vorrechte zumal, sind das Thema von Revolutionen. Man könnte meinen, daß nur revolutionäre Veränderungen die Ausweitung von Anrechten bewirken. Gerade die Geschichte der Entwicklungspolitik liefert in dieser Hinsicht nachdenklich stimmende Belege. Indien hat seit vielen Jahren gleichzeitig massenhaftes Elend in den Dörfern und am Rande der großen Städte sowie einen Überschuß nicht nur an Devisen, sondern auch an Reis, der unter dürftigen Plastikplanen verrottet. Die beiden, die Hungrigen und der Reis, können zueinander nicht kommen; da ist die ganze indische Gesellschaft dazwischen mit ihren Kasten und Schichten, ihren Händlern und Beamten. Mache da niemand den Fehler zu glauben, Gesellschaft ließe sich unter dem Zwang der Not verändern: Soziale Strukturen sind allemal fester als der mühsame Halt der Vielen am Leben. Die Widerlegung der *trickle-down theory* der Entwicklung, wonach der Wohlstand von zunächst wenigen Reichen allmählich schon zu den Vielen durchsickern würde, verdiente viel mehr Überlegung, als ihr bisher gewidmet wurde[6]. In offenen Schichtgesellschaften mag es ein solches Durchfiltern geben; wenn aber soziale Grenzen Anrechtsgrenzen sind, schließen sie hermetisch. Dann ist der wachsende Reichtum der Reichen völlig vereinbar mit dem zunehmenden Elend der Armen.

Anrechtsstrukturen wanken so leicht nicht oder doch nur dann, wenn sie vollends in Frage gestellt werden. Dann aber beginnt ein revolutionärer Zirkel, der zumindest den Zeitgenossen auch keine größeren Lebenschancen bringt. Es entsteht das, was ich das *Martinez-Paradox* nennen will, nach dem nicaraguanischen Außenhandelsminister, mit dem ich mich im Frühjahr 1986 über die leeren

Regale der Supermärkte in Managua unterhielt. »Ah«, sagte er, »es ist wahr: vor der Revolution waren die Regale voll; nur konnte niemand sich das leisten, was da angeboten wurde. Heute können sich alle das leisten, was es gibt.« Nur, so muß man hinzufügen, gibt es nicht viel. Jetzt sind alle arm, und man muß schon ein besonders enthusiastischer Anhänger von Theorien der relativen Armut *(relative deprivation)* sein (vgl. 128), um sich den Schluß zu gestatten, daß die neue Lage der alten vorzuziehen ist. Vielleicht muß man auch ein Bankkonto in Miami haben, um so zu denken.

Wenn Anrechtsstrukturen Vorrechtsstrukturen sind (und die meisten sind es), dann liegt in ihnen ein zentraler Grund für Unterprivilegierungen, die das Maß der normalen Politik überschreiten. Zugleich verlangt die Veränderung von Anrechtsstrukturen durch revolutionäre Eingriffe ein Denken in Fristen, die eher theroretisch als praktisch, und das heißt, die inhuman sind. Da kommt immer erst eine lange Diktatur des Proletariats, bevor die Morgenröte der Traumgesellschaft anhebt. Manchmal indes gibt es Theorien, die dieses Dilemma durchstoßen. Ich nenne sie *strategische Theorien.* Sie finden Punkte, an denen Erklärung und möglicher Wandel zusammenfallen, ohne daß kostspielige Systemveränderungen nötig werden. Vielmehr, während der Versuch der Systemveränderung meist entweder zur Verhärtung des Vorhandenen oder in die Verstrickungen des Martinez-Dilemmas führt, verweisen strategische Theorien auf Veränderungen von Anrechtsstrukturen, die sich fast als Positivsummenspiele spielen lassen. Da werden viele Schmerzen durch das gleichzeitige Wachstum des Angebots gemildert. Ich bin nicht sicher, ob Sens Theorie der Hungerkatastrophen in diese Kategorie gehört. Wahrscheinlich gehört sie da nicht hinein, denn sie bleibt als reine Theorie zu absolut, um sich für Positivsummenspiele zu eignen, und als mittelfristige Empfehlung zu pragmatisch, um entscheidende Eingriffe in Anrechtsstrukturen zu versprechen. Eher würde ich die wirtschaftspolitische Wendung der Theorien von Keynes als Beispiel für eine strategische Theorie nennen. Indem sie die Stimulierung der Nachfrage zur Voraussetzung nicht nur von Beschäftigung, sondern auch von neuem Wachstum macht (beide hingen bekanntlich in der Zeit der Wirtschaftskrise noch enger zusammen als heute), regt sie Anrechtsveränderungen mit Wachstumswirkungen an. Die Regale werden voller, und mehr Leute können sich leisten, was auf ihnen angeboten wird. Strategische Theorien dieser Art sind möglicherweise der Königsweg zur Beantwortung der Frage von Theorie und Praxis.

Pragmatismus ist heute gang und gäbe. Er wird so gerne angerufen und so vielfach praktiziert, daß dabei sogar die Allianz der mittleren Frist zu kurz kommt. Dabei reichen beide nicht. Meine Meinung ist, daß wir heute, zwei Jahrhunderte nach den großen Revolutionen, wieder vor folgenschweren Anrechtsfragen stehen. Das gilt nicht nur in den armen Ländern der Welt, sondern auch in Europa und Nordamerika. Noch fehlt eine befriedigende Antwort auf die Fragen und Probleme der neuen Arbeitslosigkeit wie der neuen Armut. Da könnte ein Platz sein für strategische Theorien im hier erörterten Sinn.

ZWEITER TEIL

Alte Begriffe

3 Soziale Klassen und Klassenkonflikt: ein erledigtes Theoriestück?

Die Frage, was menschliche Gesellschaften in Gang hält – *what makes them tick* – bleibt von offenbarem Interesse. Und sogar die Antwort könnte dieselbe sein wie bei Uhren: die Unruhe. »Zu den alten und stets wieder möglichen Bedeutungen ›Mangel, Gegenteil der Ruhe‹«, sagt das *Etymologische Wörterbuch* (79), »tritt die Übertragung auf Körperliches, namentlich auf Dinge, die sich stets bewegen, an Bratenwender, Barometer, Steigrad. Vom Regler der Uhr steht Unruhe seit dem 16. Jahrhundert von der Nordsee bis zur Schweiz.« Der *Regler* der Uhr! Alsbald könnte man an Kant denken, der zwar nicht »Unruhe« sagt, sondern »Widerstand« und auch »Zwietracht«, aber doch von ebenjenem Kern der sozialen Dinge spricht, von dem hier die Rede sein soll: »Ohne jene an sich zwar nicht eben liebenswürdigen Eigenschaften der Ungeselligkeit, woraus der Widerstand entspringt, den jeder bei seinen selbstsüchtigen Anmaßungen notwendig antreffen muß, würden in einem arkadischen Schäferleben bei vollkommener Eintracht, Genügsamkeit und Wechselliebe alle Talente auf ewig in ihren Keimen verborgen bleiben: die Menschen, gutartig wie die Schafe, die sie weiden, würden ihrem Dasein kaum einen größeren Wert verschaffen als dieses ihr Hausvieh hat, sie würden das Leere der Schöpfung in Ansehung ihres Zwecks, als vernünftige Natur, nicht ausfüllen. Dank sei also der Natur für die Unvertragsamkeit, für die mißgünstig wetteifernde Eitelkeit, für die nicht zu befriedigende Begierde zum Haben oder auch zum Herrschen. Ohne sie würden alle vortrefflichen Naturanlagen in der Menschheit ewig unentwickelt schlummern. Der Mensch will Eintracht; aber die Natur weiß besser, was für seine Gattung gut ist: sie will Zwietracht.« (76, S. 211)

Das klingt schrecklich, zumindest in Deutschland und zumal in einer Zeit, die wieder die große Ruhe sucht, sei es als sanfte grüne Republik, sei es als »große« schwarz-rote Koalition. Sogar die ärgerlichen jungen Männer der neuen Technologien könnten argumentieren, daß die Unruhe zwar Uhren vom 16. Jahrhundert bis in die jüngere Vergangenheit, also in den Zeiten der Manufaktur, der Mechanisierung und der großen Industrie geregelt hat, daß aber nach der elektronischen Revolution Uhren eben nicht mehr ticken. In der Digitalwelt haben die alten Bewegungsgesetze der Unvertragsamkeit und Zwietracht sozusagen ihre Kraft verloren. Übrigens ist die Frage, was menschliche Gesellschaften in Gang hält, vielleicht wirklich falsch gestellt. Es ist wahrscheinlich fruchtbarer anzunehmen, daß es dieses eine *perpetuum mobile* gibt. Die Frage ist also nicht, warum Werte und Normen und damit soziale Beziehungen und Strukturen sich verändern. Die Frage ist, wie sie es tun – wie rasch, wie heftig – und in welche Richtung die Veränderungen führen. Dies letztere vor allem soll uns im folgenden beschäftigen. Doch die Wendung der Fragestellung ändert an einer grundlegenden Antwort nichts. Sozialer Wandel wird in Richtung und Rhythmus bestimmt durch jene Kraft der Unruhe, für die es so schwer ist, einen hinlänglich allgemeinen Namen zu finden, eben durch Unvertragsamkeit, Zwietracht, Antagonismus, Widerspruch und Widerstand, durch Konflikt.

Ich werde diese Perspektive der Sozialanalyse im folgenden auf drei Ebenen verfolgen. Einmal soll von wirklichen Entwicklungen moderner Gesellschaften die Rede sein; diese bleiben Bezugspunkt der Theorie, wie ich sie verstehe. Sodann soll ein bestimmtes Theoriestück selbst, das des Klassenkonfliktes, entfaltet und genauer abgeklopft werden. Drittens möchte ich in diesem Zusammenhang ein paar Anmerkungen über meinen Weg zu und mit dieser Theorie machen.

Beginnen wir mit den wirklichen Entwicklungen. Die Gesellschaften, die wir heute einfach als die der OECD-Länder, also der Mitgliedstaaten der »Organisation für Wirtschaftliche Zusammenarbeit und Entwicklung«, beschreiben können, haben ihren Weg in die Gegenwart in zwei folgenschweren historischen Schritten angetreten. Der erste, unverändert faszinierende Schritt ist der in die Modernität, also der Ausgang des Menschen aus seiner selbstverschuldeten Unmündigkeit. An seinem Anfang sehe ich die mehrdeutige und komplizierte Figur des Erasmus von Rotterdam, nicht mehr ganz Katholik, doch auch nicht ganz Reformator, nicht mehr Kind der ungefragten Bindungen der mittelalterlichen Welt, doch kein moderner Individualist, ein Mann der klugen, auch frechen Fragen und der konventionellen, manchmal fast ängstlichen Antworten. Er öffnete gleichsam die Tür zur Moderne einen breiten Spalt, blieb dann aber in ihr stehen, um nicht zu viele und zu vieles durchzulassen. Jedenfalls war seine Zeit, die zwischen dem *Herbst des Mittelalters* (70) und den ersten Spuren der *Protestantischen Ethik und dem Geist des Kapitalismus* (154), also die Wende vom fünfzehnten zum sechzehnten Jahrhundert, die Schlüsselzeit der modernen Welt. In ihr sind Kräfte erwacht und Strukturen entstanden, mit denen wir bis heute leben – und nicht nur wir: die OECD-Welt ist ja der ausstrahlende Kern auch für das Schicksal der Länder des »Rates für gegenseitige Wirtschaftshilfe« (RGW oder Comecon) und der »Gruppe der 77«, also für die Gesellschaften des realen Sozialismus und der Dritten Welt geblieben. Für sie alle haben sich also die Fragen des sechzehnten Jahrhunderts gestellt, auch wenn sie andere, eigene Antworten finden und diese sehr viel rascher, damit oft unter größeren Schmerzen geben mußten, als es die alten europäischen Länder taten.

Hier muß ich indes das schöne Thema verlassen und den zweiten Schritt, den der Industrialisierung, der bürgerlichen Revolution, der Aufklärung, also des achtzehnten Jahrhunderts zum Ausgangspunkt nehmen. In der zweiten Hälfte des achtzehnten Jahrhunderts wurde mit der industriellen Gesellschaft auch die Sozialwissenschaft geboren (vgl. 142). Zu ihren ersten Themen gehörte nicht zufällig der Ursprung der Ungleichheit, also die soziale Klassenbildung (vgl. 32). Die schottischen Moralphilosophen hatten einen ungetrübten Blick dafür, daß die Selbstverständlichkeiten der Jahrhunderte nun auf einmal nicht mehr selbstverständlich waren. Sie bemerkten, daß die neuen Chancen der industriellen Welt auch zu neuen sozialen Spannungen führten. Jean-Jacques Rousseau, dessen

Blick im Gegenteil immer getrübt blieb (und der daher auch eine
nachhaltig trübe Wirkung entfaltete[1]), wünschte diese Ungleichheit
zum Teufel und weckte die Hoffnung auf eine Rückkehr wenn nicht
zu den Ursprüngen, dann doch zu deren dialektischer, also rätsel-
hafter Vermittlung in der klassenlosen Gesellschaft herrschaftsfreier
Kommunikation zwischen Émile und seinen Kumpanen.

Davor liegt indes die Theorie, daß die moderne industrielle Ge-
sellschaft geprägt wird durch die Auseinandersetzung zwischen de-
nen, deren Eigentum an den Mitteln der Produktion ihnen zugleich
Wohlstand und Macht garantiert, und denen, deren Arbeit den
Wohlstand der Mächtigen schafft, ihnen selbst aber nur eine abhängige, dienende, übrigens zunehmend aussichtslose Stellung beläßt.
Karl Marx' brillante Synthese vermischt Aussagen von dreierlei Art.
Da ist einmal die Beobachtung (die sich auch bei den politischen
Ökonomen von Adam Smith bis Ricardo findet), daß in die indu-
striellen Sozialbeziehungen ein Interessengegensatz eingebaut ist,
der sich nicht nur wegen der Lebenslage der Betroffenen, sondern
auch wegen deren Stellung im dynamischen System der Wirtschaft
ständig verschärft. Die einen werden reicher, die anderen ärmer;
Differenzierungen der Größenordnungen bei den einen, der Fertigkeiten bei den anderen werden eingeebnet; mit der zunehmenden
Gleichheit der Lebenslage wächst auch die Solidarität des Handelns.
Da ist sodann die Vermutung (die möglicherweise der wichtigste
eigene Beitrag von Marx ist), daß diese systematische Verschärfung
der Unterschiede der sozialen Lage zur Organisation politischer
Kräfte führt, deren Auseinandersetzung auf eine revolutionäre Explosion hin tendiert. Da ist schließlich die Behauptung (die, auf dem
Kopf oder auf den Füßen, eine schlichte Hegelisierung sozialer Verhältnisse darstellt), daß dieser Prozeß Teil, und zwar letzter Teil,
einer universalhistorischen Abfolge von jeweils Gesetztem und jeweils dagegen Gesetztem, These und Antithese, bis hin zur schließlichen Synthese ist, in der alles Vorherige im dreifachen Sinne des
Wortes aufgehoben wird, nämlich beseitigt, bewahrt und auf eine
höhere Ebene transportiert.

Die Klassentheorie hat in diesem Denkgebäude offenbar eine tra-
gende Stellung. Soziale Klassen sind hier zunächst Kategorien von

Menschen (genauer: von Spielern sozialer Rollen) mit einem gemeinsamen, sei es auf Bewahrung, sei es auf Veränderung zielenden Interesse. Marx nennt solche Kategorien »Klassen an sich«. Sie sind sodann organisierte politische Gruppen, die unter bestimmten Bedingungen aus solchen Sozialkategorien hervorgehen, oder »Klassen für sich«. In jedem Fall repräsentieren soziale Klassen ihnen zugrundeliegende (Produktiv-)Kräfte beziehungsweise (Produktions-)Verhältnisse. Sie schweben also nicht in der Luft, sondern beziehen ihre Energien aus den (nach Marx) wirtschaftlichen Möglichkeiten und Bedingungen ihrer Zeit. Eine herrschende Klasse ist so stark wie die Fähigkeit der obwaltenden ökonomischen Verhältnisse, die Bedürfnisse der Menschen zu befriedigen; eine unterdrückte Klasse ist so stark wie das Potential der Veränderung, also die von den bestehenden Verhältnissen an der vollen Entfaltung gehinderten Möglichkeiten der Zukunft. Der Kampf der Klassen ist der sichtbare Ausdruck solcher geschichtlichen Kräfte[2].

Das sind schwierige und wichtige Gedanken. Sie müssen hier ganz unvollständig entwickelt bleiben, was schon darum unbefriedigend ist, weil ich sie ziemlich kritisch sehe. Ich bin nämlich der Meinung, daß Marx auch in seiner Sozialwissenschaft – also ganz abgesehen vom Hegelismus seiner sozialutopischen Phantasien – schwerwiegende Fehler gemacht hat. Er hat sozusagen in seiner Theorie die Industrielle und die Französische, die wirtschaftliche und die politische Revolution ineinandergerollt, obwohl doch in England die politische Revolution hundert Jahre früher und in Frankreich die industrielle Revolution hundert Jahre später stattfand. Er hat sich zudem immer wieder von wohlklingenden Annahmen leiten lassen, die wenig soziologische Substanz haben. Der Klassenkonflikt werde sich zunehmend verschärfen, bis die äußerste Not der Unterdrückten die äußerste Notwendigkeit der (revolutionären) Veränderung anzeigt (vgl. 30, S. 88). Heute wissen wir, daß äußerste Not zur Lethargie führt und revolutionäre Veränderung, wenn der Extremfall überhaupt eintritt, vielmehr dann stattfindet, wenn die Dinge etwas besser werden, wenn also der Funke der Hoffnung das Pulverfaß der Unterdrückten entzündet (vgl. 33). Wer Marx nicht für einen Religionsstifter hält, den man allenfalls interpretieren, im übrigen

aber nicht anrühren darf, sondern für einen sozialwissenschaftlichen
Klassiker, bei dem Richtiges und Unrichtiges zu wichtigen Themen
zu finden ist und von dem im eklektischen Geschäft der Wissenschaft immer nur Teile überleben, der hat ein reiches Betätigungs-
feld der Kritik.

Offenbar hat es die systematische Verschärfung des Klassenkampfes ebensowenig gegeben wie die unausweichliche Verschlechterung der Lebenslage des industriellen Proletariats. Das Gegenteil
ist in den alten Industriegesellschaften geschehen. Der Klassenkampf hat, wenn man so will, Erfolg gehabt, aber eben durch
schrittweise Wandlungen. Der Gleichheit vor dem Gesetz – deren
grundlegend neuen, für die bürgerliche Gesellschaft konstitutiven
Charakter Marx zu Recht häufig betont hat – ist im neunzehnten
Jahrhundert ein entsprechendes Maß an politischer Gleichheit gefolgt. Bedeutete schon der erste Schritt dieses Prozesses der Durchsetzung der Staatsbürgerrechte, daß niemand im Prinzip über dem
Gesetz steht, so wurde die Kontrolle der Macht durch das allgemeine Wahlrecht, die Koalitionsfreiheit, den Parlamentarismus, den
Rechts- und Verfassungsstaat viel weiter getrieben. Das ebnete den
Weg für den dritten Schritt, die Ergänzung juristischer und politischer durch gewisse soziale Rechte, also durch ein Maß an Umverteilung zur faktischen Stützung verbriefter Lebenschancen.
T. H. Marshall hat diesen Prozeß in seinem Buch *Citizenship and
Social Class* meisterhaft beschrieben (92). Die Klassenkampf-Gesell-
schaft ist zu einer Staatsbürger-Gesellschaft geworden, in der es
zwar an Ungleichheiten nicht mangelt, in der aber ein gemeinsamer
Boden für alle entstanden ist und der eine zivilisierte soziale Existenz
erlaubt.

Die Aussage, daß der Prozeß ein Ergebnis des Klassenkampfes
war, ist teils direkt, teils indirekt begründbar. Forderungen wie das
allgemeine Wahlrecht oder der Achtstundentag, aber auch der Min-
destlohn oder das Recht auf Bildung haben in den Auseinandersetzungen zwischen Gewerkschaften und Unternehmern, vor allem
aber zwischen sozialistischen und bürgerlichen Parteien, eine wichtige Rolle gespielt. Manchmal sind Stücke davon in Tarifverhandlungen oder durch parlamentarische Abstimmungen verwirklicht

worden. Die wesentlichen Schübe des Fortschritts zur Staatsbürger-Gesellschaft beruhen indes auf indirekten Wirkungen sozialer Konflikte. In Deutschland gilt Bismarck zu Recht als Erfinder des Sozialstaats; er hat mit machiavellischem Geschick — aber wohl auch aus feudaler Überzeugung — zugleich Auseinandersetzungen unterdrückt und deren Forderungen realisiert, also Sozialistengesetz und Sozialstaat verbunden. Überall haben die schrecklichen Kriege des Jahrhunderts ein Klima geschaffen, in dem klassenkämpferische Forderungen ihren kontroversen Charakter verloren; man denke an das allgemeine Wahlrecht nach dem Ersten, die Mitbestimmung nach dem Zweiten Weltkrieg (vgl. 103)[3]. Überhaupt ist bemerkenswert, daß der gemeinsame Boden der Bürgerrechte und sein Pendant, die Beschneidung von Möglichkeiten, Eigentum oder Verfügungsgewalt in unkontrollierte Macht umzusetzen, bis vor kurzem weithin unbestritten war.

Was hier geschehen ist, läßt sich also folgendermaßen beschreiben: Es war durchaus zutreffend, daß die frühen Industriegesellschaften ein großes, unentfaltetes Wohlfahrtspotential in sich bargen. Es war auch zutreffend, daß es wichtige Gruppen gab, die ihre privilegierte Position mit vielen Mitteln, bis hin zur bewaffneten Niederschlagung von Arbeiteraufständen, verteidigten, während die Unterprivilegierten sich zunächst sporadisch, dann systematisch um die Vertretung ihrer Forderungen organisierten. Man wird sogar sagen können, daß hundert Jahre der Sozialgeschichte durch diese Auseinandersetzung geprägt worden sind. Obwohl indes die Auseinandersetzung mit revolutionären Tönen begann, wurde sie im Laufe der Zeit zunehmend friedfertig. Sowohl der industrielle als auch der politische Konflikt nahm geregelte Formen an. In der Tat entstand ein höchst kompliziertes Regelwerk der industriellen Beziehungen von Tarifverträgen über Schlichtungsmechanismen bis zu Arbeitsgerichten und Betriebsverfassungsgesetzen. Politische Verfassungen entwickelten sich entsprechend. Der Klassenkampf wurde, um mit Theodor Geiger zu sprechen, »institutionalisiert« (56, Kap. IX). Aus dem revolutionären Klassenkampf wurde das, was vor allen S. M. Lipset den »demokratischen Klassenkampf« genannt hat (90).

Das ist ein Kommentar über sozialen Wandel. Nehmen wir einmal an, das Substrat des Wandels seien Wohlfahrtschancen oder,
umfassender noch, Lebenschancen[4], dann bleiben diese nie statisch.
Vielmehr: nur dort, wo sie statisch werden, wo nichts mehr geht,
stauen sich revolutionäre Energien auf. Paradoxerweise waren gerade Revolutionen wie die russische oder in jüngerer Zeit die kuba-
nische, aber in anderer Weise auch die ungarische tatsächlich eine
Verbindung von bürgerlicher und industrieller Revolution, das heißt
eine organisierte Sprengung vormoderner (oder, in Ungarn, neuer,
ja moderner) Anrechts- und Abhängigkeitsverhältnisse im Namen
neuer wirtschaftlicher Möglichkeiten. Hier haben denn auch die
Produktionsdiktaturen des realen Sozialismus ihren Ursprung. In
den älteren Industrieländern aber dauerte die revolutionäre Zuspitzung nicht lange. Auch wenn ihr hegelisch verstellter Blick es manchen schwer machte, die unter ihren Augen vorgehenden Veränderungen zu sehen, fanden diese dennoch statt. Die Struktur der deutschen oder französischen oder britischen Gesellschaft von 1985 ist
in keinem vernünftigen Sinn dieselbe wie die von 1885. Mehr noch,
es sind Regelmechanismen, nämlich die Formen der offenen Gesellschaft entstanden, in die der Wandel als Prinzip eingebaut ist. Im
Prinzip könnte man die Verfahren des demokratisch verfaßten Staates als Garantie der Allmählichkeit des Wandels auf Dauer ansehen.
Hat es unter diesen Umständen überhaupt noch Sinn, von Klassenkampf zu sprechen?[5]

An diesem Punkt ist ein Wechsel der Dimension der Analyse am
Platze. Bisher war von wirklichen Entwicklungen die Rede; jetzt soll
der Blick auf die Instrumente ihres Verständnisses und auf meine
Versuche, diese zuzuspitzen, gelenkt werden. Unlängst bat mich ein
jüngerer Fachkollege, für eine von ihm herausgegebene Zeitschrift
einen Beitrag über mein Buch *Soziale Klassen und Klassenkonflikt
in der industriellen Gesellschaft* zu schreiben. Er und seine Mither-
ausgeber wollten kleine Essays zur Entstehungs- und Wirkungsge-
schichte »klassischer« Sozialanalysen veröffentlichen, und sie rech-
neten das Klassenbuch dazu, obwohl es sich hier um »ein relativ
abgeschlossenes Theorie- und Analysestück« handele, das im übrigen schon 1968 von jungen Soziologen aus dem Frankfurter Um-

kreis eine »Replik gefunden« habe. Es ist nicht nötig, meine Antwort hier im einzelnen zu wiederholen (44); doch ist die Bemerkung
vom »relativ abgeschlossenen« Theoriestück, das zudem widerlegt
sei, für den sachlichen Zusammenhang von Interesse.

Am Ende meiner jugendfrechen Dissertation über den Begriff des
Gerechten bei Karl Marx habe ich 1952 ohne viel Ahnung, wovon
ich eigentlich sprach, die Trennung der sozialwissenschaftlichen von
den philosophischen Elementen des Marxschen Werkes gefordert
und erklärt, unter sozialwissenschaftlichem Aspekt seien der »Begriff der Klasse und die aus ihm hervorgehenden Annahmen« sowie
»die Hypothese der Logik sozialer Veränderungen« besonders »wesentlich und verfolgenswert« (30, S. 166). Diese Vorgriffe gewannen
dann unter drei Eindrücken schärfere Konturen.

In London lernte ich Karl Popper kennen, und zwar sowohl den
der *Offenen Gesellschaft* als auch den der *Logik der Forschung*
(118, 119). Die Begegnung bestätigte und vertiefte meinen Wunsch,
Soziologie einschließlich der gesamtgesellschaftlichen Analyse als
Erfahrungswissenschaft zu betreiben. Sie legte auch den Keim zu
jener politischen Theorie der Ungewißheit, die seitdem das bestim-
mende Motiv meines Nachdenkens geworden ist.

Ebenfalls in London erfuhr ich zum ersten Mal jene Einstellung zu
Konflikten, die unter dem schwer übersetzbaren Namen *adversary
politics* schon in der Sitzordnung des Unterhauses, wo Regierung
und Opposition sich bekanntlich auf engem Raum gegenübersitzen,
ihren Ausdruck findet. In der britischen Industrie (über die ich
meine zweite, englische Dissertation schrieb), und zwar bei Gewerkschaften wie bei Unternehmern, gilt die Mitbestimmung nach wie
vor als unerträgliche Verwischung notwendiger Konfliktfronten. In
der britischen Politik hat der »demokratische Klassenkampf« lange
Zeit seinen wohl deutlichsten Ausdruck gefunden.

In London begann sodann das Sich-Reiben an Talcott Parsons,
dem viele Jahre lang und möglicherweise bis heute dominierenden
Großmeister der abstrakten Soziologie. In dem Jahr, das wir
1957–58 gemeinsam am »Center for Advanced Study« in Palo Alto
verbrachten, wurde die Reiberei zur förmlichen Auseinandersetzung[6]. Thema war dabei vor allem die Frage der Grundperspektiven

der Sozialanalyse: Wie weit führt die Suche nach den Elementen und
Kategorien der Integration sozialer Systeme? Verdient, ja verlangt
nicht die Untersuchung von Konflikt und Wandel Priorität? Der
Aufsatz *Out of Utopia*, der in jenem Jahr entstanden ist, verfolgt
diese Frage sowohl in ihren wertgeladenen als auch in ihren wissen-
schaftlichen Aspekten (36).

Da gab es die erste, deutsche Version des Klassenbuches schon,
mit dem ich mich 1957 in Saarbrücken habilitiert habe (31). Ich
wollte es übrigens in Frankfurt schreiben, wo ich 1954 als Assistent
von Max Horkheimer und Theodor W. Adorno begonnen hatte;
aber die immer eher ängstlichen Helden der »kritischen Theorie«
fanden es »unnötig«, die Gesellschaft von Adenauers Deutschland
der fünfziger Jahre mit dem Thema sozialer Klassen zu schockieren[7].
Dies führt direkt zurück zum sachlichen Faden dieser Darstellung.

Angesichts der geschilderten Tendenzen zur offenen Gesellschaft
der erfüllten Staatsbürgerrechte gab es wenigstens drei Möglichkeiten der theoretisch informierten Sozialanalyse. Man konnte Marx
einfach vergessen. Das geschah am ausgeprägtesten in der Sozialforschung zu Fragen der Schichtung und Mobilität, die in den fünfziger
Jahren, angeregt durch den Internationalen Soziologenverband
(ISA), beachtliche Höhepunkte erreichte[8]. Hier wurde der immer
explosive, auf Konflikte und Wandlungen zielende Klassenbegriff zu
einem eher beliebigen, beschreibenden Schichtbegriff denaturiert.
Das führte dann entweder zu den bekannten Einteilungen in eine
Obere Oberschicht, Untere Oberschicht, Obere Mittelschicht usw.
(im Englischen immer »upper upper *class*«, »lower upper *class*«
usw.) oder aber zu Thesen wie der von Helmut Schelsky, daß an die
Stelle der alten Klassengesellschaft eine »nivellierte Mittelstandsgesellschaft« getreten sei. Schelskys damaliger Hamburger Kollege
Siegfried Landshut hat diese These dann noch einen Schritt weiter-
getrieben und gemeint, die »klassenlose Gesellschaft« sei ja nun
verwirklicht, jedenfalls im Westen; an Stelle der alten Konflikte gebe
es nur noch eine im wesentlichen gleichartige Lebenslage ohne neue
Konfliktpotentiale (130, 84).

Man konnte Marx auch verdrängen und am Ende die Verdrängung sogar zur Theorie erheben. Das war die Frankfurter Methode.

Sie fand ihren Ausdruck an vielen Stellen, zuletzt und am klarsten in den erregten Diskussionen des Frankfurter Soziologentages von 1968 zum Thema »Herrschaft, Klassenverhältnis und Schichtung«. Dort hielten Bergmann, Brandt, Körber, Mohl und Offe den Vortrag, der die erwähnte »Replik« auf die Klassentheorie enthielt. Ihre These lautete: »Die unter dem Gesichtspunkt des sozialen Wandels dominante Form der Ungleichheit ist weniger in der vertikalen Dimension der Ungleichheit von Schichten und Klassen zu suchen als in der horizontalen Form der Disparität von Lebensbereichen, d. h. der ungleichgewichtigen Befriedigung der verschiedenen Lebensbedürfnisse.« (15, S. 82)

Die These selbst war nicht sonderlich neu. Galbraith hatte sie in seinen Bestsellern immer wieder vertreten: wir verbinden »privaten Wohlstand« mit »öffentlicher Armut«; die Staatsbürgergesellschaft vernachlässigt den öffentlichen Nahverkehr, das Recht auf Bildung, die Umwelt (vgl. 52). Neu war indes die Vorstellung, daß nun die »Disparitäten« das wichtigste verbleibende Konfliktpotential sind. Sie wurde zur Bewegkraft einer intellektuellen Entwicklung, die zunehmend Geschichtsphilosophie und Mikrosoziologie miteinander verband, also sich für Ursprung und Ziel der Geschichte und für den Prozeß der Sozialisation interessierte, dabei aber das klassische Gelände der gesamtgesellschaftlichen Analyse sorgsam aussparte. Es war dies übrigens auch eine Entwicklung, als deren Folge die alte politische Ökonomie aus der Universität auswanderte. Nach Schumpeter und Aron findet man diese Art der Analyse eher bei Amateuren als bei Professoren[9].

Dabei gab es doch eine dritte Möglichkeit, nämlich Marx weder zu vergessen noch zu verdrängen, sondern ihn zu überwinden. Vor allem in den vierziger Jahren konnte es durchaus so scheinen, als würde dieser Versuch obsiegen. Joseph Schumpeters *Kapitalismus, Sozialismus und Demokratie* (135), Paul Sering/Richard Löwenthals *Jenseits des Kapitalismus* (139), Karl Renners *Wandlungen der modernen Gesellschaft* (125), etwas später Raymond Arons *Achtzehn Vorlesungen über die industrielle Gesellschaft* (8) sind nur einige Titel, die einem da einfallen. Das ist die Tradition, in der ich mein Klassenbuch sehen wollte. Es ist übrigens noch heute eine intellektuelle Tradition, mit der ich mich gerne verbinde.

Marx überwinden, das bedeutet im Hinblick auf die Klassentheorie in knappster Formulierung folgendes: Das Interesse an der durch soziale Konflikte geprägten Dynamik des sozialen Wandels bleibt erkenntnisleitend. Doch wird dieses Interesse herausgelöst aus allen dogmatischen Annahmen über den Gang der Geschichte. Es ist insoweit ein erfahrungswissenschaftliches Interesse. Damit stellt sich erstens die Frage, welches Sozialverhältnis es ist, das vor allem zu Konflikten Anlaß gibt. Hier ist Marx zu verallgemeinern: es ist nicht etwa nur das Eigentumsverhältnis, sondern das der Herrschaft. Wo es Herrschaft gibt, gibt es auch Konflikte zwischen Interessenten am Status quo und Interessenten an seiner Veränderung. Zweitens stellt sich die Frage, wie aktuelle, organisierte Konflikte aus diesem Sozialverhältnis herauswachsen. Eine Theorie der politischen Organisation ist erforderlich. Drittens ist zu bedenken, in welcher Weise organisierte (aber auch noch nicht organisierte) soziale Gegensätze Wandlungen beeinflussen. Was bestimmt Tempo und Tiefgang des Wandels? Nicht nur eine Theorie der Revolution, sondern eine des Wandels überhaupt ist erforderlich. Dahinter steht dann viertens die schwierigste aller Fragen in diesem Bereich: Wie kriegen wir nicht nur Tempo und Tiefgang, sondern die Richtung des Wandels in den Griff einer Analyse, die der Absicht nach erfahrungswissenschaftlich ist? Wie können wir also wissen, ob und warum sich, sagen wir, alternative oder neo-konservative Wertvorstellungen in den sogenannten postindustriellen Gesellschaften der Gegenwart durchsetzen werden?

Ein »abgeschlossenes Theorie- und Analysestück«? Die Antworten, die die genannten Autoren gegeben haben, mögen so wenig zureichen wie die meines Klassenbuches. Das Buch hat übrigens in Deutschland kaum Wirkung gehabt; die erste Auflage von 1957 war zwar bald vergriffen, aber die von mir selbst besorgte, beträchtlich erweiterte englische Ausgabe von 1959 ist nie nach Deutschland gedrungen. In den angelsächsischen Ländern, und übrigens auch in den Übersetzungen ins Italienische, Spanische, Portugiesische, bleibt das Buch indes bis heute wirksam. Dafür gibt es sicherlich Gründe.

Sie führen mich nicht etwa dazu, das deutsche Desinteresse als bloß ideologisch abzutun und mich im Lichte des angelsächsischen oder des italienisch-iberisch-lateinamerikanischen Interesses zu sonnen. Wohl aber führen sie mich zu dem Versuch, die Fäden der Klassentheorie weiterzuspinnen und nachzusinnen, ob hier nicht Elemente einer Theorie sind, die uns auch jenseits der Staatsbürgergesellschaft noch weiterhilft, die also Wandlungen sowohl in der Zeit des »klassischen« Klassenkampfes als auch in der des demokratischen Klassenkampfes und darüber hinaus erklärt.

Der soziale Konflikt zwischen denen, die Anteil am Prozeß der Ausübung von Herrschaft haben, und denen, die davon ausgeschlossen sind, ist endemisch. Seine Intensität und Gewaltsamkeit bestimmen Radikalität und Tempo des Wandels. Für eine lange Zeit der zweihundertjährigen Geschichte industrieller Gesellschaften waren diese Konflikte Kämpfe, bei denen es den Beteiligten um alles oder nichts zu gehen schien. Doch ist es den alten Industriegesellschaften gelungen, diesen absoluten Konflikten die Spitze zu nehmen. Ein hohes Maß an Organisation der Beteiligten und die Einigung über Regeln der Auseinandersetzung haben die Intensität der Konflikte gemildert, ihre Gewaltsamkeit beträchtlich reduziert. Wandlungen sind daher in zunehmendem Maße allmählich und schrittweise vor sich gegangen.

Daß dies weder für die Produktionsdiktaturen des realen Sozialismus noch für die erasmuslosen Gesellschaften der Dritten Welt gilt, kann hier nur angemerkt werden. Es bestätigt übrigens den theoretischen Ansatz eher, als daß es ihn in Frage stellt.

Der richtungbestimmende Hintergrund dieser Konflikte lag in der Kraft moderner Industriegesellschaften, allen ihren Bürgern ein beträchtliches Maß an Lebenschancen zu garantieren. Das bedeutete immer zweierlei, die Eröffnung von Optionen und die Vervielfältigung der Optionen selbst. Zur letzteren gehört ein Wohlfahrtsniveau weit über dem Existenzminimum, aber auch die Möglichkeit der individuellen Wahl von Lebensformen in immer mehr Bereichen. Geographische und soziale Mobilität, Säkularisierung, sexuelle Revolution, Freizeit, Medienvielfalt und anderes mehr sind allesamt Hinweise auf eine Optionsgesellschaft. Aber der Kampf ging nicht in erster Linie um die Vervielfältigung der Optionen, sondern um den Zugang zu ihnen, um Anrechte. Immer waren die Fordernden auf der Suche nach neuen Anrechten; immer kam der Widerstand von denen, die sich im Status quo angesiedelt hatten; und immer wurde am Ende der Widerstand gebrochen, wurden die Forderungen erfüllt.

Das ist überzeichnet, stilisiert, dennoch im Kern plausibel. Es ist die Beschreibung des Weges zur modernen, industriellen, offenen, mobilen, wohlhabenden, sozialen, liberalen Staatsbürgergesellschaft, zur Gesellschaft des demokratischen Klassenkampfes, ja mehr noch, der Gesellschaft, in der der Klassenkampf überflüssig wird, weil der einzelne auf eigene Faust das erreichen kann, was ihn interessiert, und in der er, wenn er es nicht erreicht, aufgefangen wird durch das Netz der allgemeinen Bürgerrechte.

Es gab eine Zeit, in der auch die Überwinder von Marx die OECD-Gesellschaften in solchen Farben zeichneten. Das war die Zeit, in der allenthalben das Ende der Ideologie, *The End of Ideology* (12), *La fin de l'âge idéologique* (7) festgestellt wurde. Heute stehen indes andere Beobachtungen im Vordergrund, die sich den alten wie auch den angeblich neuen Theorien nicht ohne weiteres erschließen, selbst wenn sie zum Teil recht alte Beobachtungen sind. Um nur einige Beispiele zu geben: Max Weber hat die Rationalität gepriesen, aber sie dann zur Ursache des Gehäuses der Hörigkeit erklärt, in das er die Bewohner moderner Gesellschaften geraten sah. In der bürokratisierten Gesellschaft ist sogar allmählicher und schrittweiser Wandel schwierig geworden. Es gibt eine neue Erstarrung, wie sie übrigens auch andere Soziologen von Robert Michels bis zu Theodor Geiger und darüber hinaus prognostiziert haben (vgl. 155, 101, 56).

Émile Durkheim hat den Übergang von »mechanischer« zu »organischer«, nämlich auf Vertrag und damit individueller Entscheidung beruhender Solidarität durchaus gewollt. Er hat aber auch beobachtet, daß es Prozesse der Entnormierung, der Anomie gibt, die den einzelnen in seiner Verlassenheit bis zum Selbstmord treiben können. Die Entwicklung von »Gemeinschaft« zu »Gesellschaft« ist durchaus zweischneidig. Die Optionsgesellschaft hat den anderen,

sinnstiftenden Aspekt der Lebenschancen, die Ligaturen, vernachlässigt (vgl. 48, 49, 148, 38).

Hannah Arendt hat das alte, zum Beispiel auch Marxsche Thema der Arbeit aufgenommen. War nicht in der *Deutschen Ideologie* von dem Schlaraffenland die Rede, in dem »die Gesellschaft
die allgemeine Produktion regelt und mir eben dadurch möglich macht, heute dies, morgen jenes zu tun, morgens zu jagen,
nachmittags zu fischen, abends Viehzucht zu treiben, nach dem
Essen zu kritisieren, wo ich gerade Lust habe; ohne je Jäger,
Fischer, Hirt oder Kritiker zu werden« (95, S.33)? Die Idee einer
solchen Tätigkeitsgesellschaft bedeutet indes zunächst, daß das
Angebot von »Jägern, Fischern, Hirten und Kritikern« knapp
wird, daß in diesem Sinne »der Arbeitsgesellschaft die Arbeit ausgeht« (6)[10].

Es gibt andere, wichtige Phänomene des Wandels, so das Aufkommen neuer Wertvorstellungen, die Entdeckung der (sozialen)
Grenzen des Wachstums, die Internationalisierung sozialer Beziehungen. Aber bleiben wir bei den genannten Beobachtungen. Man
könnte sich schon einen Reim auf sie machen. Die Lösung der Fragen von gestern wird zum Ausgangspunkt der Fragen für morgen.
So wie Wachstum und Umweltverschmutzung zusammenhängen, so
auch die Verkürzung des Arbeitslebens und die neue Arbeitslosigkeit, die Hebung des Lebensstandards und der Mangel an erträum-
ten Gütern, die zunehmende Gleichheit und die neue Frustration der
Nivellierung, die Schaffung eines Systems sozialer Transferleistun-
gen und die Bürokratisierung, der Ausgang des Menschen aus seiner
selbstverschuldeten Unmündigkeit und die Anomie. Am langsam-
sten verändert sich unter solchen Bedingungen die Struktur sozialer
Beziehungen, also das, was Marx mit den Denkbegrenzungen seiner
Zeit die Produktionsverhältnisse nannte. Trotz aller Nebenwirkungen gibt es eine beharrliche Gewohnheit des Festhaltens an der
Wachstumsgesellschaft. Trotz aller Widersprüche bleiben die Werte
und Gestalten der Arbeitsgesellschaft dominant. Rechtssystem,
Wirtschaftsordnung, politische Verfassung, öffentliche Werte bleiben unverändert, obwohl sie angesichts neuer Fragen nicht mehr
weiterführen.

Das ist nicht bloße Gewohnheit (obwohl die Rolle der Trägheit im sozialen Wandel nicht zu unterschätzen ist); es ist auch handfestes Interesse derer, die unter den gegebenen Verhältnissen gut genug abschneiden und jedenfalls veränderte Strukturen eher befürchten als erhoffen. Das aber ist in der entwickelten Staatsbürgergesellschaft die Mehrheit. So wird ein Prozeß in Gang gesetzt, in dem wir mitten darin stehen. Die profitierende Mehrheit schart sich enger um die Werte und Strukturen der alten Gesellschaft. Sie grenzt damit beinahe automatisch diejenigen aus, die von diesen Werten und Strukturen wenig haben, jene zum Beispiel, die noch nicht oder nicht mehr am Arbeitsmarkt teilnehmen. Die Ausgegrenzten beginnen, an den Annahmen der offiziellen Gesellschaft zu rütteln. Das führt zu weiterer Verhärtung dieser Annahmen und der durch sie geprägten Strukturen. Die offene Gesellschaft ist nur mehr offen für die, die im Licht sind; die im Dunkeln sieht man einmal wieder nicht.

Ein neuer Klassenkampf? Wohl nicht, jedenfalls zunächst nicht. Auch wenn es systematische Erklärungen für den Prozeß der Ausgrenzung gibt, sind die Ausgegrenzten doch keine systematische Sozialkategorie. Viele von ihnen erleben ihr Schicksal nicht zufällig als individuell. Ihre Solidarität bleibt sporadisch. Kennzeichnender für diese Situation ist die Gefährdung von Recht und Ordnung, sind passivere Ausdrucksformen der Anomie, ist der spürbare und sich ausbreitende Zweifel am Gesellschaftsvertrag selbst. Das alles könnte zunächst zu weiteren Verhärtungen der Mehrheitsgesellschaft führen. Dann stünden uns unruhige Zeiten bevor, in denen anarchische und faschistische Tendenzen ständig miteinander konkurrieren.

Aber ich will innehalten. Im gegenwärtigen Zusammenhang geht es um Nutzen und Nachteil einer alten Theorie; die Anwendung in der Sozialanalyse ist erst der nächste Schritt. Hier bleiben vor allem noch ein paar Fragen. Darunter ist zum Beispiel die, ob es eigentlich eine Theorie geben muß, die sowohl die heute beobachteten Phänomene als auch die Klassenkämpfe der Vergangenheit erklärt. Könnte es nicht sein, daß wir es hier mit ganz verschiedenen Phänomenen zu tun haben? Und ist es nicht jedenfalls fraglich, ob die Rede von

Klassen und Klassenkonflikt irgendetwas Wichtiges an diesen Phänomenen trifft?

Dann ist da die Frage der Richtung des Wandels, jene Vexierfrage, an der die strenge Sozialwissenschaft noch immer in konturlosere Gefilde ausgewichen ist. Wo sind und was sind denn die Kräfte der Zukunft in den Konflikten der Gegenwart? Nicht alles, was neu ist, ist schon eine soziale Kraft. Und Kräfte von der Art und Bedeutung der Modernisierung oder der Industrialisierung lassen sich einstweilen ebensowenig ausmachen wie vorwärtsdrängende Gruppen, die eine Veränderung sozialer Strukturen brauchen, um ihre kraftvollen Interessen durchzusetzen. Es könnte also durchaus sein, daß noch für lange Zeit alles beim alten bleibt.

Ohnehin läuft der Sozialanalytiker der Gegenwart ja immer Gefahr, das Ephemere ins Säkulare aufzublasen. Könnte es nicht sein, daß die Wachstumsprobleme ein bloßer Schluckauf des fortdauernden Wirtschaftswunders sind, die Arbeitslosigkeit sich am Ende doch als eine Konjunkturerscheinung erweist? Könnte also die Ausgrenzung nicht sehr vorübergehend bleiben? Es ist jedenfalls nützlich, zu Kant und zu Erasmus, zur bürgerlich-industriellen Revolution und zur Morgendämmerung der Modernität zurückzugehen und die historische Perspektive nicht aus dem Auge zu verlieren, wenn man in Versuchung gerät, für die nahe Zukunft fundamentale Veränderungen vorherzusagen.

Da gibt es vieles, das wir nicht wissen, aber das zu erkunden sich lohnt. Bei solcher Erkundung sollte man indessen eine der stärksten makrosoziologischen Theorien, die des Wandels durch Klassenkonflikt, nicht leichtfertig aufgeben. Wenn die Theorie die Wirklichkeit nicht mehr erklärt, ist noch die Frage, warum das wohl so ist. Wo genau scheint die Klassentheorie, selbst in ihrer verallgemeinerten Form, wie ich sie in meinem Buch über *Class and Class Conflict* gesucht habe, zu versagen? Die nächste Frage ist dann, ob dieses Versagen dazu zwingt, die Theorie gänzlich zu verwerfen, oder ob es zu weiterer Verallgemeinerung, zur Verbesserung der Theorie Anlaß gibt. Denn die Perspektive von Kants »Idee zu einer allgemeinen Geschichte in weltbürgerlicher Absicht« scheint mir unverändert fruchtbar: die Talente der Menschheit blieben unentdeckt, die Möglichkeiten menschlicher Entfaltung unerkundet ohne die »nicht zu befriedigende Begierde zum Haben oder auch zum Herrschen«. Leben in Gesellschaft ist Leben an offenen Grenzen. So lästig daher Unruhe, Widerstand, Zwietracht, Konflikt sein mögen, sie sind doch Kräfte der Zukunft. Sie bändigen heißt nicht, sie beseitigen. Wir müssen und wir sollten mit ihnen rechnen, und zwar sowohl in der Sozialanalyse des Wandels als auch in der politischen Theorie der Freiheit.

4 Nach dem demokratischen Klassenkampf

Der Begriff eines demokratischen Klassenkampfes ist von trügerischer Milde. Als S. M. Lipset ihn in den fünfziger Jahren aufnahm, ging er davon aus, daß politische Parteien der organisierte Ausdruck sozialer Konflikte sind[1]. Diese sind in aller Regel Klassenkonflikte, auch wenn manche Parteien das Wort »Klasse« von sich weisen. »Global gesehen kann man als wichtigste Verallgemeinerung den Satz aufstellen, daß die Parteien entweder auf den unteren Schichten oder auf dem Mittelstand und den oberen Schichten basieren.« »Diese Verallgemeinerung«, fügte Lipset damals hinzu, »trifft sogar für die amerikanischen Parteien zu.« (90, S. 242) Überall findet sich ein sorgsam geregelter Konflikt zwischen Organisationen, die aus den divergierenden Interessen der Besitzenden und der Nichtbesitzenden herauswachsen.

Tatsächlich war der Prozeß, der zur Entstehung eines *demokratischen* Klassenkampfes führte, lang und schmerzhaft; zudem haben spezifische historische, kulturelle und institutionelle Faktoren ihn überall kompliziert.

Als die politischen Ökonomen des achtzehnten und frühen neunzehnten Jahrhunderts den modernen Klassenbegriff und mit ihm die Tatsache entdeckten, daß eine tiefgehende Spaltung der sozialen Stellung und des Interesses in Industriegesellschaften endemisch ist, sahen sie beträchliche Gefährdungen »des Systems« auf Grund dieser Konflikte voraus. Marx gab dieser Aussicht eine Hegelsche und daher absolute Wendung. Er verkündete die unvermeidliche Zuspitzung sowohl des Unterschiedes der Klassenlagen als auch des Konflikts der organisierten Klassen, bis am Punkt der äußersten »Not« des Proletariats die unausweichliche »Notwendigkeit« einer großen soziopolitischen Explosion, einer Revolution entspringt. Manche sind dieser philosophischen Denkfigur nicht gefolgt; doch haben viele durch das ganze neunzehnte Jahrhundert hin geglaubt, daß der Klassenkampf sich verschärfen, also intensiver und gewaltsamer werden müsse. Mehr noch, zunächst sprach alles dafür, daß dies auch tatsächlich der Fall sein würde.

Dann geschah zweierlei. Zunächst wurde deutlich, daß die neue Klassenspaltung zwar wichtig war – vor allem in Großbritannien, das so lange als Modell der Sozialentwicklung wie auch ihrer Analyse galt –, daß aber andere soziale Trends den politischen Prozeß kaum minder stark prägten. Zum Beispiel blieben die herrschenden Klassen in sich uneinig, und vorindustrielle Wertvorstellungen, einschließlich eines patriarchalischen Wohlfahrtsbegriffs, konterkarierten das härtere Bild vom Menschen und seinen Bewegkräften, das Adam Smith und Karl Marx gemalt hatten. Auch die weithin vorhergesagte Nivellierung der Arbeiterklasse fand nicht statt; neue Fertigkeiten begründeten neue Unterschiede. Die Landwirtschaft verschwand keineswegs; in vielen Ländern blieben die Bauern eine wichtige soziale Gruppe und vor allem eine kritische politische Kraft. Ohnehin verwischten andersartige Bestimmungsgründe des politischen Verhaltens wie Religionszugehörigkeit die klaren Linien des Klassengemäldes. Und dann waren da jene besonderen kulturellen Traditionen, die zu für Marxisten unangenehmen Fragen führten, wie sie in Werner Sombarts Schrift *Warum gibt es in den Vereinigten Staaten keinen Sozialismus?* (141) oder in Thorstein Veblens Buch *Das Kaiserliche Deutschland und die Industrielle Revolution* (149) aufgeworfen werden.

Wichtiger noch als solche Komplikationen des einfachen Klassenkampfmodells waren indes die Entwicklungen des Kampfes selbst, also der Prozeß dessen, was Theodor Geiger die »Institutionalisierung des Klassengegensatzes« nennen sollte (56). Man kann T. H. Marshalls Analyse dieses Prozesses in seinem Buch *Citizenship and Social Class* gar nicht oft und hoch genug loben (92). Eine der notwendigen Bedingungen des industriellen Kapitalismus, das Recht, Arbeitsverträge frei auszuhandeln, erwies sich als eine Kraft des Wandels. Gleichheit vor dem Gesetz ging der industriellen Revolution voraus oder begleitete sie. In dem ihr folgenden Jahrhundert wanderte die Arena sozialer Auseinandersetzungen von der Sphäre des Rechts zu der der Politik. Der Kampf um die Ausweitung der Staatsbürgerrechte auf politische Teilnahme, vor allem in der Form des allgemeinen Wahlrechts, begann. Aber auch dies war nicht genug. Um konkret zu werden, mußten die Gleichheit vor dem Gesetz und das allgemeine Wahlrecht durch den Wohlfahrtsstaat gestützt werden. In Marshalls eigenen Worten: »Bürgerrechte gaben juristische Ansprüche, deren Einlösung durch Klassenvorurteile und fehlende wirtschaftliche Möglichkeiten drastisch beschnitten wurde. Politische Rechte gaben potentielle Macht, deren Ausübung aber Erfahrung, Organisation und eine neue Vorstellung von den Aufgaben des Staates verlangte … Die Verringerung der Ungleichheit verstärkte die Forderung nach ihrer Beseitigung, zumindest im Hinblick auf die Kernbereiche der sozialen Wohlfahrt. Diese Forderungen sind zum Teil dadurch befriedigt worden, daß soziale Rechte Aufnahme fanden in den Status der Staatsbürgerschaft und auf diese Weise ein allgemeines Recht auf ein Realeinkommen entstand, das unabhängig ist vom Marktwert dessen, der es geltend macht« (92, S. 46 f.). Die so geschaffene »demokratische Staatsbürgerschaft« macht Klassenunterschiede irrelevant.

Der Weg zu diesem Ziel war allerdings länger und beschwerlicher, als eine schematische Analyse verrät. In Deutschland ließ er notorische Verwerfungen von alt und neu hervortreten. Bismarck erfand geradezu den modernen Wohlfahrtsstaat, während er zugleich das allgemeine Wahlrecht, von der Organisation von Gewerkschaften und einer sozialistischen Partei ganz zu schweigen, bekämpfte. In den Vereinigten Staaten ist der Wohlfahrtsstaat nie als notwendiger Bestandteil eines entwickelten Begriffs der Staatsbürgerrechte akzeptiert worden. Solche Einschränkungen sind wichtig, und sei es nur, weil sie zeigen, wie sehr die Sozialanalyse dazu neigt, eben jene Unterschiede gering zu achten, die für wirkliche Menschen in wirklichen Situationen ausschlaggebend sind.

Doch hat die Sozialanalyse ihre eigene Kraft, die es rechtfertigt, sie zu verfolgen. Unser Interesse gilt weniger den Klassenunterschieden an sich als dem Klassenkonflikt und seinem politischen Ausdruck. Hier ist zunächst festzustellen, daß der Fortschritt der Staatsbürgerrechte nirgends die einfache Folge der politischen Organisation von Klassenkonflikten war. Keith Middlemas hat in seinem Buch über Politik in der Industriegesellschaft gezeigt, wie wichtig die beiden großen Kriege unseres Jahrhunderts für die Entwicklung der politischen und der sozialen Rechte waren (102). In gewisser Weise war das allgemeine Wahlrecht die »Belohnung« für den Beitrag der Unterprivilegierten zum Ersten Weltkrieg, und der Wohlfahrtsstaat war die entsprechende »Belohnung« nach dem Zweiten Weltkrieg. Doch ändern die Komplikationen des Prozesses am Ende nichts daran, daß die stärkste Bewegkraft des sozialen Fortschritts in der industriellen Welt darin lag, daß politische Parteien und ihre Auseinandersetzung einem tiefen Konflikt der Klasseninteressen organisierten Ausdruck verliehen haben.

Dieser demokratische Klassenkampf war gewiß zugleich Ursache und Wirkung des Prozesses der Ausweitung von Staatsbürgerrechten. Ohne Koalitionsfreiheit konnte es keine sozialistischen Parteien geben, ohne allgemeines Wahlrecht konnten sie keine Wahlen gewinnen. Hier spürt man die historische Rolle fortschrittlicher liberaler Parteien, aber auch ihren seltsamen Tod (vgl. 45). In der Tat, vor dem Horizont der Geschichte ist die Entfaltung der offenen Gesellschaft und ihres politischen Gegenstücks, der Demokratie, wohl das bedeutendste Thema des soziopolitischen Wandels in den letzten zwei Jahrhunderten. Was für ein schmerzhaftes Thema! Wie vergleichsweise harmlos war doch der Kampf mit autoritären Traditionen gemessen an dem gegen totalitäre Versuchungen! Schon aus diesem Grunde sollte man nicht leichthin vom *demokratischen* Klassenkampf sprechen.

Am Ende zeigten indes viele Länder der entwickelten OECD-Welt (das sind die meisten Mitglieder der Organisation für Wirtschaftliche Zusammenarbeit und Entwicklung) Züge dessen, was mit demokratischem Klassenkampf gemeint ist. Es gab in der Hauptsache zwei Parteien, von denen die eine den Status quo verteidigte, während die andere sich für die Zukurzgekommenen einsetzte. Diese Parteien konkurrierten um Wählerstimmen mit ähnlichen Erfolgschancen. Ihre Konkurrenz spielte sich innerhalb akzeptierter

Verfassungsregeln ab. Aus dem Bürgerkrieg oder doch seiner Drohung war eine ziemlich zivilisierte Auseinandersetzung geworden. Damit wurden sogar Theorien der Politik möglich, wie sie Joseph Schumpeter zuerst angeregt und Kenneth Arrow und seine Schüler (wie Anthony Downs) dann entwickelt haben, wonach Marktmodelle der ökonomischen Analyse sich auf den politischen Prozeß anwenden lassen (9)[2]. Irgendwann in den 1950er, 1960er und 1970er Jahren kamen Großbritannien und die Vereinigten Staaten, Kanada, Australien und Neuseeland, die demokratischen Länder Kontinentaleuropas und ein, zwei andere diesem Modell sehr nahe.

Daß es außer den OECD-Ländern noch zwei ganz andere Welten gibt, darf dabei nicht vergessen werden. Die im Rat für Gegenseitige Wirtschaftshilfe (RGW oder Comecon) versammelten Länder des real existierenden Sozialismus und die Entwicklungsländer der Gruppe der 77 sind andere Wege gegangen. Vielmehr ist in ihnen der Kampf um die offene Gesellschaft noch in vollem Gange. Wenn von Zeit zu Zeit ein Mitglied der Gruppe der 77 demokratische Prozeduren annimmt, sind diese nicht nur wegen des schrecklichen Zirkels von Auslandsschulden und Wirtschaftsentwicklung, sondern auch wegen des Fehlens voller Bürgerrechte prekär[3].

Indes ist die Geschichte auch in den OECD-Ländern nicht stehengeblieben. Wie dies häufig geschieht, sind die Lösungen von gestern zur Quelle der Probleme von heute und morgen geworden. Heute sieht es manchmal so aus, als würde der demokratische Klassenkampf von einer neuen Konfiguration der Sozialstruktur der Politik abgelöst.

In einer wichtigen, wenn auch nicht kritischen Hinsicht galt dies schon, als S. M. Lipset am Ende der fünfziger Jahre seine Sammlung zur *Soziologie der Demokratie* veröffentlichte. Die Ausweitung der Staatsbürgerrechte, ja schon ihre Erfindung als bloße Anrechte im juristischen Sinn, war ein Teil des Prozesses der Modernisierung im strengen Sinn des Begriffs. Er bedeutet, daß Individuen von ungefragten Bindungen der Tradition befreit werden, seien dies Bindungen der Familie oder des Wohnortes, der religiösen oder feudalen Abhängigkeit. Modernisierung bedeutet neue Lebenschancen vor allem im Sinn von Optionen. Diese lassen sich in mancherlei Währung ausdrücken, nicht nur in Dollars und Cents (obwohl die Verallgemeinerung des Geldes als Medium des Austausches ein wichtiger Teil der Modernität ist). Eine der kräftigsten Währungen für menschliche Optionen ist die Mobilität, also die Fähigkeit, von einem Arbeitsplatz zum anderen, von einem Wohnsitz zum anderen, von einer sozialen Schicht, ja sogar Klasse zur anderen, von einer politischen Partei zur anderen zu wandern. Verbreitete soziale Mobilität hat das Bild des Klassenkampfes von Grund auf verändert.

In den Vereinigten Staaten, wo Mobilität, oder zumindest ihr »amerikanischer Traum«, gleichsam ein Gründungsprinzip der Gesellschaft war, kam der Klassenkampf nie zu voller Blüte. Sombarts These war es ja, daß es in den Vereinigten Staaten darum keinen Sozialismus, keinen kollektiven Kampf um größere Lebenschancen gab, weil Menschen als einzelne gute Möglichkeiten hatten, ihre Ziele zu erreichen (141). So trat, in Marxschen Begriffen, die »Konkurrenz zwischen Individuen« an die Stelle der »kollektiven Solidarität« (96, Teil I). Marx allerdings war davon überzeugt, daß ein notwendiger Prozeß von der ersteren zur letzteren führt; die Konkurrenz zwischen Individuen oder kleinen Teilen einer »Klasse an sich« war für ihn nur der Vorläufer des voll entfalteten Kampfes zwischen »Klassen an und für sich«. Tatsächlich ist das Gegenteil geschehen. Kollektive Kämpfe waren so erfolgreich, daß am Ende mehr und mehr einzelne in die Lage versetzt wurden, ihren Lebensstandard, ihre Wohlfahrt und ihre Lebenschancen durch eigenes Handeln zu verbessern. Menschen brauchten das Vehikel der Klasse und sogar der Partei nicht mehr, um einen Platz an der Sonne zu finden. Zugehörigkeiten zu Klasse und Partei verloren an Bedeutung. Der Wechselwähler wurde zum politischen Gegenstück des demokratischen Staatsbürgers. Der politische Konflikt wurde zu einem Spiel von der Art, wie es Anthony Downs in seiner *Ökonomischen Theorie der Demokratie* beschrieben hat (47).

Im Jahre 1967 habe ich versucht, diesem Wandel in einem Aufsatz unter dem Titel *Konflikt nach dem Klassenkampf* Rechnung zu tragen (34). Das war sozusagen ein Versuch, mein Buch über *Soziale Klassen und Klassenkonflikt* auf den neuesten Stand zu bringen (31). Meine These in diesem Aufsatz war es, daß organisierte

Klassenkonflikte und individuelle Mobilität wechselseitig konvertible Ausdrucksformen derselben grundlegenden Kraft sind, nämlich einer Art menschlicher Unruhe, die man mit Simmel Streit oder einfach Konflikt nennen kann[4]. Konflikt unter Bedingungen hoher Mobilität ist in einem wichtigen Sinn nichtpolitisch, ein »Abzug von Energie vom Schlachtfeld oder Marktplatz der Politik«. Aber dann hielt ich inne und fragte mich, »wieweit dieser Prozeß wohl gehen kann, mit anderen Worten: Ist es denkbar, daß der politische Konflikt restlos in individuelles Handeln konvertiert wird? Oder, da dies unwahrscheinlich ist: Wo liegen die Grenzen der effektiven Ersetzung kollektiven Handelns durch individuelles Handeln, des Parteienspiels durch soziale Mobilität?« (34, S. 90 f.)

Glücklicherweise habe ich mir damals diese kleine Tür zu einer anderen Theorie offengelassen, denn heute finden wir in der OECD-Welt offenkundig ganz andere Bedingungen vor. Statt eines friedlichen Parlamentsspiels ohne große soziale Bedeutung und einer Gesellschaft sinnenfroher Menschen ohne viel politisches Interesse finden wir innerhalb wie außerhalb von Parlamenten neue politische Auseinandersetzungen, und die Vermutung ist zumindest zu prüfen, daß hinter ihnen neue soziale Konflikte stehen.

Das allgemein verbreitete Bild von Politik und Gesellschaft in der Zeit, in der nahezu alle Sozialanalytiker vom »Ende der Ideologie« sprachen, war wahrscheinlich ebenso richtig wie das von offenen Gesellschaften, in denen demokratische Staatsbürger ihre Lebenschancen durch individuelle Bemühung verbessern können. Aber es war nur als Resümee eines historischen Prozesses richtig. Dieser Prozeß begann mit der allmählichen Organisation des Klassenkampfes zwischen den Mächtigen und den Ohnmächtigen der industriellen Gesellschaft, führte dann durch eine Phase der »Institutionalisierung« oder »Demokratisierung« des Klassenkampfes zu den sozialen Wandlungen, durch die der Status des Staatsbürgers soziale Klassenstrukturen zunehmend ausgehöhlt hat. Am Ende des Weges steht indes nicht die ständige Wiederholung des Parteienspiels als Positivsummenspiel (zumindest auf mittlere Frist), sondern die Herausbildung einer großen Kategorie von demokratischen Staatsbürgern, die sich wahrscheinlich als eine Art Mittelstand beschreiben

lassen und die von einem System profitieren, das mit dem milden
Begriff des demokratischen Klassenkampfes noch viel zu kriegerisch
beschrieben wird. Diese zwei Drittel oder sogar drei Viertel aller
Bürger der OECD-Welt haben ein gemeinsames Interesse an der
Erhaltung von politischen Institutionen, die Wirtschaftswachstum
und sozialen Frieden garantieren. Ihre Interessenunterschiede sind
vergleichsweise geringfügig; sie reichen jedenfalls nicht aus, um
Klassen oder auf Klasseninteressen beruhende Parteien zu bilden. In
der Tat, in einem wichtigen Sinn ist diese Mehrheit – ob schweigend
oder nicht, aber vorzugsweise schweigend – eine einzige Klasse mit
aller inneren Vielfalt und Unterschiedlichkeit, die immer schon für
Klassen kennzeichnend war. Wenn man Paradoxe mag, könnte man
sie die Staatsbürgerklasse nennen; der gebräuchliche Name ist Mittelklasse; dies ist natürlich auch die Klasse der »großen Koalition«,
der nationalen Harmonie; zuweilen ist man versucht, sie schlicht *die*
Klasse zu nennen; jedenfalls handelt es sich um die Mehrheitsklasse.

Denn es gibt keine anderen neben ihr, jedenfalls keine Klassen,
denn es gibt sehr wohl erwähnenswerte Gruppen und Kategorien,
die auf ihre Weise den politischen Prozeß beeinflussen. Da sind
einmal die Reste einer älteren Welt, autoritäre oder doch traditionelle Oberschichtfragmente, die sich in der Regel auf ihre Güter
zurückgezogen haben, zu denen man heute Acapulco und Marbella
rechnen muß. Auch jene proletarischen Gruppen, denen der Klimm-
zug auf den gemeinsamen Boden der Staatsbürgerrechte nicht gelungen ist, sind mittlerweile zu einer älteren Welt zu rechnen. Doch sind
beide schwerlich dynamische Faktoren im soziopolitischen Prozeß,
so wichtig sie in anderer Hinsicht auch sein mögen.

Daneben und darüber hinaus gibt es allerdings zwei andere Entwicklungen, die durchaus eine dynamische Qualität haben. Beide
sind Resultat derselben, allem Anschein nach unausweichlichen
Sozialentwicklung. Wenn Klassen sich ihrer Stellung zu sicher werden, verteidigen sie nicht nur den Status quo, sondern sie machen
ihn starr. Konventionen werden Regeln, Regeln Reglements, die
alsbald von Beamten mit einem Positionsinteresse an ihrer unver-
änderten Erhaltung verwaltet werden. Es werden Grenzen gezogen,
um sicherzustellen, daß Neuankömmlinge oder Nachzügler nicht

diejenigen, die drinnen sind, bedrohen. Sogar Institutionen, deren Aufgabe es ist, Wandlungen möglich zu machen – nur erträgliche Wandlungen natürlich –, wie Parlamente und Wahlen, werden zu Instrumenten der Verlangsamung des Wandels und des Schutzes der Eingesessenen gegen neue Risiken und Chancen.

Die Sklerose von offenen Gesellschaften ist oft beschrieben worden, zuletzt von Mancur Olson in seinem Buch über *Wirtschaftswachstum, Stagflation und soziale Erstarrung* (113). Olsons Thesen sind sehr amerikanisch; sie gehören in den Zusammenhang der ökonomischen Theorie der Demokratie[5]. Er argumentiert, daß »Sonderinteressengruppen« eine tiefsitzende Neigung zur Kartellbildung haben (Olson spricht von »Verteilungskoalitionen«), wodurch Innovation und Wachstum schwierig werden. »Verteilungskoalitionen (rufen) langsame Entscheidungen bei überfüllten Tagesordnungen und Verhandlungstischen hervor.« Sonderinteressengruppen führen zu schwer beweglichen Preisen und Löhnen (113, S. 266). Je länger stabile demokratische Verhältnisse herrschen, desto unauflöslicher wird der Leim des Kartells der Interessen. Es gibt einen »innewohnenden Konflikt zwischen den großartigen ökonomischen und politischen Vorteilen von Frieden und Stabilität und den längerfristigen Verlusten auf Grund des anwachsenden Netzwerks von Verteilungskoalitionen, die nur in stabilen Umwelten überleben können.« (113, S. 192) Nicht nur Volkswirtschaften wachsen, sondern auch Nationen »steigen auf«, solange sie flexibel und offen sind, während sie »fallen«, wenn sie erstarren.

Einer der Widersprüche der Modernität, die diesen Prozeß der Versteinerung sichtbar machen, ist fast schon Gemeinplatz geworden. Er hat es zu tun mit dem Eckstein des Gebäudes der Staatsbürgerrechte, dem Wohlfahrtsstaat. Das ist schon darum wichtig, weil in einem neuen politischen Klima der Wohlfahrtsstaat zum ersten großen Streitpunkt geworden ist. Bei dem Streit geht es im allgemeinen um Geld. Steuererhöhungen für Zwecke der Umverteilung (auf der Linken), die Beschneidung der öffentlichen Haushalte (auf der Rechten) und vorsichtige Anpassungen eines zunehmend teuren Systems (in der Mitte) sind Kernstücke der drei wichtigsten politischen Positionen in den achtziger Jahren. Das ist verständlich, denn es läßt

sich schwerlich leugnen, daß Sozialausgaben – im Gesundheitswesen, aber auch in der Bildung und bei der Versorgung der Alten –
zunehmend zum Faß ohne Boden werden. Hinter den Haushaltsfra-
gen schlummern jedoch nicht minder wichtige Probleme, die es mit
der Rigidität moderner Gesellschaften zu tun haben. Dazu gehört,
daß Maßnahmen, deren Sinn es ist, die Teilnahmechancen von
Menschen zu vergrößern, diese tatsächlich verringern. Arbeitslosigkeit ist zumindest teilweise ein Ergebnis der Arbeitskosten unter
Bedingungen des Wohlfahrtsstaates. Sozialpolitik steht ebenjener
Dynamik moderner Volkswirtschaften im Wege, die sie voraussetzt,
um finanzierbar zu bleiben. Zu den Strukturfragen des Wohlfahrtsstaates gehört jedoch auch die Tatsache, daß soziale Probleme zwar
im Kern immer individuell sind, öffentliche Lösungen dieser Probleme aber unweigerlich allgemeine Regeln etablieren. Sozialpolitik
ohne Bürokratie ist undenkbar. Die Schaffung der Bürokratien des
Wohlfahrtsstaates aber hat allerlei negative Folgen. Sie bedeutet
zunächst, daß ein teurer Reibungsverlust in den Umverteilungspro-
zeß eingeführt wird. So jedenfalls kann man freundlich die Tatsache
formulieren, daß mehr und mehr Menschen vom Staat ebensoviel
zurückbekommen, wie sie an Steuern zahlen, minus die Kosten der
Umverteilung, also die Gehälter der Umverteiler. Sodann liegt es in
der Natur des Ungetüms Bürokratie, daß es ebenjene Individualität
der Fälle verfehlt, der es doch dienen soll. Bürokratien und die
Regeln, auf denen sie beruhen, müssen den Einzelfall aus allgemeinen Grundsätzen rekonstruieren, was ihnen meist nicht gelingt. Am
Ende haben die meisten Menschen das Gefühl, daß sie Nummern in
einem fremden Spiel sind[6].

Das ist das bekannte Thema von Max Weber. Liest irgend jemand
noch seinen Aufsatz über »Parlament und Regierung im neugeordneten Deutschland«? Im Mai 1918 geschrieben, war dies ein Aus-
blick auf die Welt, die wir die Weimarer Republik nennen; manchmal muß man sich daran erinnern, daß die Analyse vor fast siebzig
Jahren geschrieben wurde (155). Weber, der Visionär, sah die Chancen und Risiken der modernen Gesellschaft klarer als irgend jemand
anders. Wertfreie Sozialwissenschaft hin oder her, ließ er doch keinen Zweifel an seiner prinzipiellen Vorliebe für die »Rationalität«

unserer Welt[7]. Rationalität hieß Fortschritt; es bedeutete, was Immanuel Kant in seiner Definition der Aufklärung den »Ausgang des Menschen aus seiner selbstverschuldeten Unmündigkeit« nannte. Indes entgingen Weber die Kosten dieses Prozesses nicht. Sein Alptraum des »ehernen Gehäuses der Hörigkeit«, in dem wir uns eines Tages in der rationalen, bürokratischen Welt der Modernität finden könnten, ist noch immer die dramatischste Formulierung des Preises, den »die Klasse«, die Mehrheitsklasse der Bürger, für ihre Herrschaft zu zahlen hat. Als genüge das nicht, fügt Weber seinem Verdacht die peinlichen Fragen an: Wie ist es angesichts der Bürokratie möglich, überhaupt noch »individualistischen Spielraum« zu bewahren? Wie können wir sicher sein, daß es Kräfte gibt, die die Bürokratien kontrollieren? Woher kommen die Politiker und vor allem die Unternehmer von morgen (156)?

In unserem Zusammenhang sind die Fragen etwas anders zu formulieren. Hier geht es um die sozialen Grundlagen der Politik. Wenn wir neue Gruppen auffinden wollen, die für die Politik von morgen bestimmend sein können, müssen wir zwei Fragen beantworten: Wer ist auf Grund seiner sozialen Stellung und seiner Chancen nicht bereit, für den Komfort des Status quo den Preis der Versteinerung zu bezahlen, sondern will die Erstarrung bestehender Verhältnisse aufbrechen, um neue Horizonte zu eröffnen? Und: Wer ist auf Grund seiner sozialen Stellung und des Fehlens von Chancen ein Opfer der Sklerose einer Mittelstandsgesellschaft von Bürgern und daher Symptom ihres Versagens, wenn nicht Instrument ihres Zusammenbruchs? Wo also sind die neuen sozialen Kräfte? Was sind die neuen sozialen Fragen?

Zumindest seit E. Lederer und J. Marschak in den zwanziger Jahren den »neuen Mittelstand« entdeckten, ist die Identifizierung neuer sozialer Kräfte ein Lieblingssport der Sozialanalytiker geworden (87). Seitdem haben die »Dienstklasse« (K. Renner, 125), die »Revolution der Manager« (J. Burnham, 23), die Klasse, deren »Kapital« ihre Ausbildung ist (R. Boudon, 17) und manche andere Entdeckung diesem löblichen Zweck gedient. Ein besonders überzeugender Kandidat wurde dann von Daniel Bell in seiner *Nachindustriellen Gesellschaft* vorgestellt (13). Bell sah sehr genau die

Erstarrung der bürokratisierten Welt und ging auf die Suche nach
neuen sozialen Kräften im präzisen Sinn der Marxschen Produktivkräfte. Er kam zu dem Schluß, daß »die Hauptursache für den
strukturellen Wandel der Gesellschaft – den Wandel der Neuerungs-
methoden im Verhältnis von Wissenschaft und Technologie und den
Wandel der Politik – ein Wandel in der Art des Wissens (ist): durch
das Exponentialwachstum und die Auffächerung des Wissens, das
Aufkommen einer neuen intellektuellen Technologie, die systematische Forschung durch entsprechende Gelder und, all dies krönend
und zusammenfassend, die Kodifizierung des theoretischen Wissens.« (13, S. 54) Wenn sich »die nachindustrielle Gesellschaft ...
auf die notwendige wissenschaftliche Basis der Produktionsmetho-
den zurückführen« läßt, dann folgt, daß »man den wissenschaftli-
chen Stand – sein Ethos und seine Organisation – als die Monade
bezeichnen (kann), die das Bild der künftigen Gesellschaft in sich
trägt.« (13, S. 277)[8]

Ist das eine zu enge Definition des Interesses an der Überwindung
der Herrschaft der Mehrheitsklasse? Wenn wir mit der Mentalität
derer beginnen, von denen man annehmen kann, daß sie ein Interesse daran haben, die herrschenden sozialen Rigiditäten aufzubre-
chen, dann fallen drei Hauptelemente ins Auge. Das erste ist ökono-
misch. Innovation und Flexibilität sind hier die Schlüsselbegriffe.
Innovation bedeutet Wissenschaft und Technologie, aber auch den
Glauben an Unternehmertugenden und einen fast klassischen Indivi-
dualismus. Das aber kann nur dann funktionieren, wenn Menschen
nicht durch Wohlfahrtssysteme, Beschäftigungsnormen und Gewohnheiten immobil werden. Der zweite, soziale Aspekt der neuen
Mentalität liegt in der Bevorzugung der Selbsthilfe. Das ist nicht im
Sinne der von manchen Jüngeren gepredigten neuen Solidarität gemeint. Vielmehr bedeutet Selbsthilfe hier, daß der Staat sich von der
Gängelung der Bürger zurückzieht, so daß sie auf ihre eigenen Ressourcen zurückgeworfen werden. Dem liegt drittens ein neues
Selbstvertrauen zugrunde, das seinen Ausdruck im Drängen nach
Durchsetzung der eigenen Auffassung einschließlich jenem Element
der Anmaßung findet, zu dem Kälte, Mitleidlosigkeit und eine gewisse Brutalität im Umgang mit der Macht nach innen (»Recht und

Ordnung«) und außen (»neuer Patriotismus«, militärische Stärke) gehören.

Eine solche Mentalität ist offenkundig eine Antwort auf Max Webers Fragen. Aber wo sind die Gruppen, denen sie gut zu Gesicht stehen würde? Vielleicht gehören die Bewohner von Silicon Valley dazu; sie sind nicht sehr weit entfernt von Bells »Stand der Wissenschaftler«, obwohl man von Silicon Valley und nicht den Universitäten von Stanford und Berkeley, von der Route 128 und nicht von Harvard oder selbst dem Massachusetts Institute of Technology spricht. Dann gibt es jene anderen, die zuerst in den Vereinigten Staaten die *yuppies* genannt worden sind, *young urban professionals,* junge städtische Akademiker[9]. In Großbritannien könnte man an die Bewohner des »Börsianer-Gürtels« im ferneren Umkreis von London denken[10]. Das sind vor allem ärgerliche, allerdings auch etwas ängstliche Leute. Ihr Ärger gilt der Immobilität der Welt des Korporatismus und der Konsenspolitik, aber auch der Steuerlast und den Transfersystemen, die sie um die Früchte ihrer Arbeit bringen (wie sie meinen); er gilt der sich ausbreitenden Lässigkeit, Disziplinlosigkeit, dem fehlenden Leistungsbewußtsein, der wachsenden Beeinträchtigung von Recht und Ordnung. Um die zunehmende Verrottung der modernen Gesellschaft zu stoppen, wollen sie vor allem die Dinge wieder in Bewegung bringen. Dennoch sind sie keine selbstbewußte neue Klasse, die weiß, daß sie am Ende obsiegen wird. Sie wollen es rasch zu etwas bringen, denn im Grunde sind sie um ihre Stellung besorgt. Sie sind eben selbst keine Produzenten, sondern abhängig von anderen, den eigentlichen Urhebern der Innovation und Produzenten des Reichtums; sie sind Makler, Vermittler, Zwischenträger. Dennoch sind diese ängstlichen Hoffnungsträger eine Kraft, mit der auf absehbare Zeit zu rechnen ist.

Dafür gibt es manche Gründe, darunter den, daß die *yuppies* ein Problem verschärfen, mit dem die OECD-Länder ohnehin konfrontiert sind. Das ist die neue soziale Frage, mit der die Antwort auf die zweite unserer Ausgangsfragen zusammenhängt. Sozialanalytiker in den Vereinigten Staaten, dann auch in Großbritannien und, obwohl weniger ausgeprägt, auf dem europäischen Kontinent haben die Entstehung dessen bemerkt, was in Amerika die »Unter-

klasse« heißt (10). Zu ebender Zeit, zu der man annehmen konnte,
daß der Wohlfahrtsstaat eine Gesellschaft von Staatsbürgern im vollen Sinn des Begriffes geschaffen hat, scheint eine wachsende Zahl
von Menschen durch das Netz der sozialen Sicherheit zu fallen. Das
Elend der inneren Städte, das Schicksal von Minderheiten, ein neues
Analphabetentum, Drogenabhängigkeit und die Ausbreitung des
kleinen und nicht so kleinen Verbrechens sind dramatische Symptome eines wichtigen Phänomens. Peter Glotz hat von einer »Zweidrittelgesellschaft« gesprochen, die ein Drittel herausdefiniert in
eine »neue Armut« (58).

Die Zahlen mögen zu hoch sein, aber der Prozeß der Marginalisierung ist unverkennbar. Seit einiger Zeit haben Transfereinkom-
men vielfach nicht Schritt gehalten mit den Realeinkommen der
Berufstätigen; Rentner, aber auch andere Sozialabhängige sind relativ zurückgefallen und zumindest durch Inflation manchmal auch
absolut. Im gleichen Zeitraum hat eine Reaktion auf bewußte Versuche zur Integration benachteiligter Minderheiten eingesetzt;
Rückschläge hinsichtlich der »positiven Diskriminierung« in den
Vereinigten Staaten sind ein Symptom[11]. Hinzu kommt die Arbeitslosigkeit, die in Gesellschaften, die nach wie vor in ihren Institutionen und Werthaltungen Arbeitsgesellschaften bleiben, die dramatischste Form der Marginalisierung und am Ende der Ausgrenzung
von Menschen ist. Wenn es richtig ist, daß heute auch beträchtliches
Wirtschaftswachstum nicht in nennenswertem Umfang neue Arbeitsplätze schafft, und wenn weiter richtig ist, daß eine wachsende
Zahl von Menschen die Minimalanforderungen der meisten Arbeitsplätze nicht erfüllt, dann wird das, was man einmal die »natürliche Rate der Arbeitslosigkeit« genannt hat, noch lange hoch bleiben, nämlich in den meisten OECD-Ländern bei acht bis zehn
Prozent.

Von einer »natürlichen Rate der Arbeitslosigkeit« zu reden, ist
selbst schon *yuppie*-Sprache. Für die, die sie sprechen, ist das Aus-
grenzen ein transitiver, aktiver Vorgang. Sie bestehen darauf, daß
man sich nur ein bißchen anzustrengen braucht, dann stellt der
Erfolg sich schon ein, und sie zeigen mit einiger Berechtigung auf
erfolgreiche Gruppen wie vietnamesische Einwanderer oder auch

wolgadeutsche Rückwanderer. Folgenschwerer als die aktive Bereitschaft, eine neue Unterklasse zu dulden, ist indes die Art und Weise,
in der die Mehrheitsklasse ihre Reihen schließt. Ihre Mitglieder mögen im allgemeinen die Arbeitslosigkeit ebensowenig wie die Armut
oder andere Formen der Benachteiligung. Aber wenn Gefühle und
Interessen im Widerspruch stehen, obsiegt in der Regel das Interesse, und das beherrschende Interesse der Mehrheitsklasse liegt nun
einmal im Schutz der eigenen Stellung. Ihre Mitglieder wollen zwar
den Armen helfen, aber keine Beeinträchtigung ihrer eigenen Realeinkommen hinnehmen; sie wollen etwas gegen die Arbeitslosigkeit
getan sehen, aber nicht ihre eigenen Arbeitsplätze mit anderen teilen. In dieser Hinsicht war der deutsche Metallarbeiterstreik von
1984 mit seiner Forderung nach einer Verkürzung der Arbeitszeit
im Interesse der Schaffung neuer Arbeitsplätze durchaus ungewöhnlich; die Formel, mit der er beigelegt wurde, hat dann allerdings den
Beschäftigten keine Opfer abverlangt und den Arbeitslosen allenfalls in sehr begrenztem Maße geholfen[12]. Fast reflexhaft schließt
die Mehrheitsklasse die Reihen, wenn sie sich bedroht fühlt. Sie ist
ohnehin eine eher ängstliche und defensive Klasse geworden. Indem sie die Reihen schließt, verhärtet sie aber die Grenze, jenseits
derer – unterhalb derer – die neue Unterklasse an Umfang, wenn
schon nicht an politischem Gewicht zunimmt.

Denn wenn wir uns von diesen Andeutungen der Sozialanalyse
nun den politischen Konsequenzen zuwenden, sticht eine Beobachtung ins Auge. Selbst wenn zehn, ja fünfzehn Prozent der Bevölkerung ausgegrenzt werden, sind sie doch noch keine organisierte politische Kraft. Sie sind in gewisser Weise wie die Parzellenbauern in
Marx' *Achtzehntem Brumaire des Louis Bonaparte* zu isoliert, um
sich selbst zu vertreten (97). Sie müssen also vertreten werden, das
heißt, es wird jemand kommen, der aus ihrer Ohnmacht politisches
Kapital schlägt. In anderer Hinsicht ähnelt diese Gruppe eher dem
Marxschen Lumpenproletariat, »jener passiven Verfaulung der untersten Schichten der alten Gesellschaft«, die nicht zu einem Teil der
großen Bewegung für eine neue Gesellschaft wird, sondern »auf
Grund ihrer Lage eher bereit sein wird, sich für reaktionäre Um-
triebe einkaufen zu lassen« (96, S. 472).

Das sind harte Worte, von Marx, nicht von mir. Die tatsächliche Lage ist wahrscheinlich komplizierter und eher ernster. Die von der Mehrheitsklasse Ausgegrenzten sind insoweit Produkt eines systematischen sozialen Prozesses. Doch hindert sie nicht nur das Gewicht der Mehrheitsklasse (die in dieser Hinsicht einig ist mit den ärgerlichen »Börsianern«) daran, ihre begründete Kritik in organisiertes politisches Handeln zu übersetzen, sondern auch die Tatsache, daß sie nicht eine neue Werthaltung repräsentieren. Sie bezeugen nur durch ihre Existenz die Unvollkommenheiten der herrschenden Annahmen und Institutionen. Sie sind eben keine Klasse im strengen Sinn des Begriffes. Insoweit sie den politischen Prozeß direkt bestimmen, tun sie dies von Fall zu Fall. Die Ausgegrenzten sind eine Reservearmee für Demonstrationen einschließlich von Manifestationen der öffentlichen Gewalt und Unordnung. Aber selbst wenn solche Demonstrationen sich häufen, schaffen sie keine nachhaltige Kraft des Widerstandes; man könnte sie sogar als im strengen Sinn unpolitisch beschreiben. (In diesem Zusammenhang sind Ausschreitungen rings um Fußballspiele ebenso von Interesse wie die Transformation des Fußballspiels von einem Arbeiterklassensport zu einem Unterklassensport.) Die wichtigere Wirkung der Unterklasse auf die Politik ist indirekt. Sie besteht nicht nur in der harten Reaktion der Mehrheit auf massive Demonstrationen der öffentlichen Unordnung, sondern vor allem in der Wirkung des allerorten spürbaren Phänomens individueller Verletzungen des Gesellschaftsvertrages. Verbrechen, ob gegen die Person oder gegen das Eigentum, wird von mittelständischen Gruppen als allgegenwärtig empfunden und führt daher zu Forderungen nach Recht und Ordnung in einem mechanischen äußerlichen Sinn, also zur weiteren Verhärtung der Arterien der offiziellen Gesellschaft. Nahezu alle Sozialentwicklungen zeigen in die Richtung eines immer komfortableren, aber auch starreren Gehäuses der Hörigkeit für die Mehrheit und einer immer exponierteren und heimatloseren Existenz für die ausgegrenzten Minderheiten.

Auch dies ist nur eine Kette von Andeutungen einer möglichen Analyse, die sich in mehrere Richtungen hin verfolgen läßt. Da ist zum Beispiel die Tatsache, daß in manchen Ländern ein beträchtlicher Teil der Ausgegrenzten aus jungen Menschen besteht, also aus zukünftigen Mitgliedern der Gesellschaft, die gar nicht erst einbezogen werden. Was bedeutet es, wenn eine Gesellschaft sich gleichsam vor ihrer Zukunft zu schützen sucht? Dann gibt es diejenigen, die zwar ausgegrenzt sind, aber ihre Stellung akzeptieren, ja für sich in Anspruch nehmen, daß sie »das System« verlassen haben, um eine »alternative« Existenz zu führen. Sind sie eine soziale Kraft oder nur eine vorübergehende Nebenwirkung einer noch immer im Überfluß lebenden Mittelstandsgesellschaft? Die »Alternativen« verfechten eine Gesellschaft der neuen Solidarität – man ist versucht zu sagen, der »herrschaftsfreien Kommunikation« im Sinn von Habermas (vgl. 62) –; wie manche deutschen Grünen sehnen sie sich nach einer »sanften Republik«. Natürlich gibt es in diesem Bereich auch ärgerliche Aktivisten. Ihr Rekrutierungsfeld liegt bei denen, die beruflich der Unterklasse nahe sind oder ihre eigene Stellung als analog empfinden. Manche Lehrer, Sozialarbeiter, Gemeindebeamte haben sich daran gemacht, sozialistische Parteien im Namen der »neuen sozialen Frage« zu erobern. Sie finden sich in einem unversöhnlichen Gegensatz zu jenen älteren demokratischen Sozialisten, die längst ihren Frieden mit der Zweidrittelgesellschaft gemacht haben[13].

Dies ist nur eine von vielen Komplikationen, die uns begegnen, wenn wir uns noch einmal dem demokratischen Klassenkampf zuwenden. Was ist aus ihm geworden? Bisher haben keine tiefgreifenden Veränderungen im Parteiensystem der OECD-Länder stattgefunden. In gewisser Weise trifft Lipsets Darstellung noch immer zu, wonach es zwei große Parteien gibt, von denen die eine gewisse Verbesserungen des Bestehenden fordert, während die andere mit den Dingen, so wie sie sind, zufrieden ist. Doch gibt es Irritationen dieses Systems. In vielen OECD-Ländern gibt heute ein geringerer Prozentsatz der Wähler den beiden großen Parteien die Stimme als vor zehn oder zwanzig Jahren. Neue Parteien sind entstanden, wie die Grünen in der Bundesrepublik oder die Sozialdemokraten in Großbritannien; ob sie zu einem Teil des politischen Inventars werden, ist noch nicht sicher. Wo die Verfassungspraxis das Entstehen neuer Parteien erschwert, gibt es auffällige Kontraste zwischen Kandidaten derselben Partei, wie die zwischen dem Mehrheitsklassen-Kandidaten Mondale, dem _yuppie_ Hart und dem Unterklassenvertreter Jackson im Vorfeld der amerikanischen Präsidentenwahlen von 1984. In der Tat fällt auf, wie viele politische Unterschiede heute eher innerhalb von Parteien als zwischen ihnen sichtbar werden. Die Differenzen zwischen Chirac, Giscard und Barre auf der demokratischen Rechten in Frankreich, zwischen Frau Thatcher und den traditionellen britischen Konservativen, oder zwischen dem Schmidt-Flügel und Eppler oder auch Lafontaine bei den deutschen Sozialdemokraten, haben mehr politische Substanz als die zwischen Regierung und Oppositionsführung in manchen Ländern.

Doch ist der Punkt gekommen, die allgemeinen Aussagen auf besondere Bedingungen anzuwenden. Das Modell, von dem hier die Rede ist, findet nämlich sehr unterschiedlichen Ausdruck in verschiedenen Ländern. Überall gibt es eine Mehrheitsklasse und Reste des milden demokratischen Klassenkampfes von gestern. Aber die Art und Weise, in der die beiden Traditionsparteien die Mehrheit repräsentieren (oder auch nicht repräsentieren), variiert. Da Großbritannien und Deutschland aus kulturellen wie institutionellen Gründen möglicherweise zwei Extreme darstellen, kann ein Blick auf beide das Resümee unserer Argumentation erleichtern.

Merkmal der deutschen politischen Tradition ist der Konsens bis hin zur Sklerose. Das hat zur Folge, daß Konflikte, die an sich durchaus zu bewältigen wären, dazu neigen, zu Kämpfen für oder gegen »das System« zu werden. Im Normalfall zieht es alle Agierenden zur politischen Mitte. Die Institutionen fordern die Verlangsamung des Entscheidungsprozesses; es gibt mehr Kontrollmechanismen als Quellen oder Anreize der Initiative. Wer in Deutschland Dinge verändern will, muß sich auf einen langen Hürdenlauf begeben, der mit dem Verhältniswahlrecht und Koalitionsregierungen beginnt, über Ministerial- und neuerdings auch Parlamentsbürokratien, das System der Parlamentsausschüsse und die Rolle des Bundesrates führt, und dann vor allem den antizipierten oder wirklichen Einfluß der Gerichte einschließt. Eine lange Geschichte politischer, aber auch industrieller Beziehungen verweist in die Richtung der Kooperation, nicht des Konflikts. Es überrascht daher nicht, daß die beiden großen Parteien der Christdemokraten und der Sozialdemokraten, aber auch die Freien Demokraten vornehmlich die Mehrheitsklasse repräsentieren und die politische Mitte als Orientierungspunkt nehmen.

Dennoch haben die hier erörterten Wandlungen der sozialen Basis
der Politik stattgefunden. Es gibt diejenigen durchaus, die verärgert
sind über die Inflexibilität einer Wirtschaft und einer Gesellschaft,
die ihrer Meinung nach hinter Japan und die Vereinigten Staaten
zurückgefallen sind. Die beiden Analysen, die an der Wiege der
Wende von 1982 standen – die des damaligen Wirtschaftsministers
Graf Lambsdorff und die des niedersächsischen Ministerpräsidenten
Albrecht –, haben nicht nur Helmut Kohl zur Macht verholfen,
sondern zumindest am Anfang deutsche Politik geprägt (vgl. 83). Es
dauerte allerdings nicht sehr lange, bis sich der Drang zur Mitte
wieder durchsetzte. Mögliche Konflikte auf der Rechten des politischen Spektrums wurden vorübergehend unterdrückt, wenngleich
die Vermutung naheliegt, daß sie eines Tages aufbrechen werden,
wenn etwa deutsche *yuppies* und unverbesserliche Rechtsausleger
ein Bündnis eingehen. Wenn Franz Josef Strauß nicht zu alt und
wohl auch zu sehr Teil der Konsenstradition der Bundesrepublik
wäre, könnte man ihn sich als Führer eines solchen Bündnisses vorstellen.

Wichtiger indes sind die Konflikte, die die Sozialdemokraten zerreißen könnten. Nachdem sie viele junge Wähler an die Grünen
verloren hat, versucht die SPD das Unmögliche, wobei ihr Vorsitzender Brandt den Versuch halbwegs erfolgreich symbolisiert. Dabei geht es um die Versöhnung der Interessen von eher defensiven
Gewerkschaftsführern, die ihre Forderungen durchaus innerhalb
»des Systems« befriedigen können, mit den Meinungen von aggressiven Lehrern und anderen, die das wollen, was ihre Gegner »eine
andere Republik« nennen, um ihre Suche nach neuen Werten befriedigen zu können. In dem Maße, in dem die Mehrheitsklasse rigider
wird, schwinden die Wahlchancen dieser neuen Linken; zugleich
aber wird ihre Gegnerschaft zum »System«, und mit ihr die von
nicht unbeträchtlichen Wählergruppen, absoluter. Die deutsche
Frage lautet in einem veränderten sozialen Klima einmal mehr:

Kann die Demokratie überleben? Und während auf kurze Sicht die Antwort eindeutig bejahend ausfällt, ist doch die kurze Sicht immer eine sehr begrenzte Perspektive der Freiheit[14].

Die britische politische Tradition ist stets im strengen Sinn des Wortes exzentrischer gewesen. Unter diesem Aspekt ist die auf den ersten Blick unwahrscheinliche Tatsache, daß Disraelis und Macmillans Konservative Partei zuerst Edward Heath und dann Margaret Thatcher als Führer gewählt hat, so unwahrscheinlich nicht mehr. Doch ist Frau Thatcher die erste Regierungschefin eines OECD-Landes — mit der möglichen Ausnahme von Jacques Chirac —, die die ängstlichen Hoffnungsträger der »Börsianerklasse« vertritt. Dabei haben ihr die Institutionen Großbritanniens geholfen. Das Wahlsystem hat die Tatsache verdeckt, daß sie nie mehr als 43 Prozent der abgegebenen Stimmen gewonnen hat. Die Vorrechte des Premierministers, darunter vor allem das Recht der Parlamentsauflösung, haben die innerparteilichen Gegner zum Schweigen gebracht, obwohl die Traditionskonservativen, die *wets,* zunächst in der Mehrheit waren[15]. Die Konfliktkultur der britischen Parlamentspolitik hat ihre Regierungen befähigt, in kurzer Zeit weitreichende Projekte durchzusetzen. Es gibt kein Rechtssystem, das den Wandel aufhält (obwohl Frau Thatcher selbst paradoxerweise das Recht in politische und vor allem industrielle Konflikte eingeführt und es insofern zur Waffe gemacht hat).

Möglicherweise liegt die wichtigste Tatsache der heutigen britischen Politik darin, daß die Labour Party in der Thatcher-Zeit nach links gerückt ist. Das ist keine sehr genaue Formulierung. »Die Linke« in Großbritannien hat zwei besondere, wenn nicht einmalige Aspekte[16]. Einerseits gibt es nach wie vor einen Platz für die alte Linke, die ebenjene Bürgerrechte fordert, die die Mehrheitsklasse verteidigt. Mit anderen Worten, Großbritannien ist nie in gleichem Maße wie andere OECD-Länder zu einer Mittelstandsgesellschaft geworden. Ein Teil des britischen Problems liegt schlicht in traditioneller Armut. Andererseits wird das Thema der neuen Unterklasse in Großbritannien verschärft durch die Einwanderung, die inneren Städte und jenen Prozeß der De-industrialisierung, von dem so viel die Rede ist. Infolgedessen weiß man nie so genau, ob Ken Living-

stone oder Tony Benn die alten Benachteiligten vertreten, deren
letzte große Schlacht möglicherweise der Bergarbeiterstreik von
1984–85 war, oder ob sie für die neuen Benachteiligten sprechen,
die noch so manches Toxteth und Brixton, so manchen Fußballkra-
wall, aber auch so manche Schlagzeile über brennende Lagerhäuser
und mit Messerstichen aufgefundene Polizisten produzieren werden.

Die britische Frage liegt nicht im Fehlen von offenbaren, wenn
auch nicht immer organisierten Konflikten, sondern in der Ent-
leerung der politischen Mitte. Fast könnte es scheinen, als habe die
Mehrheitsklasse in Großbritannien nicht viel zu sagen. Der Anschein ist zweifellos irreführend. Immer wieder hat sich bei näherem
Hinsehen herausgestellt, daß der Freund-Feind-Politik, den *adversary politics,* tatsächlich mehr Konsens, ja Korporatismus zugrunde
liegt, als auf den ersten Blick erkennbar wird. Dennoch zeigt die
Tatsache, daß es im letzten Jahrzehnt den Versuch gegeben hat, das
Parteienspiel von der Mitte her zu verändern und nicht von den
Rändern, wie eigentümlich die Strukturen der britischen Politik
sind. Natürlich muß sich die Labour Party nach wie vor auf die
Mehrheitsklasse stützen, um Wahlen zu gewinnen, und das gilt für
die Neuen Konservativen nicht minder; aber die Mehrheitsklasse
kann keineswegs sicher sein, daß solche Wahlsiege ihren Interessen
wirklich dienen. Sie braucht ihre eigene Allianz, um gesehen und
gehört zu werden. Denkt man an die Zukunft der Demokratie, dann
ist das möglicherweise ein gesünderer Zustand als der der Bundesrepublik. Denkt man an menschliche Wohlfahrt, dann ist ein solcher
Schluß eher zweifelhaft.

Wo wird das alles enden? Reste des demokratischen Klassenkampfes sind allerorten noch erkennbar. Doch sind sie nur mehr die
abgelöste Schale der Konflikte der Klassengesellschaft von gestern,
nicht deren halbvergessener Inhalt. Statt dessen sind soziale und
politische Verhältnisse entstanden, zu denen eine große Mitte von
täuschender Sprachlosigkeit und zwei kleine Flügel von täuschender
Lautstärke und Geschwätzigkeit gehören. Das Schweigen der Mehrheit täuscht, weil diese tatsächlich die Szene beherrscht. Das Ge-
räusch von den Flügeln täuscht, weil diese zwar beide neue Entwicklungen repräsentieren – die *yuppies* und die Unterklasse –, weil aber

keine der beiden Entwicklungen den Eindruck einer historischen Kraft von nachhaltiger Bedeutung macht. Sie sind Symptome eines Wandels, dessen Thematik noch unbekannt ist. Wenn wir Glück haben, bedeutet das, daß wir noch für einige Zeit mit den Unklarheiten und Ungewißheiten der Gegenwart leben werden. Wenn wir weniger Glück haben, könnten diese fließenden Verhältnisse einmal mehr Bewegungen aufschwemmen, die die Grundlagen der offenen Gesellschaft in Frage stellen. Für den einsamen Liberalen ist dies eine Zeit, die Augen offenzuhalten und die Ohren zu spitzen.

5 Ideen ohne Realität, Realität ohne Ideen: das Schicksal der (britischen) Linken

Akademische Marxisten und linke Sektierer

Es ist keine sehr erbauliche Erfahrung, zehn Bücher zu lesen, zu denen mehr als sechzig Autoren mit diversen sozialistischen Positionen ihre Beiträge geschrieben haben. Gewiß unterscheiden diese Autoren sich nach Temperament, Stil und Inhalt; doch würde die Mehrzahl von ihnen sich nicht weiter hinauswagen als der eine, der von seinem Buch sagt, daß es »offenbar den Stempel meiner nunmehr unsicheren und eher ambivalenten Haltung zum Marxismus als Korpus der Gesellschaftstheorie trägt. Indes wäre ich enttäuscht, wenn man meine Argumente für ›anti-marxistisch‹ hielte in dem Sinne, daß sie auf einem alternativen systematischen Denkgebäude beruhten.« (25, S. VII) Wie traurig! So bleiben wir denn im gleichen alten Denkgebäude. Althusser ist noch eben erlaubt, obwohl er, wie Poulantzas, kritisiert werden darf. Perry Anderson wird akzeptiert, wenngleich E. P. Thompson unbefleckter dasteht und Hobsbawm höchst dubios geworden ist, seitdem er andeutungsweise von einem Bündnis mit der liberal-sozialdemokratischen Allianz gesprochen hat. Braverman ist durchaus in Ordnung, wie übrigens alle, die von sich sagen, daß sie marxistische Ökonomie betreiben. Geht man weiter zurück, dann ist Gramsci ein Held, Lukács eher zweifelhaft. Lenin hatte in manchem recht, sprang aber zu hart mit Kautsky um, der doch eine ganze Menge zu sagen hatte. Und in der dunstigen Ferne steht der Große Meister selbst, der in fast allem richtig lag, zumindest an einem Punkt seiner wortreichen Laufbahn.

Das ist schön und gut – aber wo bleibt der Rest der Welt? Oder vielmehr, da die Linke nur einen kleinen Winkel des Universums des

politischen Denkens besetzt, wo ist die Welt? Wo sind Hayek und
Friedman, wo ist Arrow und die neuere politische Ökonomie, wo
sind Rawls und Nozick, wo ist die Entscheidungstheorie *(public
choice theory)*, wo sind Buchanan und Tullock, wo die französi-
schen Strukturalisten und die deutschen Phänomenologen, wo die
Neuen Konservativen von *Commentary* bis zum Thatcherschen
Centre for Policy Studies? Marxisten leben in einer idyllischen kleinen Welt, und da sie nicht zögern, jedes Thema unter der Sonne
aufzugreifen, bilden sie sich manchmal ein, das sei die ganze Welt.
Doch ist das eine optische Täuschung. Um derlei Verzerrungen der
Perspektive zu beleuchten, genügt eine einzige Aussage aus Noreen
Bransons offiziöser Geschichte der britischen Kommunistischen
Partei. Da heißt es: »In den 1920er Jahren waren 75 Prozent der
beschäftigten Bevölkerung Handarbeiter, und die Mehrzahl der Par-
teimitglieder rekrutierte sich aus ihnen.« (18, S. 204) 75 Prozent der
beschäftigten Bevölkerung, das waren in den 1920er Jahren unge-
fähr dreizehn Millionen Briten. Im Gegensatz dazu gab es 1926
weniger als 8000 Mitglieder der britischen Kommunistischen Partei.
Es gehört schon ein merkwürdiger Sinn für Proportionen dazu, dreizehn Millionen und die Mehrheit von 8000 in dieser Weise zusam-
menzubringen. Doch ist es ebendieser Sinn oder Unsinn, der die
kleine Welt der Peppones bestimmt. Wie gesagt, das könnte rührend
sein, wenn es nicht so stickig wäre.

Auch von ihrem eigenen Ort im Konzept der Dinge abgesehen,
war die Realität durch das ganze Jahrhundert hin die große Verlegenheit der Linken. Überdies war der wirkliche Prozeß der Geschichte für Theoretiker und Praktiker gleichermaßen unangenehm.
Der real existierende Sozialismus hat das vieldeutige Wort beinahe
unbrauchbar gemacht. Seltsamerweise waren der Ostberliner Aufstand von 1953, die ungarische Revolution von 1956, der Prager
Frühling von 1968, und *Solidarność* 1980–81 wirkliche Klassenkämpfe; aber es würde Marxisten in unerträgliche Widersprüche
führen, das zuzugeben. Der real existierende Kapitalismus andererseits präsentierte die Linke mit seinen eigenen Problemen. Hier waren die ihr immerhin nahestehenden Parteien und Gewerkschaften
fast erfolgreicher, als ihr recht sein konnte. Die Welt veränderte

sich, aber die Theorie blieb dieselbe. So mußte sie immer neu ange-paßt werden, von der Vorhersage der absoluten Verelendung zu der der relativen Verelendung und weiter zur Externalisierung des Pro-letariats, von der Kritik des Marktkapitalismus zu der des Mono-polkapitalismus und weiter des Staatskapitalismus oder auch des Staatsmonopolkapitalismus, von einer Theorie des wirtschaftlichen Determinismus zur multiplen Kausalität und weiter zur Totalität aller Faktoren des gesellschaftlichen Lebens.

Tatsache bleibt dennoch, daß die marxistische Linke nach wie vor als Denkschule erkennbar ist. Das hat viel mit dem Begriff des Kapi-talismus zu tun. Im unruhigen Jahr 1968 war ich Präsident der Deutschen Gesellschaft für Soziologie (und schon Landtagsabgeord-neter und politischer Aktivist). Naturgemäß wollten wir uns auf der Jahrestagung mit den Veränderungen um uns herum beschäftigen. Aber der Vorstand der Gesellschaft zerstritt sich fast hoffnungslos über den Titel des Soziologentages. Die einen wollten die Zukunft der *industriellen Gesellschaft* behandeln und die anderen die Zu-kunft des *Spätkapitalismus*. Der Disput weckte tiefe Emotionen, und der prekäre Kompromiß machte den Konflikt der Auffassungen zum Thema des Kongresses: *Spätkapitalismus oder Industriegesell-schaft?*[1]

Man mag fragen, was all die Erregung sollte. War irgend jemand etwa nicht der Meinung, daß moderne Gesellschaften sich als indu-striell beschreiben lassen? Bezweifelte andererseits irgend jemand, daß wir im Westen seit langem in Wirtschaftsordnungen leben, die durch privates Kapital und die dazugehörige Orientierung auf Ge-winn, Investitionen und Wachstum geprägt sind? Indes verbietet schon die Sprache solche positivistischen Fragen. Wörter werden im Zusammenhang verwendet. In Europa zumindest gilt sicherlich, daß hinter dem Wort Kapitalismus – von Spätkapitalismus ganz zu schweigen – für die, die es verwenden, mehr steckt als eine Beschrei-bung unbezweifelbarer Züge der politischen Ökonomie der OECD-Welt.

Dazu gehört zunächst offenkundig ein Werturteil. Wer Spätkapi-talismus sagt, beschreibt damit Verhältnisse, die im Grunde uner-träglich sind und überwunden werden müssen. (Es gibt auch, in den

Vereinigten Staaten mehr als in Europa, eine umgekehrte Haltung, aus der der Kapitalismus betont als beste aller möglichen Welten beschrieben wird.) Das Werturteil ist weder eindeutig noch einfach. Ein Element von jenem Schauer der Ambivalenz spielt da hinein, den man spürt, wenn Marx von der bürgerlichen Revolution, der Gleichheit vor dem Gesetz und noch dem Arbeitsvertrag spricht. Diese Prozesse beschreiben ungeheure Fortschritte, und sei es nur, weil ohne sie der letzte Schritt zum Sozialismus nicht getan werden kann. Da überdies die Wirklichkeit des Sozialismus nicht existiert und vorkapitalistische Gesellschaften weit weg, wenn nicht unbekannt sind, wird am Ende der Kapitalismus zum Hauptgegenstand des Interesses. Man muß mit ihm leben, in der Theorie wie in der Praxis. Da kann man ihn nicht nur hassen, auch wenn man von der tiefen Verworfenheit des kapitalistischen Systems überzeugt bleibt.

Der zweite Unterton des Begriffs ist eher theoretisch. Wer immer das Wort Kapitalismus mit welchen schmückenden Beiworten auch immer verwendet, impliziert damit, daß wirtschaftliche Verhältnisse eine besondere Bedeutung für Gesellschaft und Politik haben. Das ist in der marxistischen Literatur schon lange nicht mehr eine Beziehung des einfachen Determinismus; heute argumentieren die meisten Autoren, daß Marx' Thesen über gesellschaftliches Sein und Bewußtsein keineswegs besagen sollten, daß alles andere von den Vorrechten und Benachteiligungen der Produktionsverhältnisse einfach abgeleitet werden kann. Nicht nur Klassen, sondern auch der Staat und sogar Ideologien haben ihr eigenes Recht und ihren eigenen Einfluß auf den Gang der Dinge. Dennoch gibt es Abstufungen der Bedeutung oder zumindest Strukturen (des Austausches, der Macht, der Ausbeutung), die alle Bereiche des gesellschaftlichen Lebens gemeinsam haben und die kapitalistisch sind. Es fällt auf, wie häufig marxistische Autoren heutzutage die »Komplexität« der Realität betonen, wobei sie es allerdings nicht versäumen hinzuzufügen, daß es in diesem Durcheinander gewisse einfache Leitprinzipien gibt.

Das Ergebnis eines solchen erweiterten Marxismus' ist oft eher rätselhaft. »Der marxistische Ansatz«, sagt ein Autor (11, S. 169), »hat versucht, die dialektische Beziehung zwischen Mensch und Na-

tur zu betonen. Die Geschichte wird als Entwicklung der Wechselbeziehung von Menschen und ihrer äußeren Umwelt verstanden.«
Was sonst? »Marxisten betonen die schöpferische Kraft der Menschheit, und die Natur trägt den Stempel menschlicher Prägung.« Nur
mit Mühe erreicht man das »aber«, das es erlaubt, solche Platitüden
als »marxistisch« auszugeben: »Aber die Beziehung zur Natur ist
Teil der sozialen Beziehung zwischen Menschen.« Diese soziale Beziehung verweist ihrerseits auf Produktionsverhältnisse, die natürlich kapitalistisch sind usw. usw. Vielleicht gibt es eindrucksvollere
Zeugnisse des erweiterten Marxismus, aber die meisten sind diesem
nicht unähnlich.

In letzter Instanz ist indes vor allem ein Unterton des Begriffs
Kapitalismus wichtig: er bezeichnet ein geschlossenes System. Marxisten mögen das Wort nicht gern; sie verweisen auf den historischen Charakter ihrer Analysen. Doch sind diese nur innerhalb
strikter und entscheidender Grenzen historisch. Was immer im letzten Jahrhundert geschehen ist, hat sich innerhalb der Grenzen des
Kapitalismus abgespielt. Der Kapitalismus selbst ist die unverrück-
bare systematische Grenze der jüngeren Geschichte. Er kann modi-
fiziert, entwickelt, erweitert, »hoch«, »fortgeschritten« und auch
»spät« werden, aber er kann seinen Platz keinem anderen System
räumen – es sei denn, die große Transformation findet statt und das
Paradies auf Erden ersteht aus den Trümmern der kapitalistischen
Krisen.

Der Schlüssel zum Denken der Linken ist der Traum von einer
qualitativ anderen Welt, dem Sozialismus, und daher das Fehlen der
Bereitschaft, allmähliche Wandlungen als relevant zu akzeptieren.
In dieser Hinsicht zumindest ist die marxistische Linke ihrem Meister und seinen hegelischen Verflechtungen treu geblieben. Natürlich können moderne Autoren die Wandlungen des letzten Jahrhunderts nicht völlig ignorieren, aber sie könnten niemals zugeben, daß
Karl Popper Recht hat, wenn er sagt, daß wir insoweit bereits in der
besten aller möglichen Welten leben, als keine tiefgehende und dramatische Veränderung nötig oder wünschenswert ist, um uns in die
Lage zu versetzen, die menschlichen Dinge zu verbessern (vgl. 119).
Damit können wir hier und heute beginnen.

Das ist eine ernste Begrenzung mit beträchtlichen Folgen. Einer ihrer Aspekte ist für die Autoren der Linken der laokoonartige Kampf mit den Veränderungen, die tatsächlich stattgefunden haben. Wie steht es zum Beispiel mit der Klassenpolarisierung? Die Entdeckung des »neuen Mittelstandes«, der »Dienstklasse«, ist mittlerweile sechzig Jahre her. Robert Carter resümiert die Diskussion der 1920er Jahre in durchaus informativer Weise (25), wenn er auch leider Theodor Geiger übersieht, der zuerst die Beziehung zwischen mittelständischer Mentalität und Nationalsozialismus hergestellt hat (55). Dann geht Carter daran, den neuen Mittelstand »zu theoretisieren«, und zwar in einer »sozialistischen Untersuchung«, womit er im wesentlichen die Analyse der bekannten Widersprüche in der sozialen Stellung von Büroangestellten meint (vgl. 25, S. 82 f.). Die Politik der mittleren Klassen, so schließt er, ist ohne klare Richtung und folgt oft den stärkeren Bataillonen; wenn diese auch nicht mehr Kapitalisten und Arbeiter sind, so sind sie doch immer noch »das Kapital als ganzes« (S. 127) und »der kollektive Arbeiter« (S. 60). Der Konflikt ist durchaus abstrakt geworden, aber der Kapitalismus ist gerettet.

Wie steht es angesichts der Verschiebung zu tertiären Beschäftigungszweigen mit der Marxschen Produktions-Besessenheit? Die meisten Marxisten haben inzwischen beschlossen, daß Marx in dieser Hinsicht ein Kind seiner Zeit war, obwohl sie sich Mühe geben zu zeigen, daß es in den Spätschriften des Meisters Andeutungen einer Bewegung von der Produktion weg zu anderen Wirtschaftstätigkeiten gibt. Angesichts dieses vorherrschenden Konsensus' ist Michael Burawoys Versuch, die Verhältnisse der und in der Produktion wieder an ihren ordnungsgemäßen marxistischen Platz zu rücken, sogar erfrischend antizyklisch (22)[2]. Burawoy argumentiert, daß »die Produktion das Kernstück sowohl des Andauerns als auch des Niederganges des Kapitalismus ist« (22, S. 123) und daß daher »die industrielle Arbeiterklasse« keineswegs verschwindet, sondern »immer noch den fundamentalen Punkt der Kritik ausmacht« (S. 9). Er konstruiert das, was C. Wright Mills Dozenten empfahl, denen nichts mehr einfällt, nämlich eine Vierfeldertafel, und geht dann daran, in eindrucksvollem Detail vier Produktionsregimes zu be-

schreiben. Der Frühkapitalismus – die Welt von Marx – wird durch
den »Marktdespotismus« gekennzeichnet, der fortgeschrittene Kapitalismus durch eine abstraktere »Hegemonie« (S. 150: »der neue
Despotismus ist die ›rationale‹ Tyrannei der Kapitalmobilität über
den *kollektiven* Arbeiter«). Der Staatssozialismus ist nicht viel besser; sein Produktionsregime ist das des »bürokratischen Despotismus«. Immerhin bereitet dieser den Weg für die »kollektive Selbst-
verwaltung« des Sozialismus, wobei Burawoy keine Mühe scheut,
die These zu begründen, um die es uns hier vor allem geht, daß es
nämlich »eine radikale Diskontinuität zwischen Produktionsweisen
gibt, so daß die Ursprünge eines neuen Regimes von der Auflösung
der alten scharf geschieden sind« (22, S. 257). Einmal mehr ist der
Kapitalismus gerettet.

Eine Bahn des Fortschritts durch die Produktionsweisen wird laut
Burawoy vom Staat gezogen. In diesem Zusammenhang ist Keynes
offenbar zu einer Zentralfigur für marxistische Analysen geworden.
Die Rolle des Staates in der Wirtschaftspolitik hat einen neuen Akteur eingeführt und den Kapitalismus kompliziert. Während es in
den Arbeiten britischer und amerikanischer akademischer Marxisten gelegentliche Hinweise auf die Frankfurter Schule gibt, fällt auf,
daß die Analysen des Spätkapitalismus von Jürgen Habermas und
Claus Offe nicht eigentlich aufgenommen werden (61, 112). Eine
ihrer Thesen ist es ja, daß mit der wachsenden Bedeutung des Staates als Akteur der Wirtschafts- und Sozialpolitik Klassen als reale
Einheiten des Handelns ihre Bedeutung verloren haben. Statt dessen
begegnet uns eine zunehmende »Disparität der Lebensbereiche«,
das heißt ein Zustand, in dem (fast) jeder in mancher Hinsicht, etwa
im Lebensstandard, einigermaßen gut gestellt sein kann, aber zugleich (fast) jeder in anderer Hinsicht, etwa durch Umweltbelastun-
gen, benachteiligt ist. Auch dann noch wird der Konflikt zwischen
den bevorzugten und den benachteiligten Teilen unseres Lebens zugunsten der Interessen des Prozesses der Kapitalakkumulation gelöst. Der Kapitalismus ist also gerettet. Aber während die deutsche
Theorie nützliche Hinweise zur Erklärung der Bewegung der Grünen oder auch des bürgerlichen Ungehorsams liefert, halten sich vor
allem britische Theorien an einen klassischeren, wenn auch stark

abstrahierten Klassenbegriff und die dazugehörigen Vorstellungen der Rollen von Gewerkschaften und Partei.

Doch genug der Beispiele, denn die These ist klar: Gewiß versuchen marxistische Autoren, mit Wandlungen fertig zu werden. Ihre Verlegenheiten sind ihnen selbst nicht unbekannt. Aber was immer sie über Veränderungen sagen, berührt nie die Grundannahme, daß die Welt, in der wir leben, kapitalistisch in dem Sinne ist, daß ihre Parameter seit den bürgerlich-industriellen Revolutionen gleichgeblieben sind. Eine einigermaßen amüsante Version dieser Auffassung findet sich in Adam Przeworskis Buch über Kapitalismus und Sozialdemokratie (123). Das Buch erreicht seinen großen Vorgänger sicher nicht, auf den der Titel anspielt, also Schumpeters *Kapitalismus, Sozialismus und Demokratie* (135), doch hat es immerhin seine Momente. Diese Momente beruhen vor allem auf der ungewöhnlichen Mischung von zynischem Realismus und grenzenlosem Idealismus, die den Autor kennzeichnet. Vielleicht ist das für einen intelligenten Menschen die einzige Möglichkeit, um mit den sonst unerträglichen Begrenzungen des marxistischen Denkens zu leben.

Przeworski beginnt mit einem bemerkenswerten Kapitel über »Sozialdemokratie als historisches Phänomen«. Das Kapitel ist bemerkenswert, weil es Grenzen überschreitet. Przeworski behandelt das große Dilemma der Institutionalisierung, Robert Michels und die Fabier eingeschlossen, und unterscheidet dann (was Michels versäumt hat) zwischen den unausweichlichen Mängeln des Reformismus und den echten Leistungen der Reform[3]. Sozialdemokratie war und ist schlicht ein Erfolg. Przeworski bleibt bei der Haltung, daß davon keine Abstriche zu machen sind, wird aber dennoch nicht müde, an eine andere Welt zu glauben, so weit diese auch entfernt sein mag. Er nennt sie Sozialismus. Gewiß ist der real existierende Sozialismus, also »Vollbeschäftigung, Gleichheit und Effizienz«, durchaus »attraktiv« (123, S. 243), aber es gibt noch etwas weit Attraktiveres: »Der Sozialismus war nicht eine Bewegung für die Vollbeschäftigung, sondern für die Abschaffung der Lohnsklaverei; er war nicht eine Bewegung für Effizienz, sondern für kollektive Rationalität; er war nicht eine Bewegung für Gleichheit, sondern für

Freiheit« (S. 243 f.). Indes sollte man das alles vielleicht vergessen, denn Sozialismus in diesem Sinn läßt sich nur um einen Preis erreichen, mindestens eine große Wirtschaftskrise, wenn nicht ein schreckliches »Tal des Überganges« (123, S. 178). Es steht noch nicht einmal fest, ob der Sozialismus für Lohnempfänger »rational« ist. Przeworski will ihn, aber sein Glaube ist ein *credo quia absurdum*.

Dieser Ansatz bezeichnet zumindest die Ebene, auf der Sprache und Glaube des Marxismus am Ende erörtert werden müssen. Denn das gewaltsame Strecken des Kapitalismus definiert die Marxisten aus jedem normalen Diskurs heraus. Sie können zum Beispiel die Ausweitung der Staatsbürgerrechte einfach nicht als eine der dramatischen Wandlungen der modernen Welt anerkennen. Juristische Bürgerrechte lieferten die Grundlage einer Gesellschaft, die sich in jeder wichtigen Hinsicht von den Traditionen autoritärer Abhängigkeit abgewendet hat. Politische Bürgerrechte haben dem eine in früheren Geschichtsperioden unerhörte Dimension der Teilnahmechancen hinzugefügt. Die Verpflichtung zu sozialen Bürgerrechten bedeutete einen radikal neuen Schritt in der Begründung von Lebenschancen. Zu argumentieren, daß die juristischen Rechte nur die Grundlage für den ausbeuterischen kapitalistischen Arbeitsvertrag geschaffen haben, daß die politischen Rechte den Zweck hatten, der Arbeiterbewegung ihren revolutionären Schneid abzukaufen, und daß die sozialen Rechte das vorherrschende System der Ungleichheit nicht geändert haben, ist zugleich inhaltleer und hilflos. Es sagt uns nichts über wirkliche Entwicklungen, und es hilft uns nicht bei der Bestimmung der nächsten Aufgaben.

Das gleiche gilt, wenn jedes Problem schlicht als eine weitere Krise des Kapitalismus zu den längst muffigen Akten gelegt wird. Es stimmt wahrscheinlich, daß wir heute entdecken, daß die Nebenwirkungen der Erfolge von gestern eine ganz neue Tagesordnung der Politik schaffen. Die neue Armut ist in bestimmter Hinsicht eine Nebenwirkung des Wohlfahrtsstaates. Die neue Arbeitslosigkeit ist eine Nebenwirkung der Arbeitsgesellschaft. Aber sowohl die Armut als auch die Arbeitslosigkeit der achtziger Jahre sind in entscheidender Hinsicht *neu*. Wer sie in die alten Begriffskästchen zu stecken versucht, hilft uns weder bei ihrem Verständnis noch gar bei ihrer Bewältigung.

Indes ist ein solcher Ansatz Anathema für eine Denkschule, die den Sinn für die Offenheit der Geschichte schlicht nicht ertragen kann und statt dessen die wackligen Geländer eines Systems zum Überleben braucht. Denn wacklig sind sie. In gewisser Weise beginnt die marxistische Linke mit der Aussage, daß der Kapitalismus schlecht ist, und sie endet mit der Aussage, daß alles Schlechte kapitalistisch ist. (Habermas' Ambivalenz hinsichtlich der Frage, ob die »staatssozialistischen« Gesellschaften nicht in Wahrheit kapitalistisch sind, ist in diesem Zusammenhang vielsagend.) Das bedeutet, daß Marxisten dem Kapitalismus eine Art (sozialer) Erbsünde zuschreiben, also Charakterzüge, die für alle Gesellschaften gelten, ausgenommen vielleicht die ferne und halberfundene Welt der »asiatischen Produktionsweise« und die noch fernere Welt des nicht real existierenden Sozialismus. Es bedeutet zugleich, daß sie das ganz und gar andere wollen, eine Gesellschaft, die niemand je gesehen hat, und vor allem eine, in der alle bekannten Gesetze der Geschichte und der menschlichen Natur suspendiert sind. Das ist Marxismus als Religion.

Nun klingt dies alles höchst abstrakt und fern und scheint daher ohne konkrete Bedeutung. Bis zu einem gewissen Grade trifft das zu, doch läßt eine Tatsache sich nicht übersehen: das sind linksextreme Organisationen. Gewiß sind der akademische Marxismus und die sektiererische Welt der extremen Linken nicht einfach dasselbe. Angesichts ihres absurden Glaubens an die Einheit von Theorie und Praxis haben viele akademische Marxisten die Verbindung mit dem einen oder anderen praktischen Projekt gesucht; doch stehen den heutigen Epigonen solche Verbindungen nicht besser zu Gesicht als dem großen Meister selbst. Umgekehrt müssen die praktischen Revoluzzer, die tatsächlich Sektierer sind, sich oft über ihr Scheitern durch die Flucht zu einem geheiligten »Korpus der Theorie« hinwegtrösten, ohne daß sie dadurch zu Philosophen würden. Glücklicherweise werden die Philosophen auch in Zukunft die Welt verschieden interpretieren, während es in der Tat darauf ankommt, sie zu verändern. Doch haben Interpretationen ihre Bedeutung, und marxistische Interpretationen liefern den Hintergrund für ein Handeln, das in seinen Absichten nicht weniger absolut ist als die Theorie in ihrer Verdammung der Gegenwart und ihren leeren Hoffnungen für die Zukunft.

Die britische Kommunistische Partei war durch ihre ganze Geschichte hin eine allerdings bemerkenswert unintellektuelle politische Sekte dieser Art. Sie hat sich selbst zwar stets ziemlich ernst genommen; aber bei der Lektüre ihrer Geschichte kommt man unweigerlich zu dem Schluß, daß ihre großen Schlachten allenfalls Fußnoten der britischen Geschichte abgeben und zumeist mit Recht vergessen sind. Am Ende mag für die heutigen Splittergruppen der revolutionären Linken dasselbe gelten. In einer im ganzen eher mühsamen Einführung in den Sozialismus (fälschlich als »sozialistische Anatomie Großbritanniens« beschrieben) konstruiert David Coates einen lehrreichen Stammbaum diverser Gruppen dieser Richtung (26, S. 212). Sie reichen von der Socialist League und der Workers' Revolutionary Party über die Revolutionary Communist Group bis zur Militant Tendency, also von winzigen Splittergruppen bis zu einflußreichen, wennschon kleinen Sekten innerhalb der Labour Party. Wer je etwas mit britischen Universitäten zu tun hatte, kennt die meisten Namen. Aber Universitätspolitik ist nur im Ausnahmefall mehr als ein kläglicher Ersatz für wirkliche Politik, ärgerlich für die Betroffenen, aber ohne nachhaltige Wirkung. Das wichtigere britische Problem liegt in der eigentümlichen Mitgliederstruktur der Labour Party und der Tatsache, daß einige dieser ausdrücklich antiparlamentarischen Gruppen eine anerkannte Stellung innerhalb einer parlamentarisch-demokratischen Partei haben können[4]. Als mindestes gibt dies den Sekten eine gewisse Publizität; von Zeit zu Zeit können sie sogar einen Parteitagsbeschluß der Labour Party beeinflussen oder eines ihrer Mitglieder in diese oder jene Position hineinmanövrieren. Was indes die wirkliche Geschichte wirklicher Menschen betrifft, sind auch solche Ereignisse nicht mehr als Episoden.

Denn am Ende hat Przeworski mit seinem Realismus recht, was immer man von seinen entfernten Idealen hält. Akademische Marxisten können sich ihre Überzeugungen leisten. Sie haben Anstellungen auf Lebenszeit, und es erhöht ihren Ruf bei ihren Kollegen, wenn sie die Welt, die sie bezahlt, heruntermachen. Wirkliche Menschen dagegen müssen schon ziemlich wurzellos sein, um den fundamentalen Negativismus marxistischer Sekten in Gesellschaften zu akzeptieren, in denen die Mehrheit das Empfinden hat, daß sie die meisten ihrer Wünsche und Bedürfnisse innerhalb der vorhandenen Rahmenbedingungen befriedigen kann. Ohnehin ziehen die meisten Menschen Freiheit und Wohlstand in dieser Welt einem entfernten Paradies vor, auch wenn das am Ende nicht viel mehr bedeutet als Keynes und Beveridge oder das schwedische Beispiel. Daher ist von einer Minderheitsmeinung die Rede. Dagegen ist nichts zu sagen, doch hat sie längst ihren Reiz verloren. Sie ist so trübe geworden wie die Bücher, die ihre Anhänger schreiben, und die aussichtslosen Aktionen, die ihre organisierten Anhänger unterstützen.

Fabiertum und der Weg der Arbeiterbewegung

Die Geschichte der breiten organisierten Linken in Großbritannien seit 1945 ist eine Erfolgsgeschichte. Zwei Namen beschreiben viel von dem, was in der Nachkriegswelt geschehen ist, Keynes und Beveridge; und während beide Liberale waren, hieß ihre Botschaft radikale Reform[5]. Vollbeschäftigung und Wohlfahrtsstaat verlangten nicht nur ein Maß an Umverteilung des Reichtums, sondern vor allem Umverteilung der Macht. Private Macht ist entschieden begrenzt worden. Die Labour Party hat das Land in der Nachkriegszeit bisher siebzehn Jahre lang regiert und für einen beträchtlichen Teil der übrigen Zeit die Tagesordnung der Politik bestimmt. Als Winston Churchill 1951 erklärte, man müsse die sozialistische Gesetzgebung der vorausgehenden Jahre »zu voller Reife kommen lassen«, hat er nur in Worte gefaßt, was die Politik der Konservativen lange Zeit bestimmen sollte.

Noch etwas kommt hinzu, was auf Grund der optischen Täuschungen des britischen Wahlsystems oft nicht erkannt wird[6]: Die ganze Nachkriegszeit hindurch gab es eine Wählermehrheit links

von der Konservativen Partei. Damit ist eine wirkliche Mehrheit
von (meist beträchtlich) über fünfzig Prozent gemeint. Noch heute
gibt es diese Mehrheit. In keinem anderen europäischen Land ist
die Rechte so regelmäßig außerstande gewesen, eine absolute Mehrheit der Stimmen zu gewinnen. Die vorherrschende Stimmung war
und ist mit anderen Worten Mitte-Links und nicht Mitte-Rechts.
Warum finden die politischen Parteien der Linken es dann so
schwierig, diese Stimmung in Stimmen und in politisches Handeln
oder auch nur in Ideen zu übersetzen?

Die beiden sind miteinander verknüpft. »Das Problem«, sagt Ben
Pimlott, »ist es nicht, neue Ideen zu verbreiten oder ein Publikum
für sie zu finden. Das Problem ist, neue Ideen zu haben« (117, S. 7).
Wer wollte das leugnen? Während der Band von *Fabian Essays*[7],
den er herausgegeben hat, den einen oder anderen neuen Ton ent-
hält, findet sich da doch mehr Bekanntes, mehr Keynes und Beve-
ridge und Schweden plus Frieden und Demokratie. Das gleiche gilt
weithin für die heterogene Mischung von Artikeln aus dem *New
Socialist,* die James Curran in dem Band über die »Zukunft der
Linken« gesammelt hat (28). Da findet sich Richard Hymans
Plädoyer für einen Graswurzel-Sozialismus neben Neil Kinnocks
Plädoyer für Europa (!) und John Westergaards These, daß der neue
Klassenkonflikt sich zwischen denen abspielt, die »Jobs«, und denen, die »Karrieren« haben. Da ist es nicht ganz leicht, dem konti-
nentalen Sympathisanten zuzustimmen, der Großbritannien zu seiner »umfänglichen, militanten und munteren sozialistischen Linken« gratuliert und Neil Kinnock empfiehlt, »sich des erstaunlichen
kämpferischen Sozialismus in der britischen Labour Party sorgsam
anzunehmen« (28, S. 135).

Über die Erschöpfung der (linken) Ideen in den siebziger und
achtziger Jahren ist vieles geschrieben worden, das hier nicht wie-
derholt zu werden braucht. Keynes und Beveridge haben heute ihre
Kraft verloren, und dasselbe gilt für die Heroen der Labour-Regie-
rung von 1945 und ihre Projekte. Die sozialdemokratische Ära hat
vielen Menschen beträchtliche Verbesserungen gebracht, aber in
einem wichtigen Sinn ist sie vorbei. Sie hat nicht nur ihre treibende
Kraft verloren, sondern neue Widersprüche, eine neue und anders-

artige Tagesordnung hervorgebracht. Diese Tagesordnung gilt es zu definieren, und ebendabei findet die Linke sich in eigentümlichen Schwierigkeiten.

Zwei Themen werfen ein grelles Licht auf diese Schwierigkeiten. Beide sind, nach der Literatur zu urteilen, nahezu Obsessionen der demokratischen Linken in England. Das eine ist, was viele »Exzeptionalismus« nennen, also der britische Sonderweg in die moderne Welt. Manche finden diesen erstaunlich, weil Marx Großbritannien als die erste Industrienation beschrieben hat und doch niemand ihrem Beispiel gefolgt ist. Andere machen sich Gedanken über die Tatsache, daß die Anwendung allgemeiner Theorien auf das britische Beispiel wenig hergibt. Für die meisten geht es indes um eine durchaus reale Frage. Sie liegt darin, daß die Industrielle Revolution zwar unzweifelhaft in Großbritannien stattgefunden, daß sie aber das Land nie in eine wirkliche industrielle (kapitalistische?) Gesellschaft verwandelt hat[8]. Denn darüber besteht heute weitgehend Einigkeit, daß der Niedergang des industriellen Geistes in Großbritannien seinem Aufstieg fast unmittelbar folgte. Die industrielle Gesellschaft bleibt durchmischt von aristokratischen, ja autoritären Zügen. Nicht nur die vorherrschenden Werte, sondern auch die ihnen zugrundeliegenden wirtschaftlichen und sozialen Strukturen unterscheiden sich zutiefst von denen anderer Länder, von den Vereinigten Staaten und auch von Deutschland.

Perry Anderson hat den britischen »Exzeptionalismus« unter Hinweis auf die eher verfrühte bürgerliche Revolution und die durch sie erhaltenen vorkapitalistischen Reste zu erklären versucht. Geoffrey Ingham geht an das Problem mit der Beschreibung der bemerkenswerten Rolle der City und ihrer Finanzinstitutionen in der ganzen jüngeren Geschichte des Landes heran (73). Der britische Kapitalismus war ein Finanzkapitalismus von besonderer Art, ein »merkantiler Kapitalismus«, mit dessen Hilfe »die traditionelle herrschende Klasse in Großbritannien überlebt hat« (73, S. 150). Ingham versichert uns, daß diese Tatsache der marxistischen Analyse nichts von ihrer Geltung nimmt. Aber darum geht es nicht. Es geht vielmehr um die Frage, was die Aufgabe einer radikalen Linken, ja überhaupt einer radikalen Politik ist, wenn es an britischen Entwicklungen etwas Besonderes gibt.

Es ist eine faszinierende Tatsache, daß während des ganzen letzten Jahrhunderts, nämlich von Joseph Chamberlain bis zu Margaret Thatcher, radikale Politik den Versuch bedeutet hat, die exzeptionellen und einmaligen Merkmale der britischen Gesellschaft zu beseitigen. Alle Radikalen, einschließlich des Harold Wilson von 1964[9], wollten, daß Großbritannien der Welt von Marx ähnlicher wird. Alle Politiker der Mitte mit ihrer These der »einen Nation« andererseits wollten auf die traditionellen Stärken des Landes bauen. Keine der beiden Schulen war besonders erfolgreich, so daß es an der Zeit ist, das Thema mit frischem Blick neu zu betrachten.

Zwei (zusammengehörige) Dinge sind fast zu selbstverständlich, um besonders hervorgehoben zu werden. Da ist einmal die Erfahrung, daß es zwar aufregend ist, gegen den Strich zu denken und zu handeln, daß man aber entscheidendere Veränderungen zustande bringt, wenn man auf vorhandene Stärken aufbaut. Wer darangeht, die starken Institutionen Großbritanniens zu zerstören – die City, die freien Berufe, die Universitäten, das Rechtswesen, die BBC, das House of Lords, die Privatschulen, die Werte-Tradition, derzufolge Solidarität der Konkurrenz zwischen Individuen vorzuziehen ist –, wird am Ende weniger und nicht mehr ernten. Bemerkenswerterweise haben sukzessive Regierungen beider Parteien seit 1974 eben dies versucht, und das Land zahlt dafür einen hohen Preis. Zweifellos brauchen traditionelle Institutionen auch Wandel. Die Frage der Verfassungsreform ist durchaus dringlich geworden. Aber Zerstörung ist nicht Wandel. Um das hier Gemeinte in einem Beispiel auszudrücken: Es gibt keinerlei Grund für die Annahme, daß die Attacke auf die unsichtbaren Gewinne der Finanzinstitutionen die Fähigkeit des Landes zum Export von Industrieprodukten auch nur im geringsten steigern wird.

Die andere Selbstverständlichkeit ist, daß die Zeiten sich ändern. Was an einem Punkt altmodisch scheint, kann sich an einem anderen, späteren, durchaus als wieder modern erweisen. Die britischen, vielmehr die englischen Universitäten waren fast im ganzen neunzehnten Jahrhundert nicht sonderlich bedeutend; aber in jüngerer Zeit hat sich herausgestellt, daß sie besser als die des Kontinents mit der Aufgabe der massenhaften tertiären Bildung fertig werden[10].

Auch wenn man nicht so weit geht wie Bernhard Nossiter in seinem
Lob der britischen Dekadenz (109), wäre es doch immerhin denkbar, daß ein Land, das durch die einmalige Verbindung von technologischer Erstrangigkeit und traditionellen Lebensweisen gekennzeichnet ist, durchaus günstige Voraussetzungen mitbringt, um in
der »postindustriellen« Welt Erfolg zu haben. Die traditionellen
Lebensweisen Großbritanniens sind ja sozialistischen Träumen näher als die der meisten anderen Länder. »Morgens zu jagen, nachmittags zu fischen, abends Viehzucht zu treiben, nach dem Essen zu
kritisieren, wo ich gerade Lust habe« – dieser Marxsche Rat beschreibt das Leben des englischen Gentleman (95, S. 33). Eine von
Adam Przeworskis vielen amüsanten Fußnoten sagt durchaus plausibel: »Es ist durchaus nicht utopisch, nachmittags zu fischen.«
(123, S. 83) In jedem Fall könnte es durchaus sein, daß Großbritannien bessere Voraussetzungen für den Weg in eine neue und andere
Zeit hat als dafür, seine Geschichte nach den Regeln von Karl Marx
oder Margaret Thatcher umzuschreiben.

Das aber ist wohl nicht die Hauptsorge der Linken. Ihr zweites
großes Interesse neben dem »Exzeptionalismus« liegt vielmehr im
Thatcherismus. Was immer Frau Thatcher in der wirklichen Welt
erreicht oder nicht erreicht hat, sie ist mit Sicherheit der linken
Intelligenz zu Kopf gestiegen. Man könnte einen eigenen Aufsatz
über die Verzweiflung linker Autoren angesichts des Thatcherismus
schreiben. Das Phänomen erstaunt, beunruhigt, ärgert viele Autoren, aber vor allem läßt es sie völlig ratlos. Wie ist es möglich, daß
Frau Thatcher zuerst die Konservative Partei und dann das ganze
Land erobern konnte?

Die erste Antwort ist natürlich, daß sie eben dies nicht geschafft
hat. Sie hat das Herz ihrer eigenen Partei nie wirklich gewonnen,
und bei Wahlen hat sie jedenfalls nach Stimmanteilen erstaunlich
schlecht abgeschnitten. Dennoch ist sie die bemerkenswerteste Gestalt der britischen Politik seit dem Krieg.

Dafür gibt es zwei Gründe. Der eine hat viel zu tun mit dem
britischen politischen System. Wenn Politik zum Teil Verwaltung
und zum anderen Teil Theater ist, hat Frau Thatcher sich als erstaunlich kompetent auf der Bühne erwiesen. Ja, Charisma hat sie,

auch wenn sie es schwierig findet, ihre Absichten in Handeln zu übersetzen. »Der charismatische Führer«, sagt Parsons in seiner Interpretation Max Webers (114, S.189), »steht in einigen bedeutenden Hinsichten in ausdrücklicher Opposition zur traditionellen Ordnung; er setzt seine ›persönliche‹ Legitimation gegen das institutionalisierte Fundament. Doch der Anspruch wird noch immer in Begriffen der Legitimität erhoben; wie Weber sagt: Die Anerkennung charismatischer Autorität wird vom Führer als eine Angelegenheit der moralischen Verpflichtung behandelt.« Der charismatische Führer muß eine besondere Beziehung wenn nicht zum Weltgeist, so doch zumindest zum Zeitgeist haben, um erfolgreich zu sein. Frau Thatcher hat diese Beziehung.

Die Beziehung ist allerdings weithin negativ. Linke Autoren beschäftigen sich besonders ausgiebig und gerne mit dem »Monetarismus«. (Denis Healey dokumentiert die eher emotionale als intellektuelle Qualität seiner Kritik durch das häufige Reden vom »Sado-Monetarismus«.) Aber was ist denn Monetarismus? Im Grunde steckt in ihm kaum mehr als die Aussage, daß es einen Zusammenhang zwischen Inflation und irgendeinem Maß der Geldmenge gibt. Selbst angebotsorientierte Wirtschaftspolitik, einschließlich der Laffer-Kurve[11], ist schwerlich eine neue Philosophie der Wirtschaft, die an die Stelle derer von Keynes tritt; manche meinen, sie sei nur ein umgekehrter Keynesianismus, also Wachstumsstimulierung in Zeiten der Hochkonjunktur. Dennoch ist wahr, daß die politischen Stellungnahmen von Frau Thatcher, wenn schon nicht ihre Politik, gegen den Strich des sozialdemokratischen Zeitalters gehen. Sie will die Rolle des Staates und seiner Wohlfahrtstätigkeit einschränken. Sie befürwortet Märkte und Selbsthilfe statt des öffentlichen Sektors und der Umverteilung. Sie versucht sogar, jene merkwürdige Verbindung von Sozialdarwinismus und traditionellen Werten wiederzubeleben, die viele mit der viktorianischen Zeit verbinden. Das war schon damals eine unwahrscheinliche Kombination, die zu viel Heuchelei Anlaß gegeben hat, so attraktiv das Projekt für manche gewesen sein mag.

Warum ist es attraktiv? Warum regt Ronald Reagan die Phantasie so vieler Amerikaner und manchmal sogar ihr Handeln an? Warum

traf die deutsche Wende von 1982, die Tendenzwende der Wirt-
schafts- und Sozialpolitik, auf ein relativ breites Echo? Wie ist es
Frau Thatcher gelungen, die Tagesordnung der Politik zu bestimmen, wenn auch nicht ihren Inhalt oder ihre Mehrheiten? Wenn die
Linke (und nicht nur sie) diese Fragen nicht stellt und beantwortet,
wird sie nicht sehr weit kommen. Aber besessen vom Phänomen des
Thatcherismus kommen linke Autoren gar nicht erst zu den Fragen.
Statt dessen sind ihre Köpfe verwirrt vom Haß auf Frau Thatchers
Charisma, und sie klammern sich an eine politische Agenda, die so
tot ist wie die Welt von 1945 oder selbst 1964. Vielleicht lassen sich
damit noch einmal Wahlen gewinnen; Wahlen werden aus allen
möglichen Gründen gewonnen; aber die Zukunft wird nicht von
denen gestaltet werden, die sonst nichts anzubieten haben.

Was ist die alte Tagesordnung? Wie üblich ist die Linke gespalten,
so daß es zwei Versionen gibt, die indes beide im Kern darauf hin-
auslaufen, daß wir mehr von dem brauchen, was wir seit langem
schon haben. Diejenigen, die sich für radikal halten, glauben, daß
die Arbeiterbewegung mehr Sozialismus braucht. Darunter verstehen sie einen größeren öffentlichen Sektor, eine effektivere (?) Wirtschaftspolitik, höhere Steuern, ein gerechteres Transfersystem, aber
auch Unterstützung für neue soziale Bewegungen, Frauenrechte,
Rassengleichheit, nukleare Abrüstung und ein gewisses Maß an Dezentralisierung (»Gemeindesozialismus«), wobei das letztere Thema
die Labour Party eher verwirrt hat. Bücher wie *A Socialist Anatomy
of Britain* (26), *The Future of the Left* (28) und *Fabian Essays in
Socialist Thought* (117) sind voll von vernünftigen und weniger
vernünftigen Vorschlägen dieser Art – aber woher sollen die Wählerstimmen kommen? Es ist schön und gut, wenn Ben Pimlott nett
ist zu den »Fachhochschuldozenten«, aber deren Zahl dürfte in absehbarer Zeit schwerlich so sehr anwachsen, daß die Labour Party,
von den Gewerkschaften ganz zu schweigen, darauf ihre Erfolge
bauen könnte.

Diejenigen andererseits, die sich als gemäßigt betrachten, folgen
einer anderen Argumentationslinie. Sie finden, daß der korpora-
tistische »Sozialkontrakt« von Harold Wilson so schlimm nicht
war und daß die Konsenspolitik durchaus noch eine Zukunft hat.

A. M. Gamble und S. A. Walkland haben ein mutiges kleines Buch zu diesem Thema geschrieben (54). Sie analysieren »das britische Parteiensystem und die Wirtschaftspolitik« zwischen 1945 und 1983 und kommen vor allem zu dem Schluß, daß der Freund-Feind-Stil der Politik das wohltätige Potential des zugrundeliegenden Konsensus zerstört hat. »Die Rituale des polarisierten britischen Zweiparteiensystems haben dazu beigetragen, daß der Versuch, den relativen wirtschaftlichen Niedergang des Landes umzukehren, gescheitert ist.« (54, S. X) Was Walkland eher irreführenderweise das »Nullsummensystem der Politik« nennt (54, S. 120), hat zu irrelevanten, ja »dysfunktionalen« Zeithorizonten des Denkens, Planens und Handelns geführt und die Wirtschaftspolitik auf leeres Gerede statt wirksamen Handelns reduziert. Was ist also zu tun? Hier trennen sich die Wege der beiden Autoren. Walkland sucht »einen stabileren politischen Kontext« (54, S. 166), und während er hinsichtlich ihrer tatsächlichen Chancen skeptisch ist, sympathisiert er mit der neugegründeten sozialdemokratischen Partei SDP. Gamble setzt seine Hoffnungen auf die Labour Party, obwohl er schwankt zwischen dem Wunsch, sie »als Reformpartei in einem polarisierten Zweiparteiensystem« oder aber als »sozialistische Partei, die eine langfristige Strategie für sozialistischen Fortschritt entwickelt«, zu sehen (54, S. 185 f.). Das Przeworski-Syndrom! Beide sind nicht unvernünftig. Aber haben sie die Zukunft auf ihrer Seite?

Ich glaube nicht. Am Ende dieser ermüdenden Reise durch einige jüngere Veröffentlichungen von Autoren der britischen Linken – und mit einem Seitenblick auf die wachsende Bibliothek von Schriften der Führer und Anhänger der SDP, der Labour Party und der diversen akademischen und nichtakademischen Sekten – läßt der Schluß sich schwer vermeiden: Der Geist weht nicht mehr links. Seit der Französischen Revolution konnte man von der Annahme ausgehen, daß die Winde des Denkens von der linken Seite wehen. Das war möglicherweise etwas unfair gegenüber den großen Kritikern der Revolution Edmund Burke und Alexis de Tocqueville, wie auch gegenüber manchen anderen; aber im Kern blieb doch wahr, daß die Linke die Themen der politischen Diskussion und des Handelns bestimmte. Neue Ideen kamen von denen, die Veränderungen wollten, und zwar Veränderungen im Interesse der Vielen. Im allgemeinsten Sinn gilt das noch heute. Auch die heute einflußreichen Autoren wollen Veränderung. Aber weder sie selbst noch ihre Leser sehen sie als Autoren der Linken. Die neue Agenda verläuft in Gegenrichtung zu den meisten Annahmen der Linken in den letzten zwei Jahrhunderten. Das macht diese Tagesordnung riskant für den Radikalen, der sich dabei leicht in Gesellschaft falscher Freunde finden kann. Aber was ist andererseits so erfreulich daran, zwar in netter Gesellschaft zu bleiben, aber nichts auszurichten?

Die neue Agenda beginnt, wo die alte endete, mit Staatsbürgerrechten. Die Verallgemeinerung der Staatsbürgerschaft war das große Projekt der letzten beiden Jahrhunderte. Indes, im Moment seines Erfolges gab es Anlaß zu Zweifeln und neuen Fragen. Auf einmal begannen die modernen Staatsbürger-Gesellschaften, Menschen auszugrenzen, statt sie einzubeziehen. Staatsbürgerschaft wurde zum Vorrecht, dem Vorrecht der Mehrheit zwar, aber eben nicht aller. Diejenigen, die noch nicht mit von der Partie sind, wie die Jungen, finden es zunehmend schwierig hineinzukommen. Diejenigen, die herausgefallen sind, müssen draußen bleiben. Diejenigen, die nie dabei waren, Einwanderer zum Beispiel, werden in gehörigem Abstand gehalten. Die neue Armut und die neue Arbeitslosigkeit, beide im Schicksal der inneren Städte verbunden, erzählen die Geschichte.

Der Wohlfahrtsstaat ist nie ganz und gar zum Sozialstaat geworden; Beveridge gewann die Diskussion, aber die Realität folgte nur zögernd. Wohlfahrt oder, wie es heute heißt, die Versorgung bestimmter Zielgruppen, blieb die Regel. Als mehr und mehr Länder entdeckten, daß sie die Versprechungen von 1945 nicht mehr einlösen konnten und daß zudem die zu ihrer Einlösung erfundenen Systeme einen Preis nicht nur an Geld, sondern auch an Menschenwürde haben, begann der große Demontage-Prozeß der achtziger Jahre. Das ist ein schlimmer Prozeß, der nicht nur unser Mitgefühl verletzt, sondern zur Schaffung der neuen Unterklasse beiträgt, die die große Anklage der reichen Länder der Welt darstellt. Die Rekonstruktion des Sozialstaates bedeutet, mit allen Einschränkungen, die dieses Unternehmen nicht nur mathematisch begleiten, die Quadratur des Zirkels von Staatsbürgerschaft und Selbsthilfe, von dem, was wir brauchen, wollen und uns leisten können. Ein garantiertes Mindesteinkommen, verbunden mit einem beschäftigungsbezogenen Element der (Sozial-)Versicherung und privaten Beiträgen zur eigenen Versorgung, ist wahrscheinlich die richtige Formel; aber die Formel hat natürlich erst dann Sinn, wenn ihren Bestandteilen Größenordnungen zugeschrieben werden.

Das mindeste, was sich über die Arbeitslosigkeit sagen läßt, ist, daß sie (manche) zum Nachdenken angeregt hat. Bislang hat dieses Nachdenken nicht zu besonders aufregenden Schlüssen geführt. Schlimmer noch, es hat manche zurückgeführt zu den offenbaren Irrtümern der Vergangenheit, zum Vertrauen auf die Selbstkorrektur durch die Mechanismen des Arbeitsmarktes oder zum Glauben an die staatliche Schaffung von Arbeitsplätzen. Unter den vielen Dingen, die von diesen beiden Denkschulen übersehen werden, ist vor allem die Tatsache wichtig, daß wir heute eine Phase der Wachstumsarbeitslosigkeit erleben. Es ist heute möglich, beträchtliches – in der kurzen Phase der »Grenzen des Wachstums« in den siebziger Jahren hätte man vielleicht sogar gesagt, zu hohes – traditionelles Wachstum ohne viel zusätzliche Beschäftigung zu erreichen. An der Rolle der Arbeit in unserem Leben hat sich also etwas verändert, und zwar etwas, das die Anhänger des Fortschritts menschlicher Lebenschancen immer gewollt haben. Falsch ist nur, daß dieser Wandel zu einer neuen Spaltung zwischen den *beati possidentes,* denen, die Arbeit (und vielleicht »Karrieren«) haben, und denen, die sie nicht haben, geführt hat, wobei sich zwischen beiden eine wachsende Grauzone entwickelt. Die außerordentliche Anstrengung, die zur Wiederherstellung anständiger Gesellschaften[12] nötig ist, besteht aus zwei Dingen. Das eine ist eine erträglichere Verteilung der Arbeit im Sinne der bezahlten Berufstätigkeit; das andere ist ein neues Gleichgewicht von (notwendiger) Arbeit und (freier) Tätigkeit. Die beiden hängen wahrscheinlich zusammen. Die »Opfer«, die die Besitzer von Arbeit bringen müssen, werden durch einen Gewinn an Selbstbestimmung aufgewogen. Wiederum ist jedoch die Formel ein bloßes Versprechen, wenn man sie nicht mit Zahlen füllt.

Solchen Projekten liegt der Gedanke zugrunde, daß ein neuer großer Schritt zur Ausweitung, ja zur Verwirklichung von Staatsbürgerrechten getan werden muß. Dabei handelt es sich dieses Mal nicht einfach um die Ausweitung von Anrechten. Es geht um nichts weniger als die Rekonstruktion des Gesellschaftsvertrages, des wirklichen natürlich, nicht des »Sozialkontrakts« von Harold Wilson. Die neue Unterklasse ist eine Anklage unserer Gesellschaften, weil ihre bloße Existenz die elementare Solidarität von Gesellschaft in Frage stellt. Es ist daher durchaus angemessen, wenn auch beunruhigend, daß diese Existenz spürbar wird durch Bedrohungen von Recht und Ordnung, durch Verbrechen und Unruhen, und nicht durch die Entstehung einer neuen revolutionären Bewegung. Unsere Antwort muß ein wohlüberlegter und nachhaltiger Prozeß des Bauens von Institutionen sein[13]. Wir müssen Gründe geben für den Rahmen von Regeln, mit dem wir leben. Das werden oft neue, aber manchmal zweifellos auch alte Gründe sein. Jedenfalls müssen wir Staatsbürgerschaft von Anfang an neu bestimmen.

Bislang gibt es kaum Anzeichen dafür, daß das geschieht. Die Tagesordnung der Linken erwähnt die Themen nicht einmal, die das öffentliche Leben der kommenden Zeit beherrschen werden. Die Tagesordnung der Rechten bezeichnet zwar die Themen, sucht aber Antworten, die mit Notwendigkeit die Probleme verschlimmern würden, weil sie uns zu einem Zeitalter zurückführen wollen, das eben kein goldenes war. Der Kampf zwischen gestern und vorgestern geht also weiter.

DRITTER TEIL

Neue Fragen

6 Belindien:
Wirtschaftswachstum, Regierbarkeit und Anrechte

In einer Diskussion in Brasilien habe ich das Wort zum ersten Mal gehört, aus dem Mund von Soziologen und Befreiungstheologen: Belindien[1]. Die Zusammensetzung sollte das eigene Land in seiner tiefen Gespaltenheit beschreiben. Da ist das wohlhabende »*Bel*gien« rings um Rio de Janeiro und São Paulo, und dann das nahezu endlose Elend von »*Indien*« im Rest des Landes, vor allem im Nordosten. Man hätte gewiß auch einfach von Indien sprechen können, dessen beide (viele?) Welten unverbunden nebeneinander existieren. Aber was gemeint ist, liegt auf der Hand. Selbst wenn die Wirtschaftsreformen von Präsident Sarney dauerhaft Erfolg hätten, würde man ihre Wirkung zwar in »Belgien«, jedoch nicht in »Indien« spüren. »Indien« hat ein andersartiges Problem, das noch vor der Lösung der Fragen der wirtschaftlichen Entwicklung oder der Auslandsverschuldung liegt und von diesen beinahe unberührt bleibt. Was gut ist für »Belgien«, muß nicht schlecht sein für »Indien«, aber es ist dort nahezu irrelevant.

Man braucht nicht nach Brasilien zu gehen, um den Gedanken zu verstehen. In den OECD-Ländern machen wir heute eine ähnliche Entdeckung. Jedenfalls würden wir diese Entdeckung machen, wenn wir die Augen für die Realität öffneten, statt sie von noch so verständlichen Vorurteilen benebeln zu lassen. In vielen OECD-Ländern haben wir mehrere Jahre beträchtlichen Wirtschaftswachstums erlebt. Manche finden die Wachstumsraten zu niedrig; auch gibt es große Unterschiede zwischen und innerhalb von Ländern; aber wenn man Wachstumsraten in Güter und Dienstleistungen rückübersetzt, ist die jährlich hinzukommende Menge mit der Zeit des Wirtschaftswunders vergleichbar. Dennoch hat mindestens ein Pro-

blem sich der Wirkung des Wachstums beharrlich widersetzt, das ist
die Arbeitslosigkeit. Man hört die Ökonomen protestieren: Wenn es
nur die Rigiditäten nicht gäbe, die die Räumung der Arbeitsmarktes
verhindern, wäre die Arbeitslosigkeit bald beseitigt! Man betrachte
nur die Zahl der in den Vereinigten Staaten neu geschaffenen Arbeitsplätze! Ohnehin wird die Arbeitslosigkeit so rasch wieder von
der politischen Tagesordnung verschwinden wie die Inflation vor
ihr! Indes ändern solche Mahnrufe nichts an der Tatsache, daß die
»natürliche« oder »nicht-inflationsbeschleunigende Arbeitslosenrate« heute sieben oder acht Prozent beträgt und die tatsächlichen
Raten vielfach wesentlich höher liegen. Das Problem ist (wie Ökonomen gerne sagen, wenn sie am Ende ihrer Kunst angekommen
sind) nicht konjunkturell, sondern strukturell. »Belgien« wächst,
während »Indien« arbeitslos bleibt.

Dies ist also der Ausgangspunkt meiner Argumentation. Das
Wirtschaftswachstum hilft bei der Lösung vieler Probleme, aber es
gibt Themen, an die es nicht heranreichen kann. Das können, in
bestimmten Ländern und zu bestimmten Zeiten, Schlüsselthemen
sein. Es sagt nicht genug aus, sie strukturell zu nennen. Es handelt
sich in Wahrheit um Anrechtsfragen, das heißt um die grundlegende
Fähigkeit von Menschen, am wirtschaftlichen, politischen und sozialen Prozeß teilzunehmen. Diese Fähigkeit hängt mindestens so
sehr von Rechten wie von der wirtschaftlichen Lage ab. Wie wir
spätestens seit Amartya Sens wichtigem Buch über Armut und Hungerkatastrophen (136) wissen, findet sich auch extreme Verelendung zuweilen inmitten des Überflusses und fast immer bei einem
zulänglichen Angebot; selbst sie besagt also, daß manchen Menschen schlicht die Anrechte auf vorhandene Güter fehlen. Güter,
sogar Annehmlichkeiten des Lebens, sind da, aber sie sind nicht
verfügbar, und ihre Vermehrung macht sie als solche noch nicht
verfügbar für die Ausgeschlossenen.

Wenn das stimmt, hat es offenbar beträchtliche Bedeutung für das
Verhältnis von Wirtschaftswachstum und Regierbarkeit. Statt im
einzelnen zu zeigen, wie die angebotsorientierte Wirtschaftspolitik
bei der Bekämpfung der Arbeitslosigkeit (und übrigens auch bei der
Bewältigung der Krise des Wohlfahrtsstaates) versagt hat oder wie

die »Durchfiltertheorie« bei der Forderung der Wirtschaftsentwicklung in der Dritten Welt gescheitert ist, soll hier versucht werden,
einige Folgen der Ausgangsthese für die nationale und internationale Politik und damit für Regierungen darzustellen.

Es mag schwer sein, Wachstum zustande zu bringen, doch ist es
leicht, es zu erstreben. Wer würde nicht am liebsten Positivsummenspiele spielen? Von Bedeutung ist in unserem Zusammenhang allenfalls die Tatsache, daß demokratische Regierungen meist in Schwierigkeiten geraten, wenn der Eindruck sich durchsetzt, daß sie nicht
in der Lage sind, ein bestimmtes Niveau des Wirtschaftswachstums
aufrechtzuerhalten (vgl. 27). Angesichts der Höhe und Eigenart von
öffentlichen Ausgabenverpflichtungen ist das Niveau ziemlich hoch
anzusetzen. Es liegt jedenfalls höher als das, das die meisten OECD-
Regierungen seit den siebziger Jahren zu erreichen imstande waren. So erklärt sich die gleichzeitige Suche nach Kürzungen der
öffentlichen Haushalte und Anreizen für Angebot wie auch
Nachfrage (oder zumindest die Rhetorik zur Illumination dieser
Ziele). Insoweit es Regierungen nicht gelungen ist, ihre erklärten
Ziele zu erreichen, hatte das zwei Ergebnisse. Eines ist die zunehmende Desillusionierung der Wähler angesichts der Fähigkeit
von Regierungen, Versprechungen einzulösen. James Alt hat den
Prozeß in seinem Buch über die »Politik des wirtschaftlichen Niederganges« beschrieben (3). Das andere Ergebnis ist die Entstehung
sehr realer Probleme von fast unbewältigbarer Größenordnung.
Die »Ungleichgewichte« der Position der Vereinigten Staaten (wie
sie euphemistisch genannt werden), also Amerikas Haushaltsde-
fizit und Auslandsverschuldung, liefern nur das gegenwärtig dramatischste Beispiel.

Eine Fußnote kann an diesem Punkt für die folgende Argumentation hilfreich sein. James Alts Untersuchung bezieht sich auf Großbritannien. Großbritannien hat jedoch im Hinblick auf Wirtschaftswachstum und Demokratie eine ungewöhnliche Geschichte. Viele
Jahre lang war die wirtschaftliche Leistung des Landes günstigstenfalls mäßig; zuweilen näherte sich der relative Niedergang bedenklich einem absoluten Niedergang. Dennoch war die britische Demokratie nie gefährdet. In der Tat gingen die Lichter der Demokratie

fast in ganz Europa aus, nicht jedoch auf den britischen Inseln. War
das Westminster-Spiel der Freund-Feind-Politik in besonderer Weise
geignet, um Nullsummenspiele zu spielen? Gab es eine verborgene
Wechselbeziehung zwischen wirtschaftlichem Wohlstand und anderen Wohlfahrtsfaktoren?[2] Jedenfalls darf in der allgemeinen Analyse
das kulturelle Argument – das Bestehen von folgenschweren Unterschieden – nie übersehen werden.

Doch kehren wir zum Kern der Argumentation zurück. Gewiß ist
Wirtschaftswachstum wichtig. Ohne Wachstum lassen viele politische und soziale Fragen sich nicht lösen. In manchen Kulturen ist
Wachstum geradezu zum Teil des demokratischen Prozesses geworden. Zumindest wird das demokratische System belastet, wenn die
Wirtschaft stagniert und der Wohlstand der Menschen nicht zunimmt. Aber selbst wenn ein befriedigendes Wachstumsniveau erreicht wird, bleiben wichtige Fragen offen. Das sind Anrechtsfragen.
Die Frage ist, wie man diejenigen, die zurückgeblieben oder vom
fahrenden Schiff gefallen sind, an Bord bringt; die andere Frage ist,
wie man die Erwartungen derer an Bord auf ein vernünftiges, nämlich realisierbares Maß zurückschraubt. Die beiden Fragen hängen
wahrscheinlich zusammen. Wie verändert man also Anrechtsstrukturen?

Das ist eine explosive Frage. Man könnte ja der Meinung sein,
daß die Veränderung von Anrechtsstrukturen fast synonym ist mit
Revolutionen. Wenn das der Fall wäre, wäre es bedenklich. Revolutionen haben ihre Zeitgenossen noch nie glücklicher oder auch nur
wohlhabender gemacht, am allerwenigsten die Enthusiasten der ersten Stunde. Das einzige Argument für die Revolution ist, daß es
Zeiten und Orte gibt, an denen sie unvermeidlich ist. Indes ist die
OECD-Welt heute weder ein solcher Ort noch eine solche Zeit (und
auch die meisten anderen Länder der Welt sind nicht in einer revolutionären Situation). Es ist daher lohnender, den Blick auf jene wichtigen Wandlungen der Geschichte zu lenken, die auf strategische
Reformen zurückgehen. Das allgemeine Wahlrecht, die Bürger-
rechtsbewegung, aber auch die Schaffung des Sozialstaates (des viel-
beschimpften Wohlfahrtsstaates) sind Beispiele. Wenn wir »Belindien« zu einem einzigen Land machen, also die ernsten Ungleichge-

wichte der Entwicklung wie auch die Fragen der Arbeitslosigkeit und der Unterklasse in den reichsten Ländern in den Griff bekommen wollen, dann brauchen wir strategische Veränderungen von ähnlicher Größenordnung.

Was für Veränderungen? Und wer soll sie zustande bringen? Die Ziele zu formulieren ist ja nicht schwer. In den Entwicklungsländern bedeutet die Ausweitung von Anrechtsstrukturen, daß man es vermeiden muß, diejenigen noch stärker zu machen, die auf Grund ihrer Stellung ein Interesse daran haben, daß ihre Vorrechte nicht angetastet werden. Materielle wie technische Hilfe muß der Schaffung dessen dienen, was man bürgerliche Gesellschaften (*civil societies*) in der Dritten Welt nennen kann. Das dauert lange und trifft auf den Widerstand vieler Regierungen; aber machbar ist es. In den OECD-Ländern ist das Hauptthema nicht so sehr eines der Ausweitung von Anrechtsstrukturen wie der neuerlichen Betonung der Tradition allgemeiner und ungeteilter Staatsbürgerrechte. Dazu können Veränderungen in der Verteilung der Erwerbsarbeit gehören; jedenfalls gehört dazu die Verhinderung der Tendenz, daß der Sozialstaat in eine neue Form des Armenrechts zurückfällt oder gar zur bloßen Mildtätigkeit wird. Auch das ist leichter gesagt als getan. Die komfortabel gestellte Mehrheit wird manches unternehmen, um ihren Komfort zu verteidigen. Auch ist es niemals leicht, mittelfristige Interessen gegen kurzfristige Interessen ins Feld zu führen. Aber machbar ist auch dies.

Von wem? Hier findet der Internationalist sich in einer melancholischen Lage. Schlimmer noch, er stößt auf ein Dilemma, das sich schon intellektuell schwer lösen läßt und das praktisch gänzlich unlösbar ist. In internationalen Organisationen geht es nicht um Anrechtsfragen[3]. Insoweit die Dichotomie Sinn hat, geht es in ihnen um Wachstumsfragen. Anrechte verändern, mehr Menschen an Bord bringen, Märkte ausweiten, eine aktive Öffentlichkeit schaffen, die Zahl derer steigern, die in der Lage sind, für sich selbst aufzukommen – das alles muß in Zusammenhängen getan werden, die Anrechten ihre Stabilität geben. Das können lokale oder regionale Zusammenhänge sein; oft sind sie national in jenem Sinn, in dem das Rechtssystem und die Staatsbürgerschaft es sind. Das Prinzip der Nichteinmischung in die inneren Angelegenheiten von Ländern – auf das allein ein realistisches internationales System sich bauen läßt – bedeutet aber seiner Definition nach, daß internationale Organisationen ohnmächtig sind im Hinblick auf bestimmte Schlüsselfragen. In letzter Instanz ist es ihnen gleichgültig, ob ein Land von jemandem vertreten wird, der Galtieri heißt oder Alfonsín, Marcos oder Aquino, Somoza oder Ortega. Kant hat es vor zweihundert Jahren gesagt: Wir haben die Welt vielleicht zivilisiert – er meinte die Entstehung von *civil societies* in Europa und Nordamerika –, aber wir haben kaum damit begonnen, sie zu moralisieren (vgl. 76).

Das kann jedoch nicht das Ende der Geschichte sein. Es ist es auch nicht. Vielmehr erinnern die Namen von Alfonsín oder Aquino oder selbst Ortega an einen Zusammenhang zwischen dem Thema des langsamen Wachstums und dem der Veränderung von Anrechtsstrukturen. Das schwierigste einzelne Problem, dem diese Führer – und manche andere in ähnlicher Stellung – sich gegenüberfinden, ist, daß sie soziale Strukturwandlungen zu einer Zeit des wirtschaftlichen Stillstandes oder sogar Niederganges hervorbringen müssen. Das Dilemma ist beinahe ein Rezept für Unfreiheit. Niemand braucht die Hilfe derer von uns, denen es besser geht, dringender als die, die mit dem Dilemma von Wandel und Wachstum konfrontiert sind. Solche Hilfe hat allerdings mit Wachstum zu tun, und das nicht nur darum, weil das internationale System ohnmächtig ist, wenn es um Anrechte geht[4].

Die Geschichte ist im großen und ganzen nicht sehr freundlich mit denen, die die Notwendigkeit des Wandels erkennen. Nur selten gibt sie ihnen die Chance, Strukturwandlungen unter dem Mantel konjunktureller Verbesserungen für alle einzuführen. Diese mißliche Tatsache erklärt viele traurige Dinge, einschließlich des verbreiteten Widerstandes gegen Veränderung und des Scheiterns der meisten Neuerer. Wenn man aber nicht gerade Vergnügen an Untergangsszenarien hat, muß man Mittel und Wege finden, um eine Lage der Dinge zu schaffen, in der die Schmerzen des Wandels durch die Freuden des Wachstums gelindert werden. Wenn wir es ernst meinen mit unserem Wunsch, für alle Freiheit und Wohlstand zu schaf-

fen, dann müssen wir versuchen, ein Klima allgemeiner Verbesserung der wirtschaftlichen Wohlfahrt hervorzubringen, in dem es
möglich wird, die Anrechte der Ausgegrenzten zu erweitern. Wenn
wir nämlich am Wachstum verzweifeln, steht uns eine Phase zunehmend gewaltsamer Wandlungen bevor, die zudem für die meisten
von der Verschlechterung ihrer sozialen und wirtschaftlichen Le-
bensbedingungen begleitet sein wird.

Darum sind die hier erörterten Themen wichtig. Es sind im wesentlichen zwei. Das eine ist innenpolitisch. Dabei geht es um ein
neues Gleichgewicht von Erwartungen und der Fähigkeit von Regierungen, diese zu befriedigen. Sicherlich müssen auch Erwartungen
angepaßt werden, und das ist nicht nur ein Euphemismus für ihre
Verringerung. Sie müssen neu definiert werden, aber sie bleiben ein
Motor des Fortschritts. Es reicht nicht, wenn politische Führer mit
ernster Miene immerfort Blut, Schweiß und Tränen versprechen.
Das andere Thema ist außenpolitisch. Es liegt in einer neuen Weltordnung, die dazu beiträgt, stabile Währungsbedingungen und den
Rahmen für einen wirksamen Austausch von Gütern und Dienstleistungen, aber auch von Ideen zu schaffen. Auch in dieser Hinsicht
ist die Anpassung von Erwartungen so wichtig wie die Schaffung
verläßlicher Regeln. Das alles wird hier nicht einfach so dahinge-
sagt. Es geht selbst unter günstigen Umständen um große Aufgaben.
Zu einer Zeit, zu der alle Länder, einschließlich der mächtigsten
Nation der Welt, die Neigung haben, sich in ihre Schale zurückzu-
ziehen und sich anschließend in Selbstmitleid zu ergehen, ist die
Lösung der Aufgaben noch weit schwieriger. Die Bedingungen des
Wachstums und alles, was zu ihrer Verbesserung getan werden
kann, sind daher ein Thema von erheblicher Bedeutung und Schwie-
rigkeit.

Zum Thema des Wachstums wäre noch manches zu sagen. Wenn
das hier nicht geschieht, dann liegt der Grund nicht in begründeter
oder falscher Zurückhaltung. Er liegt vielmehr in der Sorge, daß wir
bei der Erörterung des Wachstums einen Fehler machen. Es könnte
sich sogar um zwei Fehler handeln, einen der Analyse und einen der
Aktion. Was die Analyse betrifft, geben wir uns noch immer der
Täuschung hin, daß, wenn wir nur die Wachstumsmaschinerie in

Gang halten, am Ende alle vorankommen werden. Wir übersehen, ja verdrängen Fragen der Anrechte. Die Unterklasse ist lästig, aber wahrscheinlich unvermeidlich. Sieben oder acht Prozent Arbeitslose sind unangenehm, aber wahrscheinlich eine natürliche Rate. »Belindien« ist beunruhigend, aber wenn wir »Belgien« in Gang halten, wird »Indien« eines Tages folgen. So formuliert, sind die Annahmen allesamt falsch. Es ist durchaus möglich, daß die Besitzenden ihre Lage verbessern, ohne daß die Nichtbesitzenden ihnen auch nur ein paar Schritte weit folgen. Dies gilt insbesondere, wenn die Besitzenden die Mehrheit sind — wie das in den OECD-Ländern heute der Fall ist — und die Nichtbesitzenden als bloß vorübergehende Nebenwirkung, als ein Ärgernis, das demnächst verschwindet, erscheinen. Nichts ist leichter, als Anrechtsfragen auszuweichen.

Hier kommt dann aber der andere Fehler, jener der Aktion, ins Spiel. Eine meiner Thesen ist es, daß Wachstum nur die notwendige Bedingung des Strukturwandels in Freiheit ist. Das ist nicht mißzuverstehen. Stabiles Wachstum ist wünschenswert und lohnt die Mühe von Regierungen und anderen wirtschaftlichen und politischen Akteuren. Aber es darf nicht zum Alibi für Untätigkeit im Hinblick auf Anrechte werden. Sogar die Vorstellung, daß wir zunächst Wachstum brauchen und uns dann um alles andere kümmern können, riskiert es, die sozialen Fragen der Gesellschaften der Welt nicht zu lösen, sondern zu verschlimmern. Man kann den neuen Führern der Dritten Welt keinen schlechteren Rat geben als den, daß sie mit ihren Strukturreformen warten sollen, bis das wirtschaftliche Klima besser wird. Selbst in den reichen Ländern laufen reine Wachstumsstrategien Gefahr, jene tiefgehenden Zweifel zu verstärken, für die die Ausgrenzung der Unterklasse ein wichtiges Symptom ist. Notwendiger Wandel läßt sich nur unter Bedingungen des Wachstums zustande bringen, aber Wachstum ist kein Ersatz für notwendigen Strukturwandel. Die Strategien, die wir zum Überleben in Freiheit und Wohlstand brauchen, sind durchaus komplex. Daher tun wir gut daran, sie jetzt in Angriff zu nehmen.

7 Die Rolle des Staates
im Wandel sozialer Strukturen

Moderne Gesellschaften finden sich typisch vor zwei Arten von Aufgaben, die häufig schwer miteinander vereinbar sind. Sie müssen *erstens* Mittel und Wege finden, um ihren Mitgliedern gewisse Grundrechte der Teilnahme oder Staatsbürgerrechte zu garantieren. Zu diesem gehört als Minimum die Gleichheit vor dem Gesetz, also die Abschaffung formeller Vorrechte. In fortgeschritteneren Gesellschaften kommen noch andere Elemente zu dieser Grundgleichheit hinzu. Das ist zunächst die politische Mobilisierung, häufig in Form von politischer Teilnahme (allgemeines Wahlrecht, Koalitionsfreiheit). Ein weiteres Element ist komplizierter; es ist die Etablierung gewisser sozialer Staatsbürgerrechte, das heißt eines Wohlfahrtsniveaus, unter das niemand fallen darf (der Wohlfahrts- oder Sozialstaat). Solche Staatsbürgerrechte bilden eine Menge von *Anrechten*, wie wir sie nennen werden (obwohl andere Begriffe möglich wären, einschließlich von »Staatsbürgerschaft« oder auch »Demokratie« im Sinne von Tocqueville.

Moderne Gesellschaften müssen *zweitens* Mittel und Wege finden, um ihren Mitgliedern einen befriedigenden und vielleicht ständig wachsenden Lebensstandard zu garantieren. Die Menge und Vielfalt der Güter und Dienstleistungen wie auch gewisser anderer Elemente der Wohlfahrt muß zunehmen, oder jedenfalls darf sie nicht abnehmen. (Auch ein in diesem Sinn stabiler oder statischer Zustand verlangt Anpassungen, Veränderungen, insoweit Entwicklung und Fortschritt.) Verbesserungen der Wohlfahrt hängen von vielen Faktoren ab, darunter technischen Neuerungen, rationaler Organisation, aber auch unternehmerischer Initiative. Solche Verbesserungen werden wir unter dem Begriff *Wachstum* fassen (ob-

wohl es auch hier andere Beschreibungen gäbe, von »Angebot« bis
zum »Volkswohlstand«)[1].

In der kritischen Periode der modernen Sozialgeschichte, den letzten Jahrzehnten des achtzehnten Jahrhunderts, wurden beide Elemente dominant in jener Welt, die wir heute die westliche nennen.
Manche meinen, daß die beiden damals gemeinsam auftraten; von
Nicht-Historikern werden die Französische Revolution und die Industrielle Revolution oft als ein und derselbe Prozeß angesehen.
Tatsächlich waren sie das nicht. Frankreich brauchte Jahrzehnte,
um sich von den wirtschaftlichen Folgen von 1789 zu erholen, und
die Industrielle Revolution in England fand ein Jahrhundert nach
der »Glorreichen Revolution« der 1680er Jahre statt. Der Konflikt
zwischen Anrechten und Wachstum oder politischer Modernität
und wirtschaftlicher Modernität ist also alt und möglicherweise endemisch. Dennoch gehören die beiden zusammen. Modernes Wirtschaftswachstum setzt einen Markt gleichrangiger Teilnehmer voraus; es fördert aber auch die Ausbreitung von Wohlfahrt. Staatsbürgerrechte sind andererseits sowohl Bedingung als auch Auswirkung
des wachsenden Volkswohlstandes. Die Tatsache, daß die beiden in
ungleichen und zuweilen widersprüchlichen Etappen vorangeschritten sind, bedeutet nicht, daß man Anrechte ohne Wohlfahrt oder
Wohlfahrt ohne Anrechte haben kann.

Diese allgemeinen Bemerkungen sind unmittelbar relevant für unser Verständnis der Rolle des Staates in der modernen Welt. Lange
Zeit war die Annahme verbreitet, daß Regierungen zwar für Anrechte zuständig sind, Wachstum aber spontanen Kräften entspringt. Daher galt der Bereich des staatlichen Handelns als beschränkt auf rechtliche und im strengen Sinn politische, später in
begrenztem Maße auch auf soziale Fragen, während wirtschaftliche
Dinge ausgespart blieben. Regierungen hatten es mit Spielregeln zu
tun, das Spiel selbst aber blieb den Akteuren des Marktes überlas-
sen. Das war die Theorie des »Nachtwächterstaates« oder doch des
laissez faire, laissez aller[2].

Es ist wichtig anzumerken, daß es nicht viele Stellen gab, an denen
diese Theorie praktiziert wurde. Man könnte sogar argumentieren,
daß sie außerhalb der Vereinigten Staaten und möglicherweise

Großbritanniens nie Anwendung gefunden hat. Die meisten, die später in die moderne Welt eintraten, brachten aus vormodernen Zeiten einen stärkeren Staat mit. Späte Industrialisierung hieß zumeist staatliche Industrialisierung. Im neunzehnten und frühen zwanzigsten Jahrhundert wurde sie vor allem von Regierungen mit quasi-feudalen Werthaltungen angeregt. Diese regten das Wachstum von oben an und benutzten große Unternehmen, oft Banken, um es in Gang zu bringen; zugleich garantierten sie nicht etwa Staatsbürgerrechte, sondern teilten patriarchalische Wohlfahrt in gezielten Rationen aus. In jüngerer Zeit wurde dann ein Entwicklungssozialismus zum typischen Muster, in dem ebenfalls der Staat als Förderer des Wachstums fungierte, wie er dies noch heute in vielen Teilen der Welt tut), wenngleich es nun Bürokratien von der Art der *Nomenklatura* und nicht traditionelle soziale Stände sind, die das System in Gang halten. Gleichheit bedeutet unter diesen Umständen die graue Eintönigkeit von Untertanen, die zwar mobilisiert werden, aber keinerlei Teilnahmerechte haben. Es gibt Varianten solcher Modelle, die die folgende Analyse komplizieren.

In der Zeit zwischen dem Ersten und dem Zweiten Weltkrieg und vor allem im Zusammenhang mit der Weltwirtschaftskrise zerbrach die lehrbuchhafte Arbeitsteilung von Staat und Markt. Nun schien der Markt für zu viele Menschen zu versagen und dadurch die soziale und politische Struktur von Ländern zu bedrohen. Gelegentlich hört man, daß tatsächlich Regierungen (und in manchen Fällen Zentralbanken) die Krise der frühen dreißiger Jahre zu verantworten haben; doch war damals die vorherrschende Auffassung sicher die, daß der Staat den Dingen nicht einfach ihren Lauf lassen könne und dürfe. Fast überall fanden Staaten sich mit der Aufgabe des Wachstums (oder zumindest der Garantie eines Grundniveaus der Wohlfahrt) zusätzlich zu der der Anrechte belastet.

Es heißt, daß John Maynard Keynes sich dieser neuen Aufgabenstellung angenommen hat. Über die Behauptung kann man streiten. Da ist die Frage des Unterschieds zwischen Keynes und keynesianischer Politik; in der hat niemand das, was in seinem Namen geschieht, ganz unter Kontrolle. Da ist die Tatsache, daß in den dreißiger Jahren die von Keynes vorgeschlagene Politik nirgends wirklich akzeptiert wurde; sie wurde erst bestimmend in den sechziger Jahren oder allgemeiner in der Zeit nach dem Zweiten Weltkrieg. Aber trotz aller historischen Verfeinerungen und Ergänzungen bleibt es doch richtig, von einer verbreiteten Überzeugung zu sprechen, wonach Regierungen das Anrechtsniveau heben mußten, wenn sie Wachstum fördern wollten. Anders ausgedrückt hatte der Staat nun Verantwortung nicht nur für Anrechte, sondern auch für Wachstum und mußte beide im Zusammenhang sehen. Durch Stimulierung der Nachfrage mit einem Fächer von Maßnahmen wurde der Wachstumsprozeß wieder in Gang gesetzt. Das bedeutete, im Gegensatz zum »Nachtwächterstaat«, den »Starken Staat«[3]. Die Entwicklung des Starken Staates in den fünfziger und sechziger Jahren läßt sich auf mancherlei Art beschreiben. Unser Ansatz hier betont die Verschiebung in den Staatsfunktionen. Von Schiedsrichtern im Wirtschaftsspiel wurden Regierungen zu Mitspielern. Das hatte eine Reihe von heute vertrauten Veränderungen zur Folge. Die öffentliche Ausgabenlast stieg, und eine neue Einstellung zur Staatsverschuldung setzte sich durch. Der Anteil des Staates am Bruttosozialprodukt nahm laufend zu, und dies auch in Ländern, die sich zum freien Spiel der Marktkräfte bekannten. Die Steuerlast stieg auf neue Höhen. Die Zahl der direkt oder indirekt vom Staat Beschäftigten erhöhte sich massiv. Zugleich veränderten sich die vorherrschenden Wertvorstellungen; das hoffnungsvolle oder auch widerwillige Vertrauen auf die eigenen Kräfte machte der Erwartung Platz, daß der Staat schon für die Lösung der Probleme sorgen wird und das auch tun sollte.

In den OECD-Ländern waren die sechziger und siebziger Jahre wahrscheinlich die Hochzeit des Starken Staates. Doch brachte die neue Formel bald ihre eigenen Probleme hervor. Mit den Vokabeln ausgedrückt, mit denen wir diese Analyse begonnen haben, wurden zwei beunruhigende Entdeckungen gemacht.

Die erste war, daß die erweiterten Anrechtssysteme sich nicht aufrechterhalten ließen, die der Prozeß der Staatsbürgerschaft und der Wunsch, so viele Menschen wie möglich am Wirtschaftsprozeß teilnehmen zu sehen, hervorgebracht hatte. Auf einmal erschien der Sozialstaat gefährdet. Sowohl die Kosten- als auch die Leistungsseite der Sozialpolitik riefen schwerwiegende Fragen wach (die nicht ohne Bezug sind auf die Zweifel am Fortdauern des Wirtschaftswachstums). Es stellte sich heraus, daß in die Sozialausgaben Steigerungsfaktoren eingebaut sind, die selbst in der Theorie alle Dimensionen der Praktikabilität übersteigen. Zudem nahmen die für Sozialpolitik verfügbaren öffentlichen Mittel nicht mehr in nennenswertem Umfang zu. Eine gründliche Überprüfung des Sozialstaates wurde unvermeidlich.

Die zweite Entdeckung war, daß der Starke Staat selbst sich als Wachstumshindernis erwies. Der Starke Staat bedeutete nicht nur Bürokratie; er bedeutete auch die Ausbreitung eines mächtigen Apparats von Regeln und Instanzen, der Initiative und Innovation erstickt. Zumindest ist dies die europäische Erfahrung. In den Vereinigten Staaten ist der Kartellbildung von Interessengruppen eine ähnliche Wirkung zugeschrieben worden (vgl. 113). Auf die eine oder andere Weise wurden »soziale Rigiditäten« zu einem Hauptgrund der wirtschaftlichen Stagnation. Eine Phase des ständig zunehmenden Staatsengagements in Wirtschaftsdingen kam unter Druck und ließ sich nicht mehr durchhalten.

Als dies geschah, gab es jedoch keine klare Analyse des richtigen Weges vorwärts. Die siebziger und frühen achtziger Jahre brachten eine Mehrzahl von praktischen und theoretischen Antworten hervor. Die praktischen Antworten waren zumeist sozialdemokratisch[4]. Bei ihnen ging es um Detailkorrekturen an dem bestehenden Gleichgewicht von Anrechten und Wachstum ohne Aufgabe der »keynesianischen« Grundsätze. Andere, theoretischer Gestimmte, versuchten, Keynes auf den Kopf zu stellen, und empfahlen eine Wirtschaftspolitik, die die »Angebotsseite« auch auf die Gefahr hin betont, daß dabei Anrechte gefährdet werden; manche nennen diesen Ansatz neokonservativ (vgl. 151). Jenseits aller Theorie wurden in fast allen OECD-Ländern bestimmte Maßnahmen ergriffen: Steigende öffentliche Ausgaben galten nun als Problem; es wurde versucht, zumindest die Steigerungsrate zu reduzieren. Sozialausgaben wurden besonders genau unter die Lupe genommen. In mehreren Ländern fand eine Tendenz zur Privatisierung und Deregulierung öffentliche Unterstützung. Steuersysteme und insbesondere das Niveau der Besteuerung wurden in der Absicht überprüft, dem einzelnen stärkere Anreize zu geben. Es erwachte ein neues Interesse an den Chancen der technischen Entwicklung vor allem als Quelle der Innovation.

Insoweit solche Maßnahmen ein gemeinsames Thema haben, läßt es sich am ehesten unter dem Stichwort »weniger Staat« resümieren. Die Forderung entsprach der verbreiteten Skepsis im Hinblick auf die Fähigkeit von Regierungen, mit wichtigen Problemen fertig zu werden. Diese Skepsis fand auf verschiedene Weise ihren Ausdruck. An einem Ende des politischen Spektrums verlangten einigermaßen selbstbewußte soziale Gruppen (wie die bereits erwähnten *yuppies*[5]) mehr Raum für Initiative und die Reduktion bürokratischer Hemmnisse. Auf der anderen Seite suchten ressentimentgeladene Gruppen von jungen Leuten ihre eigenen (»alternativen«) Wege heraus aus den modernen Staatsgesellschaften. Meinungsumfragen zeigten eine wachsende Desillusionierung mit Regierungen und »dem Staat«, auch wenn keine Alternativen sichtbar wurden. James Alt argumentierte in seinem Buch über die »Politik des wirtschaftlichen Niederganges«, daß es lange Zeit ein Auseinanderklaffen zwischen persönlichem Wohlbefinden und dem Eindruck gegeben hätte, daß es dem Land nicht sonderlich gut geht, nunmehr aber die beiden Erfahrungen sich vereinigten. Immer mehr Menschen befürchteten persönliche Konsequenzen aus der öffentlichen Misere, woraus eine »Vertrauenslücke« zwischen Bürgern und Regierungen entsprang (3). Die von Ronald Inglehart in einer vielzitierten Studie geschilderten Wertwandlungen schlossen einen neuen Zweifel an öffentlichen Institutionen ein (74). »Regierbarkeit« und »Legitimität« wurden Themen der politischen Diskussion. Alte politische Parteien nahmen solche Wandlungen programmatisch auf; neue entstanden mit einem Programm der Dezentralisierung und der Bürgerinitiativen.

Es ist relevant, hier anzumerken, daß auch der Schwerpunkt der politischen Theorie sich verlagerte. In gewisser Weise war John Rawls der letzte Theoretiker des Starken Staates (124), wenn auch ein durchaus vorsichtiger Advokat der öffentlichen Tätigkeit. Robert Nozick plädierte indes für den »Minimalstaat« an Stelle des

Starken Staates (110). James Buchanan, Gordon Tullock und andere »Vertragstheoretiker« fragten nach der Rechtfertigung des Staates überhaupt und kamen zu dem Schluß, daß es nicht viele Gründe für einen mehr als elementaren Gesellschaftsvertrag gibt (19). Samuel Huntington, Michel Crozier und andere verwiesen auf die von der »Überlastung« des Staates ausgehenden Risiken für die Demokratie (27). Mancur Olsons düstere Prognose des Niederganges von allzu starren Nationen implizierte das Erfordernis, bürokratisierte und kartellisierte Strukturen aufzulockern (113).

Die Tendenz ist also klar, wenn man auch aufpassen muß, sie nicht zu übertreiben. Insbesondere neokonservative Regierungen haben die sozialdemokratische Realität moderner Gesellschaften bemerkenswert widerstandsfähig gefunden. Die meisten von ihnen betrachten es schon als Erfolg, wenn es ihnen gelingt, die Wachstumsraten der Ausgaben und des Wirkungsbereichs des Staates zu verringern. Überdies gibt es auch Gegentendenzen. (Und natürlich gibt es hier wie sonst wichtige Unterschiede zwischen den drei Ecken der OECD-Welt, Europa, den Vereinigten Staaten und Japan.) Die These ist wahrscheinlich vertretbar, daß die meisten OECD-Länder in der zweiten Hälfte der achtziger Jahre mitten in einem Prozeß des Aussortierens von Fragen und Antworten stehen, was die Rolle des Staates betrifft. Klare Kriterien sind dabei noch nicht erkennbar. Die Grundrichtung mag zwar auf weniger Staat zielen, aber wie das Ziel zu erreichen ist und wie weit der Versuch getrieben werden soll, ist keineswegs klar.

Für solche Zweifel gibt es Gründe, die uns zum Hauptthema dieser Argumentation zurückführen. Wenn wir uns die Themen von Staatsbürgerschaft und Wohlstand oder Anrechten und Wachstum in der OECD-Welt am Ende der achtziger Jahre unter dem Aspekt der Rolle des Staates ansehen, dann zeigt sich ein Bild unaufgelöster Widersprüche.

Nehmen wir zunächst die Frage der Anrechte. Einer der auffälligen Züge entwickelter Gesellschaften heute ist ihre offenbare Unfähigkeit, allen Bürgern ihre Wohlfahrtschancen oder auch nur ihre Teilnahmechancen zukommen zu lassen. Für dieses Phänomen gibt es mehrere Symptome. Eines davon ist die Arbeitslosigkeit. In vielen

OECD-Gesellschaften sind die Arbeitslosenraten auf ein weithin als unerträglich empfundenes Niveau gestiegen. Das gilt vor allem in Ländern, in denen die langfristige Arbeitslosigkeit hoch ist oder große Gruppen, wie vor allem junge Menschen, unverhältnismäßig hohe Arbeitslosenraten aufweisen. Durchweg verbirgt die Neigung, sieben oder acht Prozent Arbeitslose als unter wirtschaftlichen Aspekten normal zu betrachten, ein soziales Problem von beträchtlicher Größenordnung. Arbeitslosigkeit fällt häufig mit einem zweiten Symptom fehlender Anrechte, der Armut, zusammen. Gleichgültig, ob man von einer »neuen« Armut spricht oder nicht, ist in manchen Ländern der Anteil der Bevölkerung, dessen Lebensstandard unter ein akzeptables Minimum fällt, erheblich. Es gibt Gegenbeispiele, wie Schweden; aber es gibt auch große Länder wie die Vereinigten Staaten und Großbritannien, in denen Arbeitslosigkeit und Armut sich in bestimmten geographischen Bereichen (vor allem den inneren Städten) konzentrieren, wo sie überdies verbunden sind mit einem niedrigen Bildungsstand, hohen Verbrechensraten und anderen »Sozialpathologien«.

Hinter solchen Symptomen wird eine merkwürdige und wichtige Tendenz erkennbar. Im Prinzip sind die Anrechte moderner Gesellschaften – die Staatsbürgerrechte – allgemein. Niemand sollte von ihnen ausgenommen sein. Tatsächlich ist ein solcher Zustand nirgends je erreicht worden. Aber in manchen Ländern und von einem bestimmten Punkt an hat eine Art Tendenzwende stattgefunden. Fast könnte man meinen, die grundlegenden Anrechte seien so knapp geworden, daß diejenigen, die sich stark genug fühlten, sie für sich zu erhalten, die Reihen geschlossen und andere in einer schwächeren Position ausgegrenzt haben. Die Staatsbürgergesellschaft ist so zur neuen Klassengesellschaft geworden, mit einer Mehrheitsklasse in einer Stellung relativen Vorrechts und einer Unterklasse in einer Stellung des Ausschlusses. In zunehmendem Maße ist überdies eine Grauzone derer entstanden, die halb drinnen und halb draußen oder zeitweise drinnen und zeitweise draußen sind. Jedenfalls aber ist die volle Mitgliedschaft in der Gesellschaft, sind daher volle Teilnahmechancen keine Selbstverständlichkeiten mehr.

Ein solcher Zustand kann lange Zeit andauern. Die Mehrheitsklasse bildet ja wirklich die Mehrheit; selbst im schlimmsten Fall
gehören wahrscheinlich achtzig Prozent der Bevölkerung zu ihr[6].
Überdies ist die Minderheit der Unterklasse ihrem ganzen Wesen
nach keine revolutionäre Kraft. Sie ist eher lethargisch als aggressiv;
wenn sie aggressiv wird, geschieht das eher in Form des situations-
gebundenen Protestes (Demonstrationen) oder der individuellen
Normenverletzung (Verbrechen). Da es für entwickelte Volkswirtschaften möglich ist, erhebliche Wachstumsraten zu produzieren,
ohne daß Vollbeschäftigung herrscht, und da die große Mehrheit
ihren Lebensstandard trotz lästiger Taschen der Armut verbessern
kann, gibt es auch keinen rechten Anreiz zur Veränderung der Lage.
Überdies sind die meisten Interessengruppen und Bürokratien sehr
wirksame Organisationen zur Verteidigung der Interessen der
Mehrheitsklasse geworden. Selbst wenn sie die üblichen Töne der
Mißbilligung des Schicksals der Arbeitslosen oder der Armen von
sich geben, verrät ihr Handeln doch das wirkliche Interesse ihrer
Mitglieder an der Erhaltung eines Status quo, in dem es der Mehrheit nicht schlecht geht.

Unter diesen Umständen kann es nicht überraschen, daß eine politische Denkschule sich von einer Einstellung leiten läßt, die man nur
als wohlwollende Vernachlässigung des Problems beschreiben kann.
Ihre Vertreter werden das so nicht sagen; aber hier wie auch sonst
sprechen Taten eine deutlichere Sprache als Worte. Bezeichnender-
weise konzentrieren sich diese Taten auf wirtschaftliches Wachstum
und Expansion. Wenn nur die Wachstumsmaschine in Gang gehalten
werden kann (so wird diese Haltung rationalisiert), muß das am Ende
allen zugute kommen. Die Arbeitslosigkeit wird verschwinden, und
an die Stelle der Armut wird ein bescheidener Wohlstand treten. Der
Schlüssel zu dieser Haltung ist, daß die Fragen der Arbeitslosigkeit
und der Armut nicht als eigene Anrechtsfragen verstanden werden.
Sie werden als Nebenwirkungen der Wirtschaftsentwicklung oder
vielmehr ihrer Schwäche gesehen. Die Wirtschaftsentwicklung ihrerseits wird (zumindest von dieser Denkschule) nicht als Thema der
Regierungstätigkeit betrachtet. Das aber bedeutet, daß Anrechtspro-
bleme aus dem Aufgabenkatalog des Staates herausdefiniert werden.

Gewiß gibt es eine andere politische Denkschule. Deren Argumentation besagt, daß Arbeitslosigkeit und Armut staatliches Handeln auch über das Schmieren der Wachstumsmaschinerie hinaus verlangen. Es ist nicht immer ganz deutlich, welche Art von Handeln die Verfechter dieser Richtung im Sinn haben. Manche wollen die Nachfragesteuerung möglicherweise in neuer Form wiederbeleben; andere denken an staatliche Programme der Schaffung von Arbeitsplätzen; manche wollen die Wirtschaftätigkeit des öffentlichen Sektors verstärken; andere verlassen sich auf Maßnahmen der Umverteilung; die meisten suchen eine Kombination von diesen und noch weiteren Ansätzen – aber alle fordern ein Anwachsen der Staatstätigkeit. Und wenn auch viele Menschen heute Zweifel an der Fähigkeit von Regierungen haben, mit Problemen fertig zu werden, findet diese Position doch beträchtliche Unterstützung.

So sehen wir uns im Hinblick auf Anrechte vor einem verwirrenden Bild, in dem die Forderung nach weniger und die Forderung nach mehr Staat miteinander konkurrieren. Dasselbe gilt im Hinblick auf Wachstum. Seit den frühen siebziger Jahren ist das Wirtschaftswachstum nicht mehr einfach eine Tatsache, sondern ein Thema der öffentlichen Diskussion. Seitdem haben manche bezweifelt, ob es auch weiterhin wünschenswert, andere, ob es möglich ist, und viele haben sich gefragt, ob der Prozeß der wirtschaftlichen Expansion, der die fünfundzwanzig oder dreißig Jahre nach dem Zweiten Weltkrieg gekennzeichnet hat, so weitergehen kann. Fast alle OECD-Länder haben Jahre des »negativen Wachstums« erlebt; die Diskussion hat also eine durchaus reale Grundlage. Nebenwirkungen des Wachstums haben begonnen, im öffentlichen Bewußtsein eine zunehmende Rolle zu spielen. Sie reichen von sterbenden Wäldern bis zu nuklearen Unfällen und weiter bis zur Wirkung der Wachstumsmentalität auf das Selbstverständnis und Wertbewußtsein der Menschen.

Hier ist es wichtig anzumerken, daß die siebziger und achtziger Jahre auch die Zeit waren, in der die internationale Dimension des Wirtschaftswachstums ins allgemeine Bewußtsein gerückt ist. Seit den Ölschocks ist die »Weltwirtschaft« zu einer Kraft geworden, die niemand ungestraft ignoriert. Wo immer das Thema des Wachstums aufgegriffen wird, fehlt es nicht an Hinweisen auf Konkurrenzvorteile und -nachteile, notwendige Anpassungsprozesse, neue regionale Gewichtsverteilungen, aufsteigende und alte Industrieländer. Ein Weltwährungsgefüge, das den Namen System nicht mehr verdient, spiegelt solche Interdependenzen wider.

Warum ist Wachstum zum Problem geworden? Die meisten Erklärungen greifen zurück auf Faktoren wie Rigidität, Unbeweglichkeit, Inflexibilität oder auch Ermüdung, Kraftlosigkeit, fehlende Initiative. Langsames Wachstum wird aus Nebenwirkungen der Erfolge der Vergangenheit erklärt, aus der Größenordnung der Wirtschaftseinheiten, der Bürokratisierung der Wirtschaftspolitik und einer gewissen Lässigkeit, die der Gewohnheit der Umverteilung entspringt. Olson hat dieses Syndrom vor allem in Europa und den Vereinigten Staaten lokalisiert (113); Giersch hat zuerst von der »Eurosklerose« gesprochen (57); viele andere stellen die *nics,* die neu industrialisierenden Länder Ost- und Südostasiens der OECD-Welt gegenüber. Was immer die Erklärung am Ende sein mag, Wachstum ist zum zweiten großen Problem geworden, das die Politik der fortgeschrittenen Länder beherrscht. Weithin wird die Metapher des Radfahrers verwendet, der umfällt, wenn er aufhört, in die Pedale zu treten und sich vorwärts zu bewegen.

Doch gibt es wiederum unterschiedliche Denkschulen, wenn es darum geht, den Radfahrer wieder in Bewegung zu bringen. Auch sie haben viel zu tun mit der Rolle des Staates. Eine Auffassung beginnt mit Schumpeters These, daß Initiative und Innovation die Aufgaben von Unternehmern sind und daß daher nichts wichtiger ist, als unternehmerische Initiative von allen Fesseln, die ihr heute auferlegt sind, zu befreien (vgl. 134). Das bedeutet die (Wieder-) Herstellung von Anreizen durch Steuersysteme, die Menschen zur Leistung und zum Geldverdienen ermutigen, durch größere Flexibilität aller Produktionsfaktoren, doch vor allem durch die Betonung der Arbeit und die Wiederbelebung des Leistungsdenkens überhaupt. Solche Anreize lassen sich nur dadurch schaffen, daß der Staat sich aus Tätigkeitsbereichen zurückzieht. Deregulierung, Privatisierung, die Beschränkung der Sozialleistungen und der Verzicht auf Subventionen sind nur einige Beispiele.

Die andere Auffassung sieht den Staat als wichtigen Akteur im Wachstumsprozeß. Für manche ist das nur die Weiterführung der Tätigkeit des starken Staates: die Stimulierung des Wachstums durch große Projekte zur Entwicklung der Infrastruktur oder durch Anregung der Bauindustrie oder zumindest durch die Umverteilung von Geldern von der Zentralregierung zu den Gemeinden. Andere legen den Akzent stärker auf die Technologie. Sie glauben, daß zum gegenwärtigen Zeitpunkt die wichtigste Antriebskraft des Wachstums technisch ist (»Informationsgesellschaft«) und daß die technische Entwicklung heute eine Größenordnung hat, die Regierungshandeln verlangt: Ausbildungsprogramme, Subventionen, Großprojekte der Forschung und Entwicklung.

Es gibt Kombinationen dieser Auffassungen. Vor allem aber lassen sie sich nicht einfach mit traditionellen politischen Positionen identifizieren. Ist es bloßer Zufall, daß es in einer Reihe von OECD-Ländern Tendenzen zu einer Allparteienkoalition der Programmatik, wenn schon nicht der Regierungen gibt?[7] Unter dem Aspekt der Rolle des Staates sind die Auffassungen jedoch unvereinbar. Daraus folgt vor allem der Schluß, daß es in den späten achtziger Jahren keine vorherrschende Auffassung von der Rolle des Staates gibt. Nicht einmal die Forderung nach weniger Staat findet allgemein Unterstützung. Wenn es überhaupt eine Formulierung gibt, die das beschreibt, was weithin gesucht wird, dann könnte es die einer »neuen« oder »anderen Art von Staat« sein – aber wie neu oder anders, bleibt eine weit offene Frage.

Diese Frage wird vermutlich nicht theoretisch beantwortet werden, sondern durch die Praxis. Ohnehin ist es ja nicht die Rolle des Staates, auf die es ankommt, sondern die Fähigkeit des Staates, mit wichtigen Fragen fertig zu werden. In der hier vorgeschlagenen Sprache sind solche wichtigen Fragen (zumindest in der inneren Politik) entweder auf Anrechte oder auf Wachstum oder auch auf beide bezogen. In der Tat ist es wahrscheinlich das Merkmal strategischer Themen, daß sie Anrechte und Wachstum miteinander verbinden und daß ihre Lösungen beide voranbringen. Die Zukunft der Arbeit in der OECD-Welt ist in diesem Sinne ein strategisches Thema.

Manche meinen, die Fragen der Arbeit seien von vorübergehender Natur, wenn sie überhaupt Fragen sind. Wachstum plus Ausbildung (so sagen sie) wird die Arbeitslosigkeit, von einem nicht zu bewältigenden Rest abgesehen, beseitigen; ohnehin gibt es mehr als genug zu tun für alle. Eine solche Auffassung (wie sie in den Vereinigten Staaten weit verbreitet ist, aber auch in Europa gefunden werden kann) übersieht die tieferen Fragen, um die es geht. Sie lassen sich so formulieren: Arbeit im Sinne von bezahlter Beschäftigung *(jobs)* war der Schlüssel sowohl zu den Anrechtsstrukturen moderner Gesellschaften als auch zu ihrem Wachstumspotential. Zugleich haben soziale, wirtschaftliche und technische Faktoren sich zu einer Kraft der Reduktion der Rolle der Arbeit im Leben der Menschen verbündet. Das Ergebnis ist, daß in einem bestimmten Sinne Arbeit knapp geworden ist. Dieser Prozeß hat eine oder mehrere der folgenden Wirkungen: Gesellschaften spalten sich in die Mehrheit derer, die Arbeit *(jobs)* haben und verteidigen, und die Minderheit derer, die draußen bleiben (Arbeitslosigkeit). Gesellschaften spalten sich in diejenigen, die sichere und gutbezahlte Arbeitsplätze haben, und diejenigen mit unsicheren, schlechtbezahlten Stellen (Armut). Es entsteht eine Kategorie von nahezu nicht zu beschäftigenden Menschen, die fünf bis zehn Prozent der Bevölkerung umfaßt (Unterklasse). Eine wachsende Zahl von Menschen erlebt ihr Leben als nicht mehr durch den Zeitplan der Arbeit strukturiert; die Folge ist Desorientierung und Anfälligkeit für falsche Götter (Anomie). Lebensphasen ohne Arbeit (Ausbildung, Pensionsalter) werden über die Wünsche und Fähigkeiten von Menschen hinaus ausgeweitet. Arbeitsbezogene Anrechtsstrukturen (Lohnnebenkosten) lassen sich wegen des Mißverhältnisses von Kostenerfordernissen und verfügbaren Arbeitsplätzen nicht mehr aufrechterhalten. Wachstum und Beschäftigung werden voneinander abgekoppelt (vor allem in der Produktion), was sowohl Beschäftigungsstrukturen als auch die Einkommensverteilung beeinflußt.

Man könnte diese Liste von möglichen – und in vielen Fällen wirklichen – Folgen des Wandels in der Rolle der Arbeit in OECD-Gesellschaften noch fortsetzen. Die Liste und die ihr zugrundeliegende These lassen viele Fragen offen, die im gegenwärtigen Zusammenhang unbeantwortet bleiben müssen. Die Zukunft der Arbeit ist hier ja nur ein Beispiel für ein strategisches Thema, das bewältigt werden muß und dessen Bewältigung etwas darüber aussagt, wie die Rolle des Staates in absehbarer Zeit aussehen wird.

Was zu tun ist, um mit dem Thema der Arbeit fertig zu werden, ist nicht sehr schwer zu erkennen. Solange bezahlte Berufstätigkeit direkt oder indirekt die Hauptquelle des Einkommens von Menschen ist, muß jede Anstrengung unternommen werden, um sicherzustellen, daß niemand systematisch aus der Arbeitswelt herausdefiniert wird. Zugleich muß jeder Bürger in der Lage sein, einen anständigen Lebensstandard (ein »Minimum«?) zu erreichen, sei es durch Arbeitseinkommen, sei es auf andere Weise. Bildung und Ausbildung müssen nicht nur auf sich wandelnde und komplexe Anforderungen des Berufes, sondern auch auf andere Erfordernisse des Lebens eingestellt werden. Neue Mittel und Wege müssen gefunden werden, um die Existenz von Menschen zu strukturieren, oder vielmehr, um Menschen in die Lage zu versetzen, ihren Tagen, Jahren, ihrem Leben Sinn zu geben.

Andere Ziele ließen sich der Liste hinzufügen. Indes, wer verfolgt sie, und wie? Da gibt es offenbar Dinge, die getan werden müssen, und andere, die geschehen müssen. Manche Dinge verlangen also bewußtes Handeln, während bei anderen eine ungeplante Entwicklung nötig ist. Von denen, die Handeln erfordern, geht es bei manchen um Regierungsentscheidungen, bei anderen um Tarifverhandlungen oder auch um eine Vielfalt lokaler Initiativen. Auch in dieser Hinsicht gibt es wichtige Unterschiede zwischen Ländern. Indes könnte man einer allgemeinen Antwort näherkommen, wenn es gelänge, strategische Veränderungen zu identifizieren, also politische Entscheidungen, die eine Hebelwirkung für weiterreichende Entwicklungen haben.

Dafür gibt es mehrere Kandidaten. Einer ist die Arbeitsmarktflexibilität. Manche meinen, daß die Lockerung der Sehnen und Muskeln des Arbeitsmarktes, ja die Schaffung eines eigentlichen Marktes im Bereich der Arbeit, viele der Prozesse in Gang setzen würde, die nötig sind, um die Fragen der Arbeit zu bewältigen. Die OECD-Expertengruppe, die das Thema untersucht hat, ist allerdings zu dem Schluß gekommen, daß solche Erwartungen wahrscheinlich übertrieben sind (111). Gewisse Verbesserungen der Flexibilität von Arbeitsmärkten haben wichtige, wenn auch am Ende bescheidene Resultate; eine Tendenz zur völligen Flexibilität fordert jedoch einen Preis an Sicherheit und Wohlfahrt, der mehr Anrechtsfragen stellt, als er löst.

Ein weiterer Kandidat für strategische Veränderungen heißt Bildung und Ausbildung. Für Unternehmer und Gewerkschaften ist das sogar der bevorzugte Kandidat, und sei es nur, weil er die Last des Handelns auf andere abwälzt, auf Lehrer oder auch Bildungspolitiker. Wiederum gilt zweifellos, daß Bildung und Ausbildung bei der Lösung der Arbeitsfragen eine Rolle spielen. Indes ist Bildung in aller Regel eher Konsequenz sozialer Entwicklungen als deren Voraussetzung. Es ist nicht leicht, Menschen für eine Welt auszubilden, die es noch nicht gibt[8].

Trotz der neuen Fragen, die die Reduktion der Rolle der Arbeit im Leben von Menschen aufwirft, befürworten manche, die der Arbeitswelt besonders nahe sind, nach wie vor eine Verkürzung der Arbeitszeit. Sie glauben, daß wir uns diese nicht nur leisten können, sondern daß sie sowohl zu einer besseren Verteilung der verfügbaren Arbeit als auch zu einem reicheren Leben für die Beschäftigten führen würde. Es ist jedoch unverkennbar, daß diese Meinung nur sehr begrenzt Unterstützung findet. Mehr und mehr Menschen haben Angst vor kürzerer Arbeitszeit und selbst vor einem kürzeren Arbeitsleben[9].

Diese Liste möglicher strategischer Veränderungen im Hinblick auf die Zukunft der Arbeit ist beispielhaft und nicht erschöpfend. Doch sollte ein weiterer Kandidat zumindest erwähnt werden, das garantierte Mindesteinkommen[10]. Wichtige Gruppen befürworten die Entkoppelung von Arbeit und Einkommen, zumindest aber Regelungen, die ausschließen, daß irgend jemand unter ein bestimmtes Einkommensniveau fällt. Dieses Ziel läßt sich auf unterschiedlichen Wegen erreichen, wobei eine »negative Einkommenssteuer« von vielen bevorzugt wird. Amerikanische Erfahrungen stellen vor allem die Frage, wie sich ein solches Grundeinkommen auf die Arbeitsmotivation auswirken würde. Aber der Vorschlag bleibt auf der Tagesordnung des Wandels.

Die Zukunft der Arbeit und die Möglichkeit strategischer Veränderungen sollten hier als Beispiel für das dienen, was wir den andersartigen Staat der neunziger Jahre genannt haben. Die Erörterung führt nicht zu sehr eindeutigen Schlüssen. Ein paar vorläufige Folgerungen sind dennoch am Platze.

Der zur lieben Gewohnheit gewordene Starke Staat kann so nicht bestehen bleiben. Er ist unerschwinglich, organisatorisch ineffizient und wird nicht in dem Maße von den Bürgern getragen, das nötig wäre, um Effektivität, wenn nicht Legitimität zu garantieren. Daher wird die Transformation des Wohlfahrtsstaates in den Sozialstaat der Zukunft unweigerlich eine neue Aufteilung von gesellschaftlicher und individueller Verantwortung mit sich bringen. Wahrscheinlich wird dazu auch ein Maß an Deregulierung und die Verringerung des Umfangs des öffentlichen Sektors als Quelle von Beschäftigungschancen gehören. Das wird in verschiedenen Ländern in unterschiedlichem Maße und meist ohne klares Konzept zustande kommen, doch wird es überall zu einem neuen Gleichgewicht von Staat und Markt führen.

Während es möglich ist, diesen Prozeß mit dem Stichwort »weniger Staat« zu beschreiben, wäre es falsch, vom »Minimalstaat« zu sprechen. Zu dieser Prognose berechtigt schon die Trägheit der Institutionen. Doch kommen inhaltliche Gründe hinzu. Selbst die weitgehend formalen Anrechte der Gleichheit vor dem Gesetz und der politischen Teilnahme verlangen in komplexen modernen Gesellschaften mehr als Verfassungsversprechungen. Institutionelle Garantien müssen die Gesetzgebung stützen; sie reichen von der Rechtshilfe bis zum öffentlichen Bildungswesen und von einem humanen System des Strafvollzugs bis zu Methoden der Parteienfinanzierung. Überdies wird zu einem neuen Sozialstaat immer auch ein Netz sozialer Sicherheit gehören, durch das im Prinzip niemand fallen darf. Der Gesellschaftsvertrag von morgen wird mit anderen Worten mehr Artikel und Paragraphen enthalten, als Nozick und Buchanan für gerechtfertigt halten, aber weniger, als Rawls es gerne sehen würde.

Das gilt um so ausgeprägter angesichts der Anrechtsfragen, die von den alten Problemlösungen mindestens so sehr begründet wie bewältigt werden. Weder die neue Arbeitslosigkeit noch die neue Armut lassen sich durch die herkömmlichen Instrumente des Wohlfahrtsstaates beseitigen. Es ist überdies nicht leicht, das Interesse der Mehrheitsklasse an einer Hilfe für die Unterklasse zu definieren. Dabei handelt es sich wahrscheinlich mindestens so sehr um ein Interesse an sozialer Ordnung wie an wirtschaftlichem Vorankommen. Daher ist nicht nur Umverteilung nötig, sondern eine Geisteshaltung, zu der (zum Beispiel) die Bereitschaft der Beschäftigten gehört, zumindest einen Teil der Produktivitätssteigerungen nicht in höhere Löhne, sondern in Freizeit zu übersetzen. Die Instanzen des Zentralstaates und die traditionellen Methoden der Umverteilung sind für solche Wandlungen nicht sehr geeignet.

Auch im Hinblick auf Wachstum wird die Rolle des Staates eher die des Ferments und Geburtshelfers sein müssen. Der schlichte Rückzug bewirkt nicht genug, aber die schwere Hand des Staates muß leichter werden. Das kann durchaus Veränderungen des Steuersystems bedeuten, die nicht nur Initiative ermutigen, sondern auch die Transparenz und damit die Akzeptierbarkeit der Staatstätigkeit steigern. Vielleicht gehört in diesen Zusammenhang auch die Ermutigung des technischen Fortschritts durch geeignete Maßnahmen der Unterstützung von Forschung und Entwicklung.

Durchweg ist eine Art von Regierungshandeln erforderlich, für die es nur wenige Vorbilder gibt. Der andersartige Staat bedeutet sicher nicht die Rückkehr zum Nachtwächterstaat und auch nicht die zum Staat als Schiedsrichter. Zweifellos wird ein Element der Rolle des Spieler-Managers kennzeichnend für Regierungen in den meisten OECD-Ländern bleiben. Was aber vor allem erforderlich ist, ist der Staat als Garant der Anrechte der Staatsbürgerschaft und als Geburtshelfer des Wachstums. Dafür die angemessenen Strukturen zu finden ist bislang eine ganz und gar ungelöste Aufgabe.

Es wäre unvertretbar, diese Erörterung ohne einen Hinweis auf die internationale Dimension abzuschließen. Das Eindringen der »Weltwirtschaft« in Wachstumsfragen ist schon erwähnt worden. Indes ist die internationale Dimension der Anrechte mindestens so wichtig. Hunger ist (wie Amartya Sen uns gelehrt hat, vgl. 136) mindestens so sehr eine Sache von Anrechten wie von verfügbaren

Nahrungsmitteln. Die Entwicklung der Dritten Welt generell verlangt zuerst und vor allem wesentliche Veränderungen von Anrechtsstrukturen. Solange dort keine »Französische Revolution«
stattgefunden hat, wird jeder »Marshall-Plan« nur zur Stärkung von
Vorrechten führen, ohne daß zusätzliche Mittel zu den Vielen
durchfiltern. Südafrika stellt Anrechtsfragen. Doch sind, so dringend diese Themen auch sind, die internationalen Mittel zu ihrer
Bewältigung heute eher schwächer als in der Nachkriegszeit.

Das ist zum Teil einfach das Dilemma einer Welt, die eben keine
Weltgesellschaft ist. So etwas wie Weltbürgerschaft gibt es noch
nicht, und man kann sogar bezweifeln, ob es ein Korpus von Normen und Sanktionen gibt, das den Namen Völkerrecht verdient.
Infolgedessen hat die internationale Gemeinschaft eine gewisse, begrenzte Fähigkeit, Wachstumsprozesse zu fördern – oder zu be-
hindern –, aber sie ist machtlos, wenn es um Anrechte geht. Man
kann Nahrungsmittel nach Afrika schicken, aber es scheint unmöglich, irgend etwas an jenen eingefleischten Privilegien zu ändern,
die die regelmäßige Wiederkehr von Hungerkatastrophen erklären.
Handel mit Südafrika läßt sich reduzieren, aber solche Maßnahmen
haben keine unmittelbare Wirkung auf das System der *apartheid.*
Nahrungsmittelhilfe und Sanktionen können dennoch in gegebenen
Situationen die richtigen Maßnahmen sein; aber niemand sollte sich
über ihre Wirkungen Illusionen machen[11].

Es verbessert diesen melancholischen Zustand nicht, daß die Ru-
dimente eines internationalen Systems, die schon existierten, durch
die Stürme der siebziger Jahre erschüttert worden sind. Ebendie
Zeit, in der bestimmte Grundannahmen der inneren Politik zu brök-
keln begannen, hat auch die internationalen Institutionen der Nachkriegszeit als verletzbar erwiesen. Das gilt im Bereich der Währung,
wo der Zusammenbruch des Systems von Bretton Woods zunächst
von großen Hoffnungen auf die Fähigkeit eines Marktes fluktuie-
render Währungen begleitet war, ökonomischen Kräften angemessen Ausdruck zu geben; heute ist das Bedürfnis nach verläßlicheren
Spielregeln unverkennbar. Im Hinblick auf den Handel war ein beträchtlicher Teil der internationalen Aktivität seit dem Ende der
Kennedy-Runde defensiven Charakters; angesichts der wachsenden

Neigung zu oft versteckten Formen des Protektionismus war dies nur begrenzt erfolgreich. Was die Entwicklung der Unterentwickelten betrifft, so hat die Weltbank einen immer schwierigeren Kampf um (amerikanische) Gelder gekämpft; viele andere internationale Einrichtungen sind zu Stätten des verbalen Schlagabtauschs statt des konzertierten Handelns geworden. Es läßt sich schwerlich leugnen, daß das auch für die Vereinten Nationen zutrifft.

So steht die Welt vor einem beunruhigenden Paradox. Während die Wirkung dessen, was in einer Ecke der Welt geschieht, in allen anderen spürbar geworden ist, gibt es kein gemeinsames Band von Regeln, das solche Wirkungen genauer berechenbar macht. In internationalen Dingen sind wir nicht sehr weit von einem Hobbesschen Naturzustand entfernt, außer daß einige der Akteure in diesem Krieg aller gegen alle sehr viel stärker sind als die meisten anderen. In der Tat folgt aus dem Fehlen von Regeln, die alle binden, daß die Starken ständig stärker und die Schwachen schwächer werden. Das Ergebnis ist kein sehr befriedigender Stand der Dinge.

Es wäre falsch, diese Analyse mit einfachen Rezepten abzuschließen. Die Wahrscheinlichkeit spricht dafür, daß, was die Welt als Ganze betrifft, Immanuel Kants Traum des ewigen Friedens in einer Weltgesellschaft von Staatsbürgern noch für beträchtliche Zeit ein Traum bleiben wird[12]. Ebenso wahrscheinlich ist es, daß die OECD-Länder nicht etwa Strukturen für einen neu- und andersartigen Staat entwickeln, sondern mit eher zufälligen Abwandlungen des Starken Staates leben werden. Dennoch ist ein klarer Richtungssinn sowohl im Hinblick auf das Wahrscheinliche als auch in dem auf das Wünschenswerte nützlich. In der inneren Politik wird der andersartige Staat in mancher Hinsicht weniger Staat bedeuten; darüber hinaus sind die nächsten Schritte durch Versuch und Irrtum zu erkunden. In der internationalen Politik aber brauchen wir offenbar mehr Regierungstätigkeit, zumindest jedoch wirksamere Regeln und Instanzen zu ihrer Erzwingung.

8 Marktversagen und Staatsversagen: Anmerkungen zu James Buchanan

James Buchanan und seine Kollegen, darunter vor allem Gordon Tullock, haben seit der Veröffentlichung der Bücher *The Calculus of Consent* (1962) und *The Limits of Liberty* (1972) mit großer Konsequenz eine Thematik der Diskussion und ein Programm der Forschung definiert. Ich zögere nicht, diese als *die* Tagesordnung der Theorie der Politik in den 1970er und 1980er Jahren zu bezeichnen, obwohl nicht alle Beteiligten deren Definition durch Entscheidungstheoretiker und Verfassungsökonomen akzeptieren[1]. Ausgangspunkt dieses Programms ist die These, daß die Wendung der politischen Ökonomie zur Wohlfahrtsökonomie theoretisch wie praktisch gleichermaßen unbefriedigend war. Es ist den Wohlfahrtsökonomen nicht gelungen, ein überzeugendes (»Verteilungs«-)Maß für Zielsetzungen zu ersinnen. Zudem haben sie ebenso unrealistische wie unpraktikable Annahmen über das Wohlwollen und die Wohltätigkeit von Staat und Politik machen müssen. Tatsächlich ist die Politik nicht ein Korrektiv des Marktversagens im Namen eines gedachten Gemeinwohls, sondern eine Auseinandersetzung zwischen eigeninteressierten Akteuren mit einem fast unbegrenzten Potential an Ineffizienz und Fehlverteilung.

In seinem Aufsatz über »Marktversagen und politisches Versagen« unterstreicht Buchanan nun einen Aspekt seiner Position, der von besonderer Bedeutung ist (21). Die Versuchung ist ja groß, aus der Kritik der Wohlfahrtsökonomie zu schließen, daß es nur der Wiederherstellung des freien Spiels der Marktkräfte bedarf. Viele sind dieser Versuchung erlegen, Professor Buchanan jedoch nicht. Vielmehr ist der Titel seines Aufsatzes durchaus ernst zu nehmen: Marktversagen *und* politisches Versagen. »Implizit«, so sagt er sel-

ber, »läßt die Argumentation sich verstehen als Kritik der Naivität
sowohl der Wohlfahrtsökonomen mit ihrer These des Marktversagens als auch der Haltung des ›Der Markt funktioniert, die Politik
versagt‹ auf seiten vieler moderner Entscheidungstheoretiker und
Neoklassiker unter den Ökonomen. An idealisierten Maßstäben gemessen versagen beide, Märkte und Politik.« (21, S. 19) Wohin
kann die Reise dann noch gehen? Buchanan nennt seinen Aufsatz
bescheiden eine »Skizze für ein Forschungsprogramm«, doch ist
man nicht überrascht, in seiner Argumentation schon manche Antwort zu finden. Die folgenden Bemerkungen nehmen eine dieser
Antworten in der Absicht auf, die Argumentation etwas weiterzu-
führen. Dabei wähle ich teils aus Gründen der Kompetenz, teils aus
solchen der Präferenz eine weniger abstrakte und formale Methode
als James Buchanan.

Märkte sind nicht einfach selbsttragende, freischwebende Netze
von sich ständig neu kombinierenden Beziehungen; sie werden begrenzt, ja möglicherweise überhaupt erst konstituiert durch bestimmte Spielregeln. Buchanan spricht wie selbstverständlich von
»dem Markt vorangehenden Ausstattungen mit Ressourcen, die von
gesonderten Personen unter rechtlich definierten Eigentumstiteln gehalten werden«, und noch deutlicher, von »den Begrenzungen, die
dem Funktionieren des Marktes durch eine rechtliche Struktur auferlegt werden«. Was er »eine rechtliche Struktur« nennt, schließt
natürlich die konstitutionellen Voraussetzungen einer freien Gesellschaft ein. Eher überraschenderweise enthält indes der Satz, aus dem
das Zitat stammt, noch einen anderen Teil. Hier ist die volle Aussage: »Es gibt keine Begrenzungen der gewöhnlichen Politik, die
irgend verwandt wären mit denen, die dem Funktionieren des
Marktes durch eine rechtliche Struktur auferlegt werden.« (21,
S. 18) Während der Markt innerhalb bestimmter Grenzen funktioniert, so fügt Buchanan hinzu, »wird das relativ unbegrenzte
Potential für politische Umverteilung oft übersehen«. Die Aussage
ist zunächst darum überraschend, weil Verfassungen erfunden wurden, um in erster Linie Politik und Politiker und nicht die Ökonomie
und ihre Akteure in ihrem Spielraum zu begrenzen. Sie ist noch
überraschender, weil einer der ersten Artikel jeder Verfassung –

auch jedes Gesellschaftsvertrages – zugleich und in gleichem Maße eine Begrenzung für Märkte und für Politik darstellt. Damit meine ich Staatsbürgerrechte.

Unter Staatsbürgerschaft oder Staatsbürgerrechten wird dabei die Menge von Anrechten verstanden, die für alle Beteiligten sowohl an einem Markt als auch an einer demokratischen politischen Öffentlichkeit gleich sein muß. Was immer die Anlagen und Ausstattungen von Menschen sein mögen, sie nehmen am ökonomischen und politischen Prozeß *von freien Gesellschaften* als Staatsbürger teil. Staatsbürgerschaft ist daher die grundlegende Begrenzung von Märkten und von Politik.

Als Minimum schließt Staatsbürgerschaft alles ein, was man im ökonomischen Sinn zu den Vorbedingungen von Verträgen und im politischen Sinn zur Gleichheit vor dem Gesetz rechnen kann. Diejenigen, die im einen oder anderen Sinn rechtlos sind, können weder am Markt noch an der Öffentlichkeit teilnehmen. Berechtigung in beiderlei Hinsicht ist daher eine historische Revolution ohne Parallele. Sie ist nichts anderes als die Revolution, deren Zweihundertjahrfeiern – oder im Fall der »Glorreichen Revolution« Englands von 1688, deren Dreihundertjahrfeier – wir in diesen Jahren begehen.

Der historische Bezug ist im Rahmen dieser Argumentation nicht zufällig, sondern zentral. So wie Verfassungsökonomen bestimmte Spielregeln aus den Unzuverlässigkeiten einer Politik des Eigeninteresses heraushalten wollen, so haben Verfechter der Staatsbürgerrechte versucht, bestimmte Grunddaten der Verteilung aus dem Kampfgetümmel herauszuhalten. Das klingt vielleicht zu voluntaristisch und daher willkürlich; es kann auch anders formuliert werden: So wie es unmöglich ist, vom Markt zu sprechen, ohne eine bestimmte Gleichheit des Zuganges mitzudenken, so ist es unmöglich, von demokratischer Politik ohne Staatsbürgerschaft und den dazugehörigen Rechten zu sprechen. Beide sind keine Selbstverständlichkeiten. Der Markt schafft sich seine Regeln nicht etwa selbst, und die Politik tut es auch nicht. Die Regeln sind vielmehr das Ergebnis der großen liberalen Revolutionen.

Es kommt hinzu, daß sie weder universell sind noch ein für allemal gelten. Die Tatsache, daß sie nicht universell sind, liegt auf der

Hand. In gewisser Weise sind die beiden großen Konflikte unserer Zeit, der zwischen Ost und West und der zwischen Nord und Süd, Kämpfe um die Ausweitung der (staats-)bürgerlichen Gesellschaft und daher Kämpfe für die Realisierung von Immanuel Kants Traum einer Weltbürgergesellschaft. Die Tatsache, daß eine bürgerliche Gesellschaft nicht ein für allemal errichtet wird, liegt auf der Hand, wenn wir an die Geschichte der Unfreiheit in unserem Jahrhundert denken. Doch habe ich hier auch weniger weitreichende Entwicklungen im Sinn. Sogar in den fortgeschrittenen Demokratien der Welt gibt es nicht nur Prozesse der Berechtigung, sondern auch solche der Beschränkung von Anrechten. Diese sind schon dadurch Verletzungen des klaren »Verteilungsideals«, durch das Märkte wie die Politik begrenzt werden, wenn sie die individuelle Freiheit befördern sollen.

An diesem Punkt wäre eine detailliertere Untersuchung der europäischen Arbeitslosigkeit und der amerikanischen Armut angemessen. So gerne sich Ökonomen auch hinter nebelhaften Ausdrücken wie »natürliche Rate der Arbeitslosigkeit« oder neuerdings *NAIRU (non-accelerating inflation rate of unemployment,* nicht inflationsbeschleunigende Rate der Arbeitslosigkeit) verstecken, es bleibt doch eine Tatsache, daß durch Prozesse, bei denen Märkte und Politik wahrscheinlich eine gleichermaßen unbefriedigende Rolle gespielt haben, ein beträchtlicher Teil aller Menschen aus dem Arbeitsmarkt ausgegrenzt worden ist und es nunmehr schwer findet, wieder an Bord zu kommen. Überdies verliert der Rat von Lehrbuchökonomen, Amerikanern und anderen Interessenten, daß ein bißchen mehr Flexibilität alsbald zum effizienten Funktionieren der Märkte führen würde, dann ein gutes Stück seiner Überzeugungskraft, wenn man an das Anwachsen des Prozentsatzes der (oft berufstätigen) Armen in den Vereinigten Staaten denkt. Flexibilität verlagert nur den Entzug von Rechten vom Arbeitsmarkt auf den Markt des Konsums. Im einen wie im anderen Fall bleiben Staatsbürgerrechte gefährdet. John Maynard Keynes (der allerdings nicht der bevorzugte politische Ökonom derer ist, die die Tagesordnung der 1980er Jahre definieren) sah dieses Problem in einer früheren Inkarnation und erfand eine Art der Abhilfe, die sich als gleichzeitige Ausweitung der Märkte und Erhaltung der demokratischen Öffentlichkeit beschreiben läßt. Die Schaffung wirksamer Nachfrage war seinerzeit eine Art der Wieder-Berechtigung, der Wiederherstellung von Anrechten, damit der Behauptung von Staatsbürgerrechten; sie hat zugleich die Funktionsfähigkeit der Märkte im Hinblick auf Wachstum gestärkt. Ein Keynes der achtziger Jahre würde sicherlich andere Abhilfen empfehlen, aber die Aufgabe ist prinzipiell ähnlich: Wir dürfen nicht zulassen, daß Staatsbürgerrechte entgleiten, wenn wir sowohl freie Wirtschaften als auch freie Gesellschaften erhalten wollen.

Zwei Anregungen folgen aus solchen Erwägungen im Hinblick auf Marktversagen und politisches Versagen. Die erste ist, daß es einen dritten Faktor gibt, der für beide von Bedeutung ist und der allen Kriterien der Effizienz und der Verteilung vorausgehen muß. Er hat es übrigens mit einem der Hauptinteressen von James Buchanan und seinen Kollegen zu tun, nämlich mit konstitutionellen Regeln, mit dem Gesellschaftsvertrag. Aber dabei wird Verfassung oder Vertrag nicht einfach als Versuch verstanden, die Politik aus dem Funktionieren von Märkten zu vertreiben, indem Märkte in einer Art »rechtlicher Struktur« verankert werden; vielmehr werden Verfassung und Vertrag hier als Begrenzungen sowohl für Märkte als auch für Politik verstanden. Individuelle Freiheit gedeiht dort, wo Staatsbürgerrechte eine akzeptierte und eifersüchtig gehütete Begrenzung der Hobbesschen Exzesse des wirtschaftlichen und politischen Kampfes bilden[2].

Das ist keine sehr originelle Feststellung; für James Buchanan ist sie in gewisser Weise durchaus vertraut. Im Grunde geht es darum, die politische Ökonomie zu Adam Smith zurückzubringen. In diesem Zusammenhang lohnt es sich anzumerken, daß die Wiederherstellung der Ökonomie als allgemeiner Sozialwissenschaft in nicht geringem Maße das Verdienst von James Buchanan ist. Er hat uns an das Projekt seiner großen Vorgänger im achtzehnten Jahrhundert erinnert, von dem so vieles verlorengegangen ist im Prozeß einer oft durchsichtigen Spezialisierung, der in Wahrheit nur ein Prozeß des akademischen Protektionismus war. Mehr noch, er hat die wirklichen Fortschritte der Wirtschaftswissenschaft in das Projekt einer neuen politischen Ökonomie eingebracht. Während dies einen bedeutenden Gewinn für unser Nachdenken über jenes andere große Thema, die Gesellschaft, darstellt – von dem David Hume vor 250 Jahren fälschlich glaubte, daß es in naher Zukunft die Wissenschaft von der Natur an Einsichten überholen würde[3] –, gibt es einen Aspekt der allgemeinen Sozialwissenschaft im Sinne von Buchanan, der einer kritischen Anmerkung bedarf. Er hat es mit dem Thema der individuellen Freiheit und der demokratischen Entscheidungsfindung zu tun.

Die Versuchung ist groß, das, was ich die Verfassung oder den Vertrag genannt habe, als ein der sozialen Ordnung zugrundeliegendes Schnittmuster zu betrachten, das hin und wieder abgestaubt oder auch unter den Trümmern von Jahrzehnten gedankenlosen menschlichen Handelns hervorgeholt werden muß. Niemand sieht ja heutzutage den Gesellschaftsvertrag als eine feierliche Zeremonie unter aufrechten Männern auf einem Schweizer Berg vor sieben oder auch siebzig Jahrhunderten[4]. Doch scheint die Auffassung verbreitet, daß der Gesellschaftsvertrag im Grundsatz »gegeben« ist, ein Regelwerk, das universelle Gültigkeit hat und zu dem man zurückkehren muß, wenn man es verloren hat, das man andererseits in seinen gebührenden Rang einsetzen muß, wenn man es noch nicht gefunden hat. Es gibt also einen statischen Begriff der Regeln, die den Markt und das politische Gemeinwesen regieren (sollen). Ich halte diese Auffassung für irrig. Sie führt in theoretische Schwierigkeiten und, schlimmer noch, in praktische Irrtümer. Der Gesellschaftsvertrag ist nicht etwas, das ein für allemal in Worte gefaßt werden kann. Er ist selbst Projekt, er ist *das* Projekt der Geschichte. Wir sind ständig dabei, es zu formulieren und neu zu formulieren. In der Tat ist es Kern aller Politik in der offenen Gesellschaft, daß es keine endgültige Bestimmung des Gesellschaftsvertrages gibt.

Um noch einmal zur Staatsbürgerschaft zurückzukehren: Ich habe mich hier bewußt auf das unbezweifelbare Element der Staatsbürgerrechte, den Weg »vom Status zum Vertrag«[5], von fraglosen Zugehörigkeiten zu freien Entscheidungen, beschränkt. Doch waren die letzten zwei Jahrhunderte unter einem Aspekt die Entfaltung des Prinzips der Staatsbürgerschaft in immer neue Bereiche hinein – und

wer will behaupten, daß dieser Prozeß eine Abkehr von der Freiheit
bedeutet hat? Gleichheit vor dem Gesetz hat wenig Sinn ohne allgemeines Wahlrecht und andere Chancen der politischen Teilnahme.
Teilnahmechancen bleiben ein leeres Versprechen, wenn Menschen
nicht die soziale und wirtschaftliche Stellung haben, die sie in die
Lage versetzt, von dem, was ihre Gesetze oder Verfassungen ihnen
versprechen, Gebrauch zu machen. Allmählich ist der Gedanke der
Staatsbürgerschaft mit Substanz angereichert worden. Von einer
formalen Menge von Rechten ist Staatsbürgerschaft zu einem Status
geworden, zu dem nicht nur das Wahlrecht, sondern ein anständiges
Einkommen und das Anrecht gehören, auch dann noch, wenn man
krank oder alt oder arbeitslos ist, ein zivilisiertes Leben zu führen.

Nun mag es wohl sein, daß der Punkt nahe oder schon erreicht ist,
an dem eine Definition der Staatsbürgerschaft, die 1910 und 1930
und 1950 ihren guten Sinn hatte, diesen nicht mehr hat. Es mag
wohl sein, daß es auf einem bestimmten Niveau der Wirtschaftsentwicklung nicht mehr nötig ist, soziale Stellung in rechtlichen Status,
also Tatsachen in Anrechte zu verwandeln. Es mag daher sein, daß
wir bei dem Versuch, den Gesellschaftsvertrag neu abzuschließen,
ihn kürzer machen müssen, also Klauseln herausnehmen, ein paar
Schritte von John Rawls (124) zu Robert Nozick (110) gehen (oder
vielleicht nur John Rawls ernst nehmen). Die nächste Stufe des end-
losen Prozesses des gesellschaftlichen Vertragsschlusses mag also
durchaus mehr Zweifel an der Politik und mehr Vertrauen in die
Märkte oder vielmehr mehr Zweifel am Staat und mehr Vertrauen
in Individuen mit sich bringen. Aber das Projekt bleibt offen. Es
bleibt für immer offen.

Das ist vielleicht ein etwas zu pathetischer Abschluß dieser Bemerkungen; doch scheint mir die Lehre von Karl Popper zu wichtig,
um sie in diesem Zusammenhang nicht zu erwähnen (119). In einer
Welt der Ungewißheit ist Gewißheit auch dadurch nicht zu gewinnen, daß man tief ins achtzehnte Jahrhundert oder in die Innereien
der Gesellschaft blickt. Was wir auf Märkten und in politischen
Gemeinwesen tun, ist immer der Versuch, auf alte Probleme neue
Antworten zu finden. Die Antworten sind nie dieselben, aber die
Fragen sind in der Regel klar. Heute ist das Hauptthema der indivi-

duellen Freiheit in demokratischen Gesellschaften nicht, wie man die Wirklichkeit auf irgendein ewiges Modell reduziert, sondern wie man das Prinzip der Staatsbürgerschaft im Interesse des wirtschaftlichen Fortschritts und der politischen Freiheit neu bewährt.

9 Vom Sozialstaat
zum zivilisierten Gemeinwesen

Liberale haben es nicht immer leicht gefunden, den Wohlfahrtsstaat zu akzeptieren. Während Staatsbürgerrechte ein traditionelles und zentrales Thema liberaler Programmatik waren, haben viele ihr Interesse auf die juristischen und politischen Aspekte solcher Rechte beschränkt, also auf Gleichheit vor dem Gesetz, allgemeines Wahlrecht und politische Freiheiten. Formale Chancengleichheit muß geschaffen werden – so die vorherrschende Meinung –, aber dann müssen die Staatsbürger selbst ihren Weg gehen. So wie der Markt nur gewisse, für alle Teilnehmer gültige Spielregeln voraussetzt, so verlangt auch das politische Gemeinwesen nur bestimmte Möglichkeiten der Teilnahme an seinen Prozessen.

In der Zeit nach dem Zweiten Weltkrieg ist die Begrenztheit dieser Vorstellung fast allen bewußt geworden. (In manchen Ländern, wie Großbritannien, waren es Liberale, die ein neues Bewußtsein hervorgebracht haben[1].) Wenn Menschen nicht in der Lage sind, ihre Chancen zu nutzen, bleiben diese leere Versprechungen. Die Möglichkeit der Teilnahme kann nur realisiert werden durch eine Sozialpolitik, die Menschen befähigt, das Versprechen der Staatsbürgerschaft einzulösen. Was T. H. Marshall soziale Staatsbürgerrechte genannt hat, muß den juristischen und politischen Rechten hinzugefügt werden (92). So entstand der moderne Wohlfahrtsstaat.

Diese Formulierung der Entwicklung ruft Zweifel am Begriff des Wohlfahrtsstaates selbst wach. Seine Untertöne sind in mißlicher Weise patriarchalisch und bevormundend – wenngleich es natürlich den viel neutraleren Begriff der Wohlfahrt gibt, wie ihn Wohlfahrtsökonomen für meßbare Lebenschancen verwenden. Um jede Verwechslung mit der Tradition des Armenrechts, ja mit dem alten

Gedanken zu vermeiden, daß eine halbwegs anständige soziale Stellung der Benachteiligten die großzügige Gabe jener anderen ist, die schon haben, was sie brauchen, ziehe ich den Begriff des Sozialstaates vor. Der Sozialstaat gibt allen Mitgliedern der Gesellschaft erfüllte Staatsbürgerrechte.

Die Begriffsdiskussion soll nicht von der Sache selbst ablenken: Hier geht es wiederum um etwas, womit Liberale nur schwer fertig geworden sind, nämlich die Umverteilung. Der Begriff ist seinerseits durchaus unbestimmt. Die meisten Sozialisten haben die Vorstellung, daß einer Gruppe Geld genommen wird, das eine andere Gruppe dann bekommt – ein mechanischer Gedanke, der entweder keinen Realitätsgehalt hat oder die Freiheit zerstört[2]. Die entsprechende liberale Vorstellung hat zwei miteinander verknüpfte Elemente. Niemand darf Machtinstrumente ansammeln (seien diese wirtschaftlich oder politisch), die ihn in die Lage versetzen, die Staatsbürgerrechte anderer zu beschneiden. Es muß jedem möglich sein, zumindest einen Minimalstatus des anständigen Lebens zu erreichen. Es gibt mit anderen Worten sowohl einen Fußboden als auch eine Decke der zivilisierten Existenz, und die beiden zusammen bilden die notwendigen Bedingungen der Staatsbürgerrechte für alle. Diese philosophisch klingende Position hat dennoch sehr praktische Folgen für Steuersystem, Gesundheitsversorgung und soziale Sicherheit, für Bildungschancen und Arbeitslosenunterstützung, das heißt, für die Elemente des Sozialstaats.

In den meisten entwickelten Ländern ist der Sozialstaat ein Ergebnis der Erfahrungen der dreißiger und der Politik der vierziger Jahre. (Bei beiden haben Liberale bekanntlich weder eine wichtige noch eine sonderlich überzeugende Rolle gespielt.) Die Struktur des Sozialstaats variiert beträchtlich von Land zu Land. Manche, wie Großbritannien, haben das Gesundheitswesen zum Eckstein des Gebäudes gemacht, andere das Bildungswesen oder die Altersversorgung[3]. Die einen haben sich auf den Staat als Garanten der Rechte verlassen, die anderen haben Versicherungssysteme vorgezogen[4]. Die Grenze zwischen öffentlichen Verpflichtungen und privaten Beiträgen ist in verschiedenen Ländern unterschiedlich gezogen worden. Überall aber ist, zumindest in Europa, ein System entstanden,

das den Rechten der Bürger soziale Substanz gibt. Es ist keineswegs
abwegig, dieses System als die Antwort der offenen Gesellschaften
auf die Herausforderungen des Klassenkampfes zu beschreiben.

Das alles ist eine grundsätzlich wünschenswerte Entwicklung. Sie
war ein notwendiges Teilstück des Prozesses, der mit den großen
Revolutionen des siebzehnten und achtzehnten Jahrhunderts begann und zu ungeahnten Lebenschancen für eine ungeahnte Vielzahl
von Menschen geführt hat.

Aber die Geschichte ist nie zu Ende. Mehr noch, die Erfolge von
gestern sind die Quelle der Probleme von morgen. Der Sozialstaat
vor allem hat mittlerweile ebenso viele Fragen aufgeworfen, wie er
gelöst hat. Einige davon, die miteinander verknüpft und doch unter-
scheidbar sind, verlangen heute unsere besondere Aufmerksamkeit.

Der Sozialstaat ist teuer. Wichtiger noch, er besteht aus Maßnahmen der Umverteilung, die der Natur der Sache nach zu wachsenden
Ausgaben führen müssen. Es war ein Irrtum zu meinen, daß es sich
bei den Elementen des Sozialstaates gleichsam um einmalige Reparaturmaßnahmen handelt (wie manche es glaubten, als der Nationale
Gesundheitsdienst in Großbritannien eingeführt wurde[5]). Man kann
immer noch mehr tun, vor allem im Bereich der Gesundheitsversorgung. Moderne Technologie, verbunden mit neuen Entdeckungen
der vorbeugenden Medizin, der Sozialmedizin usw. macht die medizinische Versorgung zu einer fast nicht begrenzbaren Verpflichtung.
Das gilt auch für die Bildung, vor allem wenn man Abschied nimmt
von dem Gedanken der Ausbildung ein für allemal und die lebens-
lange Bildung mit all ihren Implikationen ernst nimmt. Ähnliches
ließe sich für die Versorgung älterer Menschen zeigen. In der Tat
finden wir bei allen Bestandteilen des Sozialstaates eingebaute Multi-
plikatoren der Ausgaben, aber keine eingebauten Begrenzungen. Es
läßt sich schwer begründen, warum es in manchen Gemeinden die
Möglichkeit von Organverpflanzungen oder von Strahlungsbehand-
lung oder neueste diagnostische Techniken geben sollte und in anderen nicht. Zugleich ist es sozusagen prinzipiell unmöglich, immer
teurere Leistungen für alle zu finanzieren. Es macht kein Vergnügen,
das zu sagen, aber es müssen unweigerlich Grenzen der Verpflichtung
des Gemeinwesens gezogen und Beschränkungen definiert werden.

Dieser Schluß wird unterstrichen durch kontingente Entwicklungen, die nicht unbedingt vorhersehbar waren. Solche Entwicklungen haben ein beträchtliches und noch keineswegs abgeschlossenes Anwachsen der Zahl der Empfänger von Sozialleistungen zur Folge gehabt. Die Expansion des Bildungswesens und die Reduktion des Ruhestandsalters sind nur zwei relevante Veränderungen. Demographische Trends haben zu wesentlichen Verschiebungen in den Anteilen derer, die für den Sozialstaat zahlen, und derer, die von ihm Unterstützung erwarten, geführt. Der Kern solcher Trends liegt wahrscheinlich in der abnehmenden Bedeutung, ja der immer geringeren Verfügbarkeit von Erwerbsarbeit in allen entwickelten Gesellschaften. Damit werden Strukturfragen eines Sozialstaates aufgeworfen, der auf Arbeit, ja auf Berufstätigkeit beruht. Solche Strukturfragen liegen hinter den immer schwerer überwindbaren Hürden auf dem Weg zur Finanzierung der Versprechungen des Sozialstaates.

Wirtschaftliche Entwicklungen machen die Sache nicht leichter. In den meisten Ländern fiel die Schaffung des Sozialstaates mit einer langen Phase des Wirtschaftswachstums zusammen. Dieses wurde zur notwendigen, aber eben problemlos vorhandenen Grundlage der Steigerung der Staatseinnahmen und damit der Staatsausgaben. Als das Wachstum in den siebziger Jahren prekärer wurde, wurde die Steigerung von Staatsausgaben außerhalb des investiven Bereichs, also vor allem für Zwecke der Umverteilung, entsprechend schwieriger. Dies ist nicht der Ort, die Wachstumsdebatte aufzunehmen, so wichtig sie für die Bestimmung liberaler Politik ist, doch spricht wenig dafür, daß wir an der Schwelle eines neuen Wirtschaftswunders stehen. Das bedeutet aber, daß wir nicht etwa einer Phase wachsender Staatsausgaben entgegengehen, sondern im Gegenteil einer Zeit, in der direkt oder indirekt öffentliche Ausgaben beschnitten werden müssen[6]. Immer mehr Regierungen entdecken, daß ihr Manövrierraum sehr eng ist, solange sie nicht die Staatsausgaben in den Griff bekommen haben; und auch danach wird er nicht viel weiter. Selbst wenn man Haushaltsdefizite etwas sorgloser sieht, kann kein Zweifel daran bestehen, daß es sowohl externe als auch interne Gründe für die Begrenzung der Kosten des Sozialstaates gibt.

Überdies beruht der Sozialstaat auf einem Paradox, das vor allem Liberalen sehr bewußt ist. Die Probleme, die er lösen soll, sind ihrer Definition nach immer individuelle Probleme, aber die Instrumente, die er verwendet, sind, ebenfalls ihrer Definition nach, immer generelle Instrumente. Man kann das auch weniger freundlich ausdrücken. Der Sozialstaat verlangt unweigerlich die Errichtung von Bürokratien, die ebenjene individuellen Fälle verfehlen, um deretwillen sie errichtet worden sind. Dafür gibt es extreme Beispiele. Heute bringen Krankenschwestern ebensoviel Zeit mit Verwaltungsaufgaben zu wie mit der Krankenpflege. Dasselbe gilt in zunehmendem Maße für Lehrer. Wer in den Sozialberufen vorankommen will, muß die dienende, helfende, pflegende Tätigkeit gegen Bürotätigkeit eintauschen. Das hat zur Folge, daß die eigentliche Zielgruppe des Sozialstaates, bedürftige Individuen, nicht sorgende Helfer oder rasche Hilfe, sondern zunächst einmal Wartezimmer und Formulare und Beamte und oft erniedrigende Verfahren vorfindet. Ein guter Teil der beängstigenden Bürokratisierung des modernen Lebens – dessen, was Max Weber das »eherne Gehäuse der Hörigkeit« genannt hat (155) – ist tatsächlich ein Ergebnis des Sozialstaats. Es bedeutet, daß dieser Staat seine eigenen Zielsetzungen in wichtigen Hinsichten zerstört.

Eines kommt noch hinzu. Es könnte sein, daß die Fragen, zu deren Lösung der traditionelle Sozialstaat errichtet worden ist, gar nicht mehr die Fragen von morgen sind. Der traditionelle Sozialstaat beruht auf den Annahmen der Arbeitsgesellschaft. Nicht nur wird er von den Beschäftigten finanziert, sondern er ist auch auf Menschen ausgerichtet, die sich in der Berufswelt zu Hause fühlen. Bildung ist Vorbereitung für Berufstätigkeit; Gesundheit ist Arbeitsfähigkeit; Ruhestand ist der wohlverdiente Lohn für ein Leben harter Arbeit; Arbeitslosenunterstützung soll Menschen in die Lage versetzen, über eine schlechte Zeit, vielleicht eine Krankheit oder einen Unfall hinwegzukommen. Was aber, wenn das wirkliche Problem darin liegt, daß eine beträchtliche Zahl von Menschen aus der offiziellen Gesellschaft ausgegrenzt wird? Was, wenn die Arbeitsgesellschaft nur mehr ein Teil der Realität ist und fünf oder zehn Prozent oder noch mehr sich ständig außerhalb von ihr befinden? Was, wenn die

Kategorien der Arbeitsgesellschaft nicht mehr zureichen, um vorherzusagen, was Menschen wünschen und wollen? Wenn solche Zweifel Hinweise geben auf eine neue soziale Frage, dann zeigt diese
zugleich die Zerbrechlichkeit des gemeinsamen Fußbodens, auf dem
alle Staatsbürger stehen sollen. Für junge Schwarze in inneren Städten sind die alten Grundlagen der Sozialpolitik schlicht nicht mehr
relevant.

Bevor diese Erwägungen programmatisch gewendet werden, ist
noch eine allgemeinere Beobachtung am Platze. Die Problematik des
Sozialstaates ist in mancher Hinsicht das Lackmuspapier der modernen Politik. Es gibt die einen, die uns mehr von derselben Medizin
verschreiben wollen und behaupten, die Umverteilung sei eben nicht
effektiv genug gewesen; wenn sie jedoch das Sagen haben sollten,
würden sie nicht nur unseren Wohlstand, sondern auch unsere Freiheit gefährden. Es gibt andere, die jetzt behaupten, der ganze Prozeß
der Umverteilung sei von Anfang an verfehlt gewesen und müsse
daher rückgängig gemacht werden; sollten sie bestimmen, was geschieht, dann wäre der große Fortschritt der Bürgerrechte in Gefahr.
Zwischen den Neosozialisten und den Neokonservativen gibt es die
Sozialdemokraten, die meinen, mit ein paar Reparaturmaßnahmen
könnten wir das System noch für einige Zeit in Gang halten. In
einem unmittelbaren, ziemlich kurzfristigen Sinn mögen sie damit
recht haben, aber zu den grundlegenderen Fragen, die hier gestellt
worden sind, fehlt ihnen jede Antwort. Die neuen Pragmatiker sind
nicht mehr als Überlebenspolitiker; in ihren Köpfen lebt nicht die
Zukunft, sondern die Vergangenheit.

Solchen Bemerkungen ist sogleich hinzuzufügen, daß es sicher
keine Patentrezepte gibt. Ohnehin mißtrauen Liberale schon aus
Prinzip allen Patentrezepten. Mehr noch, jeder Katalog von Lö-
sungsansätzen verfehlt unweigerlich die Größenordnung des Problems. Dennoch können die folgenden Grundsätze ein Anfang einer
Antwort auf die neuen Fragen des Sozialstaates sein:

1. Weder die Absicht – wirksame Staatsbürgerrechte für alle –
noch die Methode – Umverteilung – des traditionellen Sozialstaates
waren falsch. Es wird auch in Zukunft nötig sein, Umverteilungs-
mechanismen vor allem der Besteuerung zu benutzen, um Regierun-

gen in die Lage zu versetzen, denen zu helfen, deren Staatsbürgerrechte
ohne solche Hilfe leere Versprechungen bleiben würden. Mit anderen
Worten, es kann nicht um die Demontage des Sozialstaates gehen.

2. Allerdings ist eine beträchtliche Vereinfachung des Sozialstaates zugleich erforderlich und wünschenswert. Ihr Ziel ist klar. Es
geht darum, einen Mindeststatus der zivilisierten Existenz für alle zu
garantieren, nicht dagegen den Versuch zu machen, für jeden Not-
fall gesonderte (und immer unzulängliche) Vorsorge zu treffen. Die
Zielsetzung verlangt eine Vereinfachung sowohl des Mechanismus'
als auch der Finanzierung. Dabei ist ein halbautomatischer Mechanismus wie etwa eine negative Einkommensteuer und ein garantiertes Grundeinkommen eindeutig vorzuziehen[7].

3. Unweigerlich wird auch die Grenzlinie zwischen öffentlicher
Verantwortung und privaten Beiträgen neu gezogen werden müssen. Das ist nötig zur Bewältigung der angedeuteten Ausgabenpro-
bleme. Es läßt sich auch rechtfertigen angesichts der Tatsache, daß
Sozialleistungen gerade zu einer Zeit steigender Realeinkommen
stark gewachsen sind, während man doch argumentieren könnte,
daß solche Leistungen kompensatorischen Charakter haben. Es ist
jedenfalls Unsinn, daß viele vom Staat ebensoviel zurückbekommen,
wie sie zahlen (minus die Reibungskosten der Bürokratie natürlich).
Prinzipiell sollte die Erwartung sein, daß Menschen für ihre Bedürfnisse selbst aufkommen.

4. Die Frage lautet daher: Von wo an ist dieses Prinzip nicht
mehr anwendbar? Offenkundig sollte denen, deren Not am größten
ist und die am wenigsten imstande sind, für sich selbst aufzukommen, zuerst geholfen werden. Das führt indes notwendig zu umstrit-
tenen Schlüssen, vor allem im Hinblick auf die medizinische Versorgung. Jedes System der sozialen Sicherheit hat seine heiligen Kühe;
in Großbritannien ist es der Nationale Gesundheitsdienst. Auch
solche Tatsachen muß man respektieren. Dennoch ist es (um beim
britischen Beispiel zu bleiben, das sich *mutatis mutandis* auf andere
Länder übertragen läßt) schwer, sich eine wirksame Korrektur des
Sozialstaates vorzustellen, ohne daß das private Element der Gesundheitsversorgung beträchtlich ausgeweitet wird und damit alle in
stärkerem Maße zu den Kosten der Medizin beitragen.

5. Zu denen, die in einer neuen sozialen Lage am meisten Not leiden, gehören die Jungen. Berufsbildung, Umschulung, Programme des Sozialdienstes, Entwicklungschancen von mancherlei Art verlangen erhebliche Ausgaben. Während Darlehen wohl eine akzeptable Methode zur partiellen Finanzierung der weiterführenden Bildung sein können, verlangt die neue soziale Frage der Unterklasse direkte Umverteilungsmaßnahmen[8].

6. Indes müssen diese Hand in Hand gehen mit einem neuen Verhältnis zwischen öffentlichen und privaten und, wichtiger noch, bürokratischen und dezentralisierten Instanzen für soziale Dienste. Schon heute findet an vielen Stellen eine Ersetzung öffentlicher Bürokratien durch ein Netzwerk der Initiative auf Gemeindeebene und durch private Gruppen statt. Wer vor allem individuelle Lebenschancen vergrößern will, muß diesen Prozeß entschieden unterstützen. Autoren, die kleine soziale Netze an Stelle von bürozentrierten Instanzen der Sozialfürsorge empfehlen, kommen heute aus unterschiedlichen politischen Lagern (vgl. 145). Am Ende ist die Aktivierung kleiner Gemeinden und Gruppen die einzig wirksame Methode, um sicherzugehen, daß niemand durch das Netz der staatsbürgerlichen Teilnahmechancen hindurchfällt.

7. Die Unterstützung kleiner sozialer Netze ist zum Teil eine Frage der Einstellungen, zum Teil eine der Mittel. Diese müssen nicht sehr groß sein. Selbsthilfegruppen brauchen Ermutigung durch bescheidene Summen. Hier haben Gemeinden sicher eine Funktion; doch gilt das vor allem auch für den freiwilligen Sektor. Niemand sollte erwarten, daß der freiwillige Sektor einfach einspringt, wo der Staat sich zurückgezogen hat; nicht nur die Größenordnung der Bedürfnisse, sondern auch die Tatsache, daß es wenig Reiz hat für Stiftungen und karitative Einrichtungen, als bloßer Staatsersatz herzuhalten, wirkt hier abschreckend. Doch kann der freiwillige Sektor in beträchtlichem Maße helfen, wenn es darum geht, Grundeinstellungen von zentralisierter Heteronomie zu dezentralisierter Autonomie umzuprägen (vgl. 40).

8. Allen diesen Vorschlägen geht eine Veränderung des Grundansatzes voraus. Sie betrifft die Rolle der Arbeit, vor allem der traditionellen Berufstätigkeit. So wie es heute wenig Sinn mehr hat, Bildung

vornehmlich auf Berufsanforderungen oder den Ruhestand auf ein
langes Leben der harten Arbeit zu beziehen, so darf auch der Sozialstaat von morgen nicht als bloße Verlängerung der Arbeitsgesellschaft verstanden werden[9]. Das hat praktische Folgen. Kein Steuersystem, das sich im wesentlichen auf Einkommensteuern stützt,
wird in Zukunft angemessen sein. Es hat auch weniger greifbare
Folgen. Wenn wir Berufsarbeit nicht mehr als Dreh- und Angelpunkt des Lebens betrachten, verändert sich der Stellenwert dessen,
was Ökonomen »freiwillige Arbeitslosigkeit« nennen, wie auch der
der »inoffiziellen Wirtschaft« und vieler anderer Ausdrucksformen
des Wunsches von Menschen, in einer Zeit der Unübersichtlichkeit
ihre eigenen Antworten zu finden.

Inwiefern sind solche Prinzipien liberal? Zunächst handelt es sich
um mehr als improvisierte Antworten auf eine neue Situation; dennoch werden Dogmatismus und Ideologie vermieden. Sodann ist die
Leitidee die, daß es auf den einzelnen ankommt. Ohne die Notwendigkeit staatlichen Handelns einschließlich der Umverteilung zu
leugnen, befürwortet der hier in groben Strichen skizzierte Ansatz
weniger Staat, weniger Bürokratie, mehr individuelle Beiträge, mehr
Dezentralisierung. Dies ist ein Ansatz für eine Welt, in der Realeinkommen nicht mehr in spektakulärer Weise ansteigen. Doch liegt
ihm die Überzeugung zugrunde, daß die Freiheit in den großen Ungewißheiten am Ende des zwanzigsten Jahrhunderts keinen Schaden
zu nehmen braucht.

10 Ein garantiertes Mindesteinkommen

Das garantierte Mindesteinkommen
und die Arbeitslosigkeit

Es gibt Ideen, die ihren Weg zwar langsam machen, die aber nicht
einfach wieder weggehen, weil nicht jedermann sie sogleich auf-
nimmt. Dazu gehört der Gedanke, daß es für alle Bürger entwickelter, zivilisierter Gesellschaften ein garantiertes Mindesteinkommen
geben sollte. Als der Vorsitzende der deutschen Freien Demokraten,
Martin Bangemann, den Gedanken einer garantierten Mindestrente
in die Diskussion warf, wurde er alsbald vom versammelten Esta-
blishment zurückgepfiffen; so hat er nicht einmal eine Diskussion
angeregt. Die Verfechter eines garantierten Mindesteinkommens
werden im offiziellen Deutschland beinahe totgeschwiegen. Wer
will schon ernsthaft über die Zukunft des Gemeinwesens reden,
nachdem die Von-Tag-zu-Tag-Politik sogar die Grünen in kurzer
Zeit eingeholt hat? Und doch, um es zu wiederholen: die Idee wird
bleiben.

Unmittelbarer Anlaß für diese Bemerkungen ist eine Diskussion,
die sich selbst erstaunlich langsam entfaltet hat. Im Jahre 1984 hat
der ideenreiche »Ökolibertäre« Thomas Schmid ein lesenswertes
Büchlein unter dem Titel *Befreiung von falscher Arbeit. Thesen zum
garantierten Mindesteinkommen* (132) herausgegeben. Darin findet
sich viel gedankliches und analytisches Material. Schmid verficht die
These, daß die Arbeitslosigkeit auch eine Chance ist. Sie kann uns
nämlich einsehen lehren, daß Lohnarbeit nur für die Gestrigen jeder
Schattierung der alles überragende Wert ist. Da dieser »Wert« vermutlich für lange Zeit verloren ist, müssen wir umdenken und »ein

Leben auch ohne Lohnarbeit möglich machen« (132, S. 8). Das geht
aber nur, wenn wir uns zu dem schwierigen Schritt entschließen,
zumindest das Grundeinkommen aller Bürger bewußt von der
Lohnarbeit abzukoppeln. Nehmen wir die Chance wahr, so sagt
Schmid in subtiler und argumentierender Weise, eine Gesellschaft zu
schaffen, in der Individuen und nicht die Sachgesetzlichkeiten der
Arbeitsgesellschaft bestimmend werden.

Andere Autoren des Buches gehen ins Detail. Vor allem der Beitrag von Klaus-Uwe Gerhardt und Arnd Weber entwickelt den Gedanken des Mindesteinkommens mit vergleichender und analyti-
scher Schärfe. Soviel ist danach klar, daß es nicht abwegig wäre,
zumindest die Sozialhilfe durch eine negative Einkommensteuer zu
ersetzen, also ein System zu ersinnen, das auf neue Weise den einen
Kosten, aber den anderen Einnahmen verschafft.

Walter Hanesch formuliert im gleichen Band die Einwände von
links, also den Verdacht, daß eine solche Idee benutzt werden
könnte, um Sozialausgaben weiter zu kürzen. Gerhardt und Weber
selbst geben eine faire Darstellung der amerikanischen Experimente,
die auch durch Milton Friedman, den Guru der Angebotsorientierten, angeregt worden sind. Möglicherweise ist es wirklich so, daß
das Thema des garantierten Mindesteinkommens die traditionellen
Unterscheidungen von links und rechts durchkreuzt.

Dafür spricht auch, daß *Der Spiegel* eine Besprechung des
Schmid-Bandes durch den der CDU angehörenden Berliner Sozial-
senator Ulf Fink veröffentlicht hat. Der unorthodoxe Theoretiker
und Praktiker der Sozialpolitik ist vor allem aus einem Grunde von
den Schmid-Thesen nicht angetan. Er meint, Schmid und seine Kollegen unterschätzten die Möglichkeiten der Arbeitswelt. Sie seien, so
glaubt er, »Pessimisten«, die nicht glauben, »daß es möglich sein
wird, allen die Arbeit zu verschaffen, von der sie auch leben können« (51). Das sagt Fink nicht aus einer naiv technologischen oder
noch naiver marktwirtschaftlichen Perspektive, sondern weil er an
Veränderungen der Arbeitswelt glaubt, die dieser einen neuen, sinn-
volleren Charakter geben und zugleich allen die Chance eröffnen, an
ihr teilzunehmen. Fink möchte die Arbeitsgesellschaft verändern,
nicht verlassen.

Könnte es sein, daß beide, Schmid und Fink, recht haben? Das ist nicht aus Kompromißlertum gesagt. Das Thema verlangt Klarheit, nicht Kompromisse. Es ist aus einer Grundhaltung heraus gesagt, die hier in aller Kürze und im Diskussionsstil dargelegt werden soll.

Schmid macht die Forderung des Mindesteinkommens an der Arbeitslosigkeit fest (wenngleich die Beiträge zu seinem Buch natürlich zumindest auf Aspekte der Sozialpolitik, insbesondere die Sozialhilfe, zu sprechen kommen). Das ist verständlich. Stärker noch als die neue Armut derer, die erst durch die Nebenwirkungen des Sozialstaates in ihre mißliche Lebenslage gekommen sind, zeigt die neue Arbeitslosigkeit die offenbare Unfähigkeit entwickelter Gesellschaften, allen Bürgern einen Platz zu geben. Man könnte dies noch härter formulieren. Beide zeigen die Unfähigkeit von Gemeinwesen, allen Menschen in ihren Grenzen einen Platz als Bürger zu geben.

Eben die Bürgerrechte, auf die wir so stolz sind, machen vor einer beträchtlichen Zahl von Menschen halt. Auch wenn das nicht ein Drittel der Mitglieder entwickelter Gesellschaften betrifft, ist es doch eine Zahl, die sich mit dem Ausdruck »Lumpenproletariat« nicht mehr sinnvoll beschreiben läßt. Und es kann nicht oft genug gesagt werden: Niemand hat im Rahmen der Arbeitsgesellschaft eine plausible Antwort auf diese Frage. Diejenigen, die die Anregung von Wachstum für ein Rezept halten, werden es immer schwerer finden, angesichts der außerordentlichen Wachstumsperiode, die wir im Augenblick erleben, ihre Hoffnungen aufrechtzuerhalten. Diejenigen andererseits, die älteren Vorstellungen der Nachfragesteuerung und staatlichen Beschäftigungspolitik das Wort reden, finden wenig Unterstützung in den Erfahrungen Mitterrands oder anderer sozialdemokratischer Wirtschaftspolitiker. Es gibt also in der Tat tiefergehende Veränderungen und die Notwendigkeit ganz neuer Antworten. Nur: Gehört dazu das garantierte Mindesteinkommen?

Noch einmal muß man sich (fälschlich) dem Verdacht des Kompromißlertums aussetzen: jein. Weder für die neue Arbeitslosigkeit noch für die neue Armut gibt es eine Patentlösung. Auch das garantierte Mindesteinkommen liefert eine solche Lösung nicht. Aber sowohl die neue Arbeitslosigkeit als auch die neue Armut rühren an

Fragen, auf die das Mindesteinkommen eine tendenziell wichtige – und wie ich meine: richtige – Antwort geben würde. Das sind Fragen der Legitimität demokratischer Gemeinwesen heute. Es sind also fundamentale Fragen.

Thomas Schmid spricht von der Absicht konservativer Kreise, »die kommenden Revolten der Marginalisierten (zu) ersticken« (132, S. 10). Da irrt er, nicht so sehr was konservative Absichten betrifft, als im Hinblick auf die »kommenden Revolten«. Wenn es irgendein deutliches Merkmal der neuen Arbeitslosigkeit gibt, dann dies, daß sie nicht zu Revolten führen wird. Das politisch-soziale Problem der Arbeitslosigkeit ist zugleich ernster und harmloser. Es ist harmloser, weil hier nicht ein neuer Klassenkampf entsteht, der die herrschenden Gruppen herausfordert. Die Arbeitslosen sind keine Klasse. Sie sind es übrigens nie gewesen. In der Arbeitsgesellschaft – die ja vor allem auch eine Gesellschaft einer großen Mehrheitsklasse ist, die Arbeit hat – sind die marginalisierten Menschen, die die Schuld eher bei sich selbst suchen. Sie sind gerade nicht eine solidarische neue Klasse, sondern eine Menge von Individuen. Sie sind insoweit eben doch ein Lumpenproletariat, also eine Sozialkategorie, die als solche nicht zum Kern nachhaltiger Aktionen (Revolutionen) wird, sondern allenfalls zur Reservearmee gelegentlicher Manifestationen (Revolten).

Die neue Arbeitslosigkeit ist aber auch ernster als der Klassenkampf. Das beginnt schon mit den gelegentlichen Manifestationen. Die schwer kontrollierbaren Ausbrüche der Gewalt, von Brixton über das Heysel-Stadion bis zu den wiederholten Frankfurter Eruptionen[1], haben auch etwas mit der Existenz einer Kategorie von Nicht-Dazugehörigen zu tun. Das gilt in zumindest indirektem Sinne ebenfalls für die Probleme von Recht und Ordnung, die Liberale zwar ungern beim Namen nennen, aber doch nicht wegdiskutieren können (vgl. 43). Verbrechen gegen die Person und gegen das Eigentum haben seit den frühen sechziger Jahren in allen entwickelten Ländern beträchtlich zugenommen. Und auch sonst fehlt es ja an Zeichen nicht, daß Menschen die Grundübereinkünfte der Gesellschaft für sich außer Kraft setzen. Schwarzarbeit ist ein Zeichen der Kraft vieler einzelner, aber auch eines des Zerbröselns des Sozialkontrakts.

Denn um nicht weniger geht es bei den Fragen der Marginalisierung, der »Zwei-Drittel-Gesellschaft« oder wie immer man sie nennen will (vgl. 58). Es ist möglich geworden, beträchtliche Wachstumsraten zu erzielen, ohne die Arbeitslosigkeit wesentlich zu reduzieren: Die Methoden der Arbeitsgesellschaft reichen nicht mehr
aus, um die Arbeitsgesellschaft zu erhalten. Übrigens gilt analog,
daß die Methoden des Sozialstaates nicht mehr ausreichen, um den
Sozialstaat zu erhalten. In beiden Fällen ist die Folge, daß sich eine
ganz neue Frage stellt: Wie sorgen wir dafür, daß unsere Gesellschaft allen einen Platz gibt, die zu ihr gehören? Die neue soziale
Frage ist nichts weniger als eine Frage des Gesellschaftsvertrages,
also der – natürlich impliziten, bloß gedachten, dennoch in den
Institutionen lebendigen – Grundübereinkunft über Werte und Regeln, nach denen wir leben wollen. Das ist die Legitimitätsfrage.

Darum ist die Art, sind die Prinzipien der Beantwortung der Frage
so wichtig. Da gibt es nun vor allem zwei. Man könnte, mit polemi-
schen Begriffen, von einer autoritären und einer demokratischen
Antwort sprechen, oder auch neutraler von einer ausschließenden
und einer einschließenden. Die eine Antwort ist, daß man angesichts
der neuen Armut und der neuen Arbeitslosigkeit Mittel und Wege
sucht, um diejenigen zu identifizieren, die vor allem der Hilfe bedürfen. Das klingt ja durchaus plausibel. Geld ist knapp, die Not ist
groß, also müssen die knappen Mittel die richtigen, die bedürftigen
Empfänger finden.

Dazu gehört dann auch, daß man bestimmte Umverteilungsme-
chanismen ausschließt. Präsident Reagan ist besonders unglücklich
über die sogenannten *middle-class entitlements,* die Sozialansprüche
mittelständischer Gruppen, aber auch über die Ergänzung des Einkommens der *working poor,* derer, die zwar arm sind, aber Arbeit
haben. Sie sollen sich nach seiner Meinung selbst hocharbeiten. Frau
Thatcher hat, wie das ihre Art ist, dieser Sprache noch einen moralischen Akzent hinzugefügt, indem sie von den *deserving poor*
spricht, also den Armen, die wirklich Hilfe verdienen. In Deutschland klingt das meist gedämpfter, hat aber dieselbe Zielrichtung:
Nur wirklich Bedürftigen wird geholfen, im übrigen sollen die Leute
sich selber aus ihrer Misere herausarbeiten.

Was hier geschieht, ist nichts anderes als die Rückkehr hinter
Beveridge zurück, also hinter den Gedanken sozialer Bürgerrechte[2].
Es ist die Wiederbelebung des Armenrechts, oder vielmehr nicht des
Rechts, sondern des karitativen Prinzips der Sozialhilfe. Im bürokratisierten Staat ist das nicht mehr die direkte Hilfe durch bestimmte
Personen, die sich verantwortlich fühlen, sondern die Unterstützung
auf Grund von extensiven Bedürfnisprüfungen. Es bedeutet schon
darum Stigmatisierung, zumindest aber Kennzeichnung und darum
gerade nicht die Einbeziehung derer, die aus welchem Grunde auch
immer aus der Gesellschaft der Staatsbürger herausgefallen sind.
Targeting betont geradezu die Grenzen des Gesellschaftsvertrages,
statt sie zu öffnen.

Die andere Methode muß daher in einer Erneuerung des dynamischen Prozesses der Bürgerrechte für alle bestehen. Es ist ja schon eine
nachdenklich stimmende Tatsache, daß der im Prinzip allen gemeinsame Grundstatus aller Bürger zum Privileg geworden ist – zum
Privileg der großen Mehrheit gewiß, aber doch zu einem ausschließenden, nicht zu einem einschließenden Grundsatz. Wollen wir wirklich auch in Zukunft Politik als Veranstaltung der Mehrheitsklasse
derer betreiben, die schon auf der Rolltreppe wachsender Lebenschancen sind? Können wir wirklich mit der Tatsache leben, daß zehn
Prozent, vielleicht mehr, staunend oder sich abwendend, lethargisch
oder voller Ressentiment vor dieser Rolltreppe stehen, weil ihnen
schon der Schritt auf die erste Stufe verwehrt bleibt? Wenn wir das
aber nicht wollen, dann liegt ein Schlüssel in der Suche nach Reformen, die Bürgerrechte und nicht Armenrechte etablieren. Dann geht
es also um Grundübereinkünfte, nicht um milde Gaben.

In diesem Zusammenhang hat das Mindesteinkommen seinen
Platz. In diesem Zusammenhang ist übrigens auch eine ernstgenom-
mene Steuerreform zu sehen, und beide könnten durchaus zusam-
mengehören. In beiden Fällen geht es nämlich darum, nicht nur
funktionsgestörte, sondern auch undurchsichtige Systeme durch
klare Pflichten und Rechte zu ersetzen. Klare Steuersätze ohne viele
Nischen und Ausweichmöglichkeiten und ein klarer Anspruch aller
– aller einzelnen! – auf ein Minimaleinkommen könnten zwei Seiten
derselben Medaille des neugeknüpften Sozialkontrakts sein.

Die Einwände sollten Punkt für Punkt erörtert werden. Um nur dem offenbarsten zu begegnen, daß ein solcher Vorschlag zu teuer ist, sei etwas hinzugefügt, was Thomas Schmid und andere Verfechter des garantierten Mindesteinkommens beunruhigen wird: Es mag sein, daß ein solches Mindesteinkommen zunächst und auf lange Zeit unter der für eine halbwegs zivilisierte Existenz nötigen Grenzlinie liegt. Es mag also sein, daß nicht nur im Normalfall Ergänzungen durch öffentliche und private Versicherungen sowie durch privates Sparen nötig sind, sondern auch im Extremfall zusätzliche Leistungen von der Form des Armenrechts. Unter Aspekten der Legitimität einer staatsbürgerlichen Gesellschaft ist das garantierte Mindesteinkommen dennoch auch einem großzügigen Armenrecht vorzuziehen. Nur der allgemeine Weg kann uns zurückführen zu einer 99-Prozent-Gesellschaft, also zu einem Gemeinwesen, das durch sein praktisches Handeln die Zugehörigkeit aller anerkennt.

Und die Zukunft der Arbeit? Schmid und seine Mitstreiter machen ihre Forderung ja am Dilemma der Arbeitsgesellschaft fest. Sie wollen Arbeit und Einkommen entkoppeln und auf diese Weise den Weg zur Tätigkeitsgesellschaft beschleunigen. Eben hier setzt dann die Kritik von Ulf Fink an. Die neue Arbeitslosigkeit ist einer der Gründe für ein garantiertes Mindesteinkommen. Auch werden wir nicht zurückkehren zur Arbeitsgesellschaft alten Stils, es sei denn unter Umständen, die keiner sich wünschen kann. Insoweit führt jede Überlegung zu dem Gedanken eines Grundeinkommens, das auf die eine oder andere Weise garantiert sein muß. Aber das Mindesteinkommen ist in keinem Sinne eine bewegende Kraft der Tätigkeitsgesellschaft. Hier sind andere Kräfte vonnöten[3]. Das Mindesteinkommen löst also auch nicht alle Fragen der Zeit. Aber es ist eine wichtige Antwort auf eine Grundfrage: Gehen wir in eine Zeit, in der die Mehrheitsklasse der Besitzenden immer brutaler ihren Status verteidigt – oder öffnen wir uns erneut für die Bürgerrechtsgesellschaft, die allen Freiheit verspricht?

Ein garantiertes Mindesteinkommen
als konstitutionelles Anrecht

Manchmal scheint es in der praktischen Politik nützlich, sich mit
dem Teufel zu verbünden. Man kann das Richtige – das, was man
für richtig hält, – nur erreichen in der Koalition mit anderen, die
dasselbe, wenn auch aus falschen Gründen, wollen. Die Bildungs-
reform der sechziger Jahre war ein Beispiel. Das Argument von der
»deutschen Bildungskatastrophe« (116) war von Anfang an falsch.
Es unterstellte eine Beziehung zwischen Bildungsexpansion und
Wirtschaftswachstum, für die es keinerlei Gründe gab. Nur mit
Hilfe von sogenannten *spurious correlations,* von statistischen
Scheinbeziehungen, konnte man der Behauptung eine gewisse Ein-
dringlichkeit verleihen, daß der nächste Schritt des Wirtschaftswachstums die Erhöhung der Abiturientenzahl verlangt. Gewiß gab
es Länder, die sowohl mehr Hochschüler als auch höhere Wachstumsraten hatten; aber zwischen beiden bestand dennoch kein Zusammenhang. Nur ließ die statistische Scheinbeziehung Politiker
aufhorchen, während das Argument, daß Bildung Bürgerrecht ist,
ihnen allenfalls Feierabendbekenntnisse entlockte. Ohne Zweifel
haben die falschen Gründe die Expansion der sechziger und siebziger Jahre bewegt[4].

Wer aber Bündnisse mit dem Teufel schließt, zahlt dafür einen
hohen Preis. Zwar mag die oberflächliche Allianz von Bürgerrechts-
reformern und Wachstumsreformern Landtage zu erheblichen Aus-
gabensteigerungen für die weiterführende Bildung bewegt haben;
aber sie hat auch zur falschen Art von Reform geführt und am Ende
zur Schwächung des Erreichten. Die Art der Reform war falsch,
weil sie die Bildungsinstitutionen (um mit Christopher Jencks zu
sprechen) als »Fabrik« behandelt hat (vgl. 75). Blinde Expansion
sollte sich unmittelbar in einem neuen Wachstumsschub nieder-
schlagen.

Dabei blieb manches von dem auf der Strecke, was den Charme
von Schulen und Hochschulen ausmacht, auch manches von ihrer
Qualität. Außerdem erwies sich die wirtschaftliche Hoffnung als
verfehlt. So mußte fast notwendig die Desillusionierung folgen.

Nun, da sie stattfindet, haben die Bildungsinstitutionen außer in den handfest Interessierten gar keine Fürsprecher mehr. Das auf schwankendem Boden errichtete neue Gebäude gerät ins Wanken. Das Beispiel ist nicht zufällig gewählt. Die Forderung eines garantierten Mindesteinkommens ist von großer, beinahe strategischer Bedeutung in der Politik der achtziger Jahre. Aber auch bei ihr ist vor falschen Argumenten und damit vor falschen Bündnissen zu warnen. Das gilt vor allem für zwei Kategorien von Systemveränderern, die, wie alle ihresgleichen, am Ende das Bestehende nur stabilisieren werden.

Die erste dieser Kategorien hat als ihr Ziel die Entkoppelung von Arbeit und Einkommen. Das ist ein großes, wichtiges Thema. In der Tat hat ja die Erwerbsarbeit längst jene zentrale Stellung im Leben der meisten Menschen verloren, die die Rede von der Arbeitsgesellschaft rechtfertigte. Aus gutem Grund liegt etwas Schrilles in der unternehmerisch-gewerkschaftlichen Forderung, die Bedeutung der Erwerbsarbeit nur ja nicht geringzuschätzen. Das liegt quer zu den Entwicklungen eines Jahrhunderts, in dem im Namen der Erleichterung der Arbeit, aber auch der Befreiung von (»falscher«) Arbeit, das »Reich der Freiheit« ständig ausgeweitet worden ist. Wir stehen möglicherweise an der Schwelle zu einer Gesellschaft, in der Erwerbsarbeit gegenüber Formen der freien Tätigkeit zurücktritt, in diesem Sinne am Ende der Arbeitsgesellschaft und am Beginn von so etwas wie der Tätigkeitsgesellschaft.

Aber nur sehr privilegierte Gruppen – zum Beispiel mittelständische Jungakademiker mit Beamtenrechten – können aus dieser Tendenz so weitreichende Folgerungen ziehen, wie sie zuweilen erörtert werden, also etwa behaupten, die Zeit sei gekommen, Arbeit und Einkommen grundsätzlich zu entkoppeln. Weniger Privilegierte wissen, daß Beruf und Erwerbsarbeit in mehrfacher Hinsicht unentbehrliche Elemente des sozialen Lebens geblieben sind: Es ist uns noch kein anderer Weg eingefallen, um die Wohlfahrtschancen einer entwickelten Gesellschaft und ihre (notwendige?) Differenzierung zu gewährleisten, als der über Arbeitseinkommen. Das gilt übrigens auch für die Umverteilungselemente der Wohlfahrt, also die Lohnnebenkosten und den Sozialstaat.

Es ist uns auch noch keine andere Basis für das Selbstbild und Selbstbewußtsein von Menschen eingefallen als die Berufsposition. Nicht zufällig wird noch die Emanzipation von Frauen an ihr festgemacht. Und wo es Ansätze zu anderen Pflöcken für das Selbstbild gibt – etwa sportliche Leistungen oder Errungenschaften der Freizeittätigkeit –, haben diese meist eine verdächtige Ähnlichkeit mit der Arbeit.

Es ist uns vor allem noch nicht gelungen, andere Prinzipien für die Strukturierung des Zeithaushalts von Menschen zu finden als die der Erwerbsarbeit. Wenn der Fixpunkt der Berufsarbeit fehlt, wissen Menschen oft nicht, woran sie ihren Tages-, Wochen-, Jahresplan festmachen sollen (am Fernsehprogramm?).

Das sind harte Tatsachen. Wer sie nicht zur Kenntnis nimmt, hebt vom Boden der Wirklichkeit ab, und seine oder ihre Vorschläge geraten damit ins Schweben, also in die Unverbindlichkeit. Das muß man gerade dann feststellen, wenn man selbst ein Befürworter des Weges von der Arbeits- zur Tätigkeitsgesellschaft ist. Man sollte dieses zentrale Thema nicht durch seine Vermischung mit dem des Mindesteinkommens schwächen.

Welche Argumentation ist dann angemessen? Einen Zusammenhang mit der Entwicklung der Arbeit gibt es durchaus. Arbeit im Sinne von bezahlter Erwerbsarbeit ist in bestimmtem Sinne knapp geworden. Ihre Reduktion für einzelne bedeutet, daß diejenigen, die Arbeit – und damit Einkommen, Anrechte, Selbstachtung, Lebenshilfe – haben, an ihr festhalten, auch wenn das heißt, daß nicht alle mehr Erwerbsarbeit finden. Dadurch setzt ein Prozeß mit unabsehbaren Folgen ein. Eine Gesellschaft, die sich mühsam Staatsbürgerrechte für alle erobert hat, fängt an, mehr und mehr Menschen aus dem Genuß dieser Rechte herauszudefinieren, sie auszugrenzen. Die Gesellschaft gleicher Staatsbürger wird zu einer Gesellschaft der Mehrheitsklasse der Dazugehörigen, während eine Unterklasse der Nicht-Dazugehörigen vergebens an ihre Pforten klopft.

Die Folgen sind schwerwiegend, auch wenn sie nicht unmittelbar erkennbar werden. Nicht daß die Unterklasse eine Revolution vorbereiten würde – Unterklassen tun eben das bekanntlich nicht –, wohl aber fühlen ihre Mitglieder sich verständlicherweise nicht an

die geltenden Normen gebunden. Rechts- und Sozialordnung unterliegen dem grundsätzlichen Zweifel, einem Zweifel überdies, der
sich von der Unterklasse hereinfrißt in die offizielle Gesellschaft
der Mehrheit. Das gilt um so stärker, je ausgeprägter die Grauzone zwischen (Arbeit-)Besitzenden und Nicht-Besitzenden wird.
Am Ende erscheint der Grundvertrag der Gesellschaft selbst als
bedroht.

Das ist ein sehr gedrängtes, fast flüchtiges Argument. Doch gibt es
einen Hinweis auf eine ganz andere Begründung für ein garantiertes
Mindesteinkommen. Das ist die Begründung durch Staatsbürgerrechte: Wenn es nicht zu den Grundrechten jedes Bürgers gehört,
daß eine materielle Lebensgrundlage garantiert wird, dann zerfällt
die Staatsbürgergesellschaft. Anders gesagt, zur Definition des gemeinsamen Fußbodens, auf dem alle stehen, ist in der Tat die Entkoppelung des Einkommens von der Arbeit nötig. Hier reicht weder
die reine Wohlfahrt noch die Wiederbelebung des Spruchs, daß, wer
nicht arbeitet, auch nicht essen soll. Es ist dies aber nicht mehr als
eine notwendige Bedingung zur Schaffung einer Gesellschaft, in der
zu leben sich lohnt. Vieles weitere bleibt zu tun, gerade auch im
Hinblick auf die (Verteilung von) Arbeit. Das garantierte Mindesteinkommen ist so notwendig wie die übrigen Bürgerrechte, also die
Gleichheit vor dem Gesetz oder das allgemeine, gleiche Wahlrecht.

Die Abkoppler haben also etwas Richtiges erkannt, aber sie haben es von der notwendigen zur zureichenden Bedingung der gerechten Gesellschaft gemacht und verraten damit ihre besonderen
Gruppenprivilegien. Das gilt auf andere Weise auch für eine zweite
Kategorie von Systemveränderern, die sich zu diesem Thema geäußert haben. Das sind die Ökonomen etwa des Kronberger
Kreises[5].

In ihrem Papier über die »Bürgersteuer« – und damit auch das
»Bürgereinkommen« – haben diese Ökonomen den Gedanken der
negativen Einkommensteuer aufgenommen (81). Sie wenden sich
gegen alle Subventionssysteme, die für je eigene Bereiche der öffentlichen Tätigkeit eigene Ämter und Bürokratien schaffen. Mit Recht
argumentieren sie, daß diese Bürokratien oft teuer und immer wenig
effizient sind. Am liebsten würden sie an die Stelle aller Zwangsver-

sicherungs-Körperschaften und Umverteilungsämter nur eine einzige Behörde setzen, das Finanzamt. Diese nimmt oder gibt, aber beides in rein formal-administrativer Weise. Es reduziert also die vielfältigen Bedürfnisskalen des Wohlfahrtsstaates und die ebenso vielfältigen Instanzen, die diesen entsprechen, auf eine einzige Skala und Instanz – ein attraktiver Gedanke, der die Erniedrigung der Bürger durch Wohlfahrtsbürokratien beseitigen könnte und zugleich dabei helfen würde, den Unsinn zu vermeiden, daß der einzelne vom Staat das zurückbekommt, was er an Steuern und Abgaben eingezahlt hat, minus die Reibungskosten für die Verwaltung der Umverteilung.

Und doch ist auch hier ein grundlegendes Fragezeichen am Platze. Es berührt ein Thema, das nicht minder beladen und schwierig ist als das der Arbeit und ihrer Beziehung zum Einkommen, nämlich die Ökonomisierung von Anrechten. Vielen Auseinandersetzungen der gegenwärtigen Politik liegt ja eine unausgetragene Auffassungsverschiedenheit zugrunde. Es gibt diejenigen, die meinen, daß am Ende der »normale«, durch keinerlei »künstliches« Hindernis gehemmte Allokationsprozeß der Volkswirtschaft alle Bedürfnisse und Erfordernisse befriedigen kann. Sie setzen daher auf Wachstum. Wenn die Wirtschaft nur hinlänglich wächst und der Arbeitsmarkt ohne Hemmnisse funktioniert, wird die Arbeitslosigkeit ganz von selbst verschwinden. »Strukturelle« Fragen sind nur Zeugnisse mißlicher Eingriffe in den an sich vollkommenen Prozeß des Marktes. Es gibt aber auch diejenigen, die beharrlich argumentieren, daß Anrechte – zum Beispiel auch jene Vertragsfreiheit, durch die der Markt à la Adam Smith erst konstituiert wird – nicht von selbst aus dem Marktprozeß hervorgehen. Sie verlangen eigene Entscheidungen, wenn man so will, konstitutionelle Entscheidungen. Anrechte sind Elemente des Gesellschaftsvertrages, und das garantierte Mindesteinkommen gehört zu diesen Anrechten.

Wer die negative Einkommensteuer gänzlich verselbständigt, oder genauer, wer ganz auf das Steuersystem als Grenzbestimmung zwischen direktem und indirektem Einkommen setzt, öffnet der Beseitigung aller Anrechtsgarantien Tür und Tor. Man könnte sogar argumentieren, daß er durch eine Seitentür die Arbeitsgesellschaft in das System wieder hineinschmuggelt, nämlich Menschen nur insoweit gelten läßt, als sie für das Steuersystem relevant sind. Es mag durchaus sein, ist sogar wahrscheinlich, daß eine Form der negativen Einkommensteuer eine angemessene Garantie für das Mindesteinkommen liefert; aber es ist keine Sophisterei zu fordern, daß Staatsbürgerrechte zuerst definiert werden müssen und Methoden zu ihrer Befriedigung danach.

Das alles ist nicht aus Vergnügen am Argument gesagt. Man könnte gewiß fragen, warum der Liberale zögert, wenn die Grünen und der Kronberger Kreis sich schon einmal einig sind. Wäre es nicht einfacher, das durch negative Einkommensteuer garantierte Mindesteinkommen erst einmal zu etablieren und dann weiterzusehen? Ich denke nicht. Wacklige Koalitionen führen auch zu Entscheidungen ohne Bestand. Am Ende würden die einen immerfort am Steuersatz herumfummeln und die anderen der Schimäre einer von Arbeit gänzlich befreiten Gesellschaft nachlaufen, und das garantierte Mindesteinkommen wäre das Opfer.

Die Entscheidung, die verlangt ist, ist in Wahrheit eine ganz andere. Sie ist in der Qualität nicht anders als die Garantie der Gleichheit vor dem Gesetz und des gleichen Wahlrechts. Es ist ein Schritt zu tun, der seiner Intention nach unwiderruflich ist. Gewiß schützen Verfassungen nicht vor Tyrannen, zumal nicht vor dem Mediencharisma populistischer Führer. Aber sie verkörpern, wenn sie gut sind, die besten Errungenschaften einer zivilisierten Gesellschaft, das also, hinter das man nicht mehr zurückfallen will. Im normalen Gang der Dinge zumindest binden sie die Hände der politisch Tätigen, und noch im nicht-normalen Gang schaffen sie ein Hindernis für verderbliche Entscheidungen. In die Verfassung im weiteren Sinne gehört auch das Mindesteinkommen. Es muß als Grundbestand der Staatsbürgerrechte Anerkennung finden, weil sein Sinn darin liegt, eine Ausgangsposition zu bestimmen, hinter die niemand zurückfallen darf[6].

Ein solcher Ansatz hat auch konkrete Folgen. Wer Arbeit und Einkommen entkoppeln will, muß ein möglichst hohes Mindesteinkommen fordern. Wer nur die Vereinheitlichung der Skalen in einem einzigen (positiven und negativen) Steuersystem will, kann so herzlos oder sozial sein, wie er will. Wer dagegen das garantierte Mindesteinkommen als Staatsbürgerrecht will, muß mit einem mäßigen, aber eben garantierbaren Betrag beginnen. Dieser braucht nicht wesentlich über dem gegenwärtigen Sozialhilfesatz zu liegen. Entscheidend ist nur seine grundsätzliche Unangreifbarkeit, also sein Anrechtscharakter.

Verfassungsökonomen *(constitutional economists)* haben mit Recht bemerkt, daß die von ihnen geforderten nachhaltigen Bindungen der Politik sich nur in ungewöhnlichen Situationen durchsetzen lassen. Nur in einer Zeit der Hyperinflation kann man hoffen, verfassungsmäßige Beschränkungen der Währungspolitik, der Haushaltspolitik oder auch der Tarifabmachungen durchzusetzen. Es mag sein, daß etwas Ähnliches für das garantierte Mindesteinkommen gilt. Allerdings ist eine Zeit, in der hohe Arbeitslosigkeit mit begründeten Zweifeln am herkömmlichen Sozialstaat zusammenfällt, einer solchen Ausnahmesituation ziemlich nahe. Insofern kommt es darauf an, die Diskussion wachzuhalten.

11 Die Arbeitsgesellschaft in der Krise

Das Thema dieser Erwägung ist die Zukunft der Arbeit. An ihrem Beginn steht offenkundig die Gegenwart der Arbeitslosigkeit. Dazu will ich eine Frage stellen, die zunächst überraschen mag: Warum ist eigentlich die Arbeitslosigkeit der achtziger Jahre so schlimm? Wer die Frage beantworten kann, ist wahrscheinlich schon auf dem Weg zu ihrer Lösung.

Wer heute die wirtschaftspolitische Diskussion verfolgt und noch nicht ganz vergessen hat, was vor zehn Jahren war, der muß stutzig werden: Hat es denn die Wachstumszweifel der siebziger Jahre nie gegeben? Wirtschaftswachstum ist wieder »in«. Es ist dies zunächst tatsächlich. Zweieinhalb bis dreieinhalb Prozent Wachstum des Bruttosozialprodukts bedeuten ja eine enorme Vermehrung der Menge neuer Güter und Dienstleistungen; an Quantität entsprechen sie dem mehr als Vierfachen des Jahres 1950[1]. Unser gegenwärtiges Wirtschaftswachstum ist also mit den zweistelligen Raten der fünfziger Jahre durchaus zu vergleichen. Vor allem aber ist die Kritik am Wirtschaftswachstum verstummt. Die Bonner Koalition setzt ausdrücklich auf Wachstum, unter verhaltener Anrufung der Theorien einer angebotsorientierten Wirtschaftspolitik der Ermunterung von Investoren und Unternehmern. Aber auch die Sozialdemokraten haben ihre Wachstumszweifel verdrängt; ja sogar die Grünen scheinen sich neben vielem anderen damit abgefunden zu haben, daß Politik eben doch leichter ist, wenn sie sich als Positivsummenspiel spielen läßt, also wenn man Zuwächse verteilen kann und nicht Opfer verlangen muß. »Arbeit und Umwelt« ist zwar ein schöner Spruch, bedeutet aber nicht viel mehr, als daß klassisch neo-klassische Wachstumspolitik mit Bekenntnissen zur Vollbeschäftigung und einem bunten Vogel als Umweltminister garniert wird[2].

Das zu bemerken ist wichtig, weil die großen Fragen der siebziger Jahre zwar von der Bühne der Politik geschlichen sein mögen, damit aber nicht sinnlos geworden sind. Das gilt für die Grenzen des Wachstums ebenso wie für die Stagflation. Der Club of Rome hat mit Recht gefragt, von welchem Punkt an die zerstörende Kraft des Wachstums größer wird als sein Gewinn, auch wenn die ersten, eher malthusianisch-mechanistischen Antworten des Club of Rome viele Schwächen hatten (99). Fred Hirsch hat die gerne verdrängte Frage der sozialen Grenzen des Wachstums aufgeworfen (69), wie wir also damit fertig werden, daß immer mehr Chancen für alle am Ende immer weniger Chancen lassen. Wenn jeder ein einsames Haus am Bergsee will, gibt es bald keine einsamen Häuser an Bergseen mehr. Mancur Olson hat dem in seinem Buch unter diesem Titel die Frage hinzugefügt, ob nicht der »Aufstieg und Fall von Nationen« mit jenen sozialen Verkrustungen zusammenhängen, die anhaltende Stagflationsphasen erklären (113). Ein Kartell von Interessengruppen hat den Kuchen immer schon verteilt, bevor er gebacken ist; Neues entsteht so nicht. Vor allem aber löst Wachstum Probleme nicht mehr. In früher ungeahntem Maße, und nicht nur in den Vereinigten Staaten, ist der gegenwärtige Aufschwung ein Wachstum auf Pump. Und dennoch verlangen Wirtschaftsinstitute einen »steileren Pfad«, um mit der Arbeitslosigkeit fertig zu werden.

Das ist denn auch der Grund für diesen Beginn meiner Überlegungen: beträchtliches Wirtschaftswachstum ist heute bei hoher Arbeitslosigkeit möglich. Wir brauchen offenbar die Arbeitskraft der Unbeschäftigten nicht, um die Produktion von Gütern und die Erstellung von Dienstleistungen Jahr für Jahr um zwei, drei, vier Prozent zu steigern. Der Stagflation ist das gefolgt, was man *jobless growth* oder auch *boom unemployment* nennen muß, also beschäftigungsloses Wachstum, Expansions-Arbeitslosigkeit. Auf der Bühne der öffentlichen Diskussion hat das neue Problem die Stagflation längst verdrängt. Wieder gibt es eine beträchtliche Literatur, die von Weltuntergangsszenarien bis zu nüchternen Analysen reicht, doch in mancherlei Sprache dasselbe sagt. Die einen sprechen vom Ende der Arbeitsgesellschaft, die anderen von der unverhofften Erhöhung der »natürlichen« Rate der Arbeitslosigkeit oder, technischer, der

Arbeitslosigkeit, die sich ohne beschleunigte Inflation nicht senken läßt und die bei sieben oder acht Prozent angesetzt wird.

Wieder gibt es übrigens auch diejenigen, die hoffen, das neue Thema würde sich schon still wieder davonmachen. Sie verweisen auf die Zahl der jährlich neugeschaffenen Arbeitsplätze und die gleichzeitige Veränderung der demographischen Strukturen. Beides zusammen, so wird argumentiert, müsse spätestens Anfang der neunziger Jahre sozusagen naturnotwendig zu einer raschen Abnahme der Arbeitslosigkeit führen. Immer häufiger hört man auch, mit verräterischer Unabsichtlichkeit, im kommenden Jahr werde es schon gelingen, die Arbeitslosenstatistik herunterzubringen. Die Statistik? Da muß man an jenen Finanzminister denken, der jeden Monat wieder den Leiter des Statistischen Amtes mit der erwartungsfrohen Frage empfing: »Na, geht es aufwärts?«, um dann enttäuscht zu vernehmen, daß das, was er ohnehin wußte, sich auch in den Zahlen niederschlägt[3].

Statistik darf man weder ignorieren noch überschätzen. Zwei Jahrzehnte lang, von der Mitte der fünfziger Jahre bis zur Mitte der siebziger Jahre, war die Arbeitslosigkeit in der Bundesrepublik Deutschland kein beunruhigendes Problem. Sie sank von fünf Prozent auf ein Prozent und fing erst nach dem ersten Ölschock von 1973 wieder an zu steigen. Ende der siebziger Jahre ging die Arbeitslosenrate sogar noch einmal zurück auf unter vier Prozent. Erst seit 1980 ist sie dann rasch angestiegen, um sich bei etwa neun Prozent zu stabilisieren. Die Zahl verbirgt beträchtliche regionale Unterschiede[4]. Sie ist auch sonst für manche Zweifel offen, und zwar nach oben wie nach unten. Indes, selbst wenn der Aufschwung noch eine Weile anhält und die Arbeitlosenrate rückläufig wird, verschwinden die zugrundeliegenden Probleme nicht, die in der Statistik einen, aber eben auch nur einen Ausdruck finden.

Warum ist also die Arbeitslosigkeit so schlimm? Sie ist es nicht aus statistischen Gründen. Sie ist es auch nicht, weil sie in irgendeinem greifbaren Sinne eine »Massenarbeitslosigkeit« wäre. Der Ausdruck eignet sich vielleicht zur Polemik; aber in Wahrheit sind die Arbeitslosen nicht massenhafter als, sagen wir, die Sozialhilfeempfänger oder die noch immer beruflich benachteiligten Frauen.

Die Beispiele sind mit Bedacht gewählt. Viele Menschen fallen in diese Kategorien, aber keine der Sozialkategorien tritt massenhaft in Erscheinung. Keine wird auch auf Bonn marschieren, um ihre Interessen anzumelden und Ansprüche durchzusetzen. Dafür gibt es viele Gründe. Was die Arbeitslosen betrifft, so ist einer, daß diese immer schon dazu geneigt haben, ihre Lage als persönliches Geschick, als Pech oder als Versagen zu verstehen. Das hat etwas damit zu tun, daß die Arbeitslosen eher in einer Konkurrenzbeziehung als in einer der Solidarität stehen; gemeinsames, kollektives Handeln hilft ihnen wenig. Und viele haben alle Hoffnung schon fahrenlassen; sie gehören zu jener Unterklasse, die eher durch Lethargie als durch Aktivismus gekennzeichnet ist. Nein, eine Revolution der Arbeitslosen wird es und kann es nicht geben[5].

Heißt das gar, daß das Problem der Arbeitslosen am Ende so schlimm nicht ist? Können wir uns mit den statistischen Aussichten und der politischen Unsichtbarkeit der Arbeitslosen beruhigen? Ganz sicher nicht. Nur liegt das Problem an möglicherweise unverhofften Stellen. Zwei davon sind besonders wichtig. Da ist einmal jene kuriose Entwicklung, die – mit Nuancen – in allen OECD-Ländern stattfindet. Eine beträchtliche Mehrheit aller Bürger hat Arbeit. Sie steht auf der großen Rolltreppe der modernen Gesellschaft, der *scala mobile,* die immer nur nach oben führt. Die meisten können hoffen, ihre Wünsche und Erwartungen im Rahmen der bestehenden Verhältnisse im großen und ganzen verwirklicht zu finden. Aber eine Minderheit fällt heraus. Sie steht vor der Rolltreppe, ohne auch nur den Fuß auf die erste Stufe zu bringen. Außer der Mehrheitsklasse gibt es die neue Unterklasse, und ihre Existenz selbst ist eine Anklage der Gesellschaften, in denen wir leben. Um den früheren britischen Premierminister Clement Attlee zu zitieren: »Es ist abwegig zu erwarten, daß wir überleben können, wenn wir für die, die drinnen sind, den Himmel schaffen, aber die, die draußen bleiben, in einer Hölle lassen.«

Das Bild ist vereinfacht. In den letzten Jahren hat sich zwischen die Mehrheitsklasse und die Unterklasse – zwischen die Stammbelegschaften und die Dauerarbeitslosen – eine neue, wachsende Kategorie von Halbgesicherten geschoben, eine Grauzone derer, die mal drinnen sind und mal draußen, zwischen Himmel und Hölle sozusagen. Diese Kategorie könnte bei sich verschlechternden wirtschaftlichen Bedingungen eines der großen sozialen Probleme bilden. Vorerst aber ist das Hauptproblem ein anderes. Man zögert, auf die Unterklasse der neuen Armen und Arbeitslosen den Begriff des Lumpenproletariats anzuwenden: »Diese passive Verfaulung der untersten Schichten der alten Gesellschaft« (wie es im *Kommunistischen Manifest* heißt), die nicht etwa Teil einer revolutionären Bewegung ist, sondern ihrer »ganzen Lebenslage nach ... bereitwilliger sein [wird], sich zu reaktionären Umtrieben erkaufen zu lassen« (96). Manches spricht indes dafür, daß die Unterklasse eher ein Reservoir für situationsbezogene Ausbrüche darstellt. Sie hat hier und da Fußballstadien erobert; sie regiert in manchen Bezirken innerer Städte, die die Polizei zu meiden gelernt hat; sie erinnert an die pseudo-politischen Schlägereien, die das Horst-Wessel-Lied einmal glorifiziert hat; sie stellt das in Frage, was Liberale so ungern beim Namen nennen, Recht und Ordnung.

Da wird denn auch der Kern des Problems sichtbar: Die neue Arbeitslosigkeit ist schlimm, weil sie die Unfähigkeit moderner Gesellschaften zeigt, die Grundrechte des Staatsbürgers allen Menschen in ihren Grenzen zukommen zu lassen. Staatsbürgerrechte sind etwas geworden, was sie nie sein dürfen, ein Privileg, und sei es auch eines der Mehrheit. Diese Mehrheit hat mannigfache Mittel, ihre Stellung zu verteidigen. Die Parteien und großen Organisationen sind ihre Bastionen. Nur wird das auf die Dauer nicht gutgehen. Es stößt nämlich nicht nur moralisch, sondern auch praktisch an. Wer die Freiheit will, muß wollen, daß alle Bürger Bürgerrechte haben; wer das nicht will, wird bald auch die Freiheit verlieren.

Das ist die eine Seite des Problems, scheinbar abstrakt und doch konkreter als alle gängigen Phrasen. Die andere Seite hat mit der Gefahr zu tun, daß die öffentliche Diskussion sich auf Rezepte konzentriert, die die alte Welt der Vollbeschäftigung und mit ihr die in allen Teilen durch Erwerbstätigkeit geprägte Arbeitsgesellschaft wiederherstellen sollen. Damit würde nicht nur eine Chance verpaßt, sondern auch ein großes Mißverständnis in unsere Zukunft eingebracht. Es hat nämlich schon seinen Grund, von einer *neuen*

Arbeitslosigkeit zu sprechen. In entscheidender Hinsicht ist das, was wir heute erleben, nicht einfach eine Wiederholung der großen Wirtschaftskrise der dreißiger Jahre. Der Unterschied läßt sich in eine Aussage fassen (*en passant* ist sie vorhin schon gemacht worden): die Arbeitskraft der heute Arbeitslosen ist überflüssig geworden. Wir brauchen die Arbeitslosen nicht, um das auf absehbare Zeit erreichbare Wirtschaftswachstum zu produzieren. John Maynard Keynes suchte die Lösung für *unemployment amidst dearth,* Arbeitslosigkeit inmitten des Mangels; unser Problem aber ist *unemployment amidst affluence,* Arbeitslosigkeit inmitten des Überflusses. Die Arbeitslosen sind in den Windschatten der nachindustriellen Gesellschaft geraten.

Das ist überzeichnet. Jede Gesellschaft braucht jeden Menschen in ihren Grenzen; sonst wird sie zum Hobbesschen Alptraum eines Rudels mordgieriger Wölfe *(homo homini lupus).* Die Übertreibung hilft aber, den zugrundeliegenden Sachverhalt zu verstehen. Seit ihrer Erfindung, zumindest aber seit ihrer massenhaften Ausbreitung im achtzehnten und neunzehnten Jahrhundert, war Lohnarbeit Fronarbeit. Das große Thema des Fortschritts lag in der Befreiung des Menschen von unwürdiger, ja oft unerträglicher Arbeitslast. Das Thema ist viel älter als die Industriegesellschaft. Marx hat mit seiner Unterscheidung des »Reiches der Freiheit« vom »Reich der Notwendigkeit« ein Motiv aufgenommen, das sich schon bei Aristoteles findet. Aber die Industriegesellschaft hat es als erste möglich gemacht, das Thema zu bewältigen. »Die Verkürzung des Arbeitstages ist die Grundbedingung«, heißt es lakonisch bei Marx am Ende seiner Erörterung von Freiheit und Notwendigkeit (98, III, S. 828). In dieser Hinsicht zumindest war der Fortschritt keine Schnecke. Ein Jahrhundert später sind Kinder, Alte und Gebrechliche vom Zwang zur Arbeit befreit, haben Bildung, Ruhestand und Freizeit den Raum der Arbeit im Leben der übrigen streng begrenzt, ist nahezu alle Arbeit leichter, humaner geworden. Allerorten ist abhängige, belastende, unwürdige, heteronome *Arbeit* zugunsten selbstgewählter, eigene Talente und Hoffnungen entfaltender, autonomer *Tätigkeit* zurückgedrängt worden. Da kann man, wie stets, sagen, es sei immer noch nicht genug geschehen und nicht alle hätten in gleicher

Weise von der Entwicklung profitiert; doch sind das beinahe schon Mäkeleien angesichts der Dimension des Fortschritts auf dem Weg von der Arbeitsgesellschaft zur Tätigkeitsgesellschaft.

Allerdings gilt hier wie auch sonst: der Fortschritt hat einen Preis. Weniger Menschen tragen leichter am Joch der verbleibenden Erwerbsarbeit (denn von ihr ist die Rede); mehr Menschen haben unvergleichlich viel mehr Chancen der freien Tätigkeit – aber damit ist die Geschichte nicht zu Ende. Sie ist glücklicherweise überhaupt nie zu Ende, solange es Menschen gibt. Neue Fragen stellen sich. An manchen von ihnen werden wir noch lange tragen. Arbeit, auch Erwerbsarbeit, war durch Jahrhunderte hin das Gerüst, um das herum Menschen ihr Leben aufgebaut haben. Arbeit hat (neben anderem) den Zeitplan des Tages, der Woche, des Jahres, des Lebens bestimmt, einschließlich gerade auch jener Zeit, die nicht am Arbeitsplatz zugebracht wird, also der Bildungszeit, der Freizeit, der Zeit des Ruhestandes. Was tun Menschen mit ihrer Zeit, wenn Arbeit das nicht mehr leistet? Wird es mehr und mehr »ewige Studenten« geben? Wird ein Übermaß an Medien-Berieselung die passive Existenz vieler Menschen noch verstärken? Wird das Fernsehprogramm zum neuen Gerüst des Tages, der Woche, des Jahres? Wird das Dahindämmern der Pensionärsexistenz zur Regel? Das sind lösbare Fragen; nur müssen sie auch gelöst werden.

Das gilt zunächst aber für die offenkundigste Frage. Erwerbsarbeit, die es immer im Überfluß gab, ist zum knappen Gut geworden. (Daran könnte man manche Reflexion anknüpfen, zum Beispiel über knappe und teure Erwerbsarbeit und die gleichzeitige Tatsache, daß so vieles ungetan bleibt[6].) Wie es bei knappen Gütern zu gehen pflegt, haben einige sie im Überfluß, während andere gänzlich leer ausgehen. Es bleibt ein Verteilungsproblem, und derlei Probleme tun weh. Solange Erwerbsarbeit zugleich wesentliche Quelle des Lebensunterhalts, fester Anhaltspunkt sozialer Berechtigungen und Bedingung der Selbstachtung ist, läßt sich die Unterscheidung derer, die Arbeit haben, und derer, die sie nicht haben, nicht ertragen. Da das noch eine Zeitlang der Fall sein wird, muß die verbleibende Erwerbsarbeit anders, nämlich gerechter verteilt werden. Das geht wahrscheinlich nicht als Positivsummenspiel. Das verlangt

Opfer von der Mehrheitsklasse, oder vielmehr, es verlangt eine neue
Einstellung. Mehr Menschen müssen bereit sein, Produktivitätssteigerungen nicht wie selbstverständlich in Lohnerhöhungen, sondern
in Zeit umzusetzen, in Tätigkeitszeit. Man kann die Interessenlage
von Gewerkschaftlern verstehen, die zugleich höheren Lohn und
kürzere Arbeitszeit, also die Besserstellung ihrer Mitglieder und die
Vergrößerung ihres Mitgliederpotentials durch die Schaffung neuer
Arbeitsplätze wollen. Aber die Quadratur des Zirkels kann nicht
gelingen; am Ende führen solche Forderungen eher zur Verhärtung
der Grenze zwischen Arbeitenden und Arbeitslosen. Um sie durch-
lässig zu machen, sind andere, schwierigere Schritte nötig[7].

Das führt dann hin zu der Absicht, mit der in diesen Erwägungen
Themen der Zeit behandelt werden, nämlich zur politischen Aktion.
Analyse ist nötig; wir zahlen ja heute einen hohen Preis für
einen gedankenlosen Pragmatismus der Politik. Aber Analyse ist
nicht Selbstzweck. Hier sollen drei Schlüsse aus der skizzierten
Analyse gezogen werden, für die ich allerdings nicht mehr in Anspruch nehmen will, als daß sie die öffentliche Diskussion anregen
können.

Der erste Schluß ist: Was immer im Hinblick auf Arbeitslose und
Arbeitslosigkeit getan wird, muß im Blick auf die Notwendigkeit
getan werden, Staatsbürgerrechte für alle zu garantieren. Das ist so
philosophisch nicht, wie es klingt. Es hat zum Beispiel etwas zu tun
mit der bislang nur sporadisch erörterten, aber fundamentalen
Frage des garantierten Mindesteinkommens. (Auch die Grundver-
sorgung der Arbeitsunfähigen und nicht mehr Berufstätigen, also die
Begründung des Sozialstaates von morgen, gehört in diesen Bereich;
und man sollte sich durch das Kartell der Interessenten nicht irremachen lassen beim Einbringen neuer Vorschläge.) Nichts ist in
einer Zeit, in der zwischen Mehrheitsklasse und Unterklasse eine
bedenklich scharfe Grenze gezogen wird, falscher als die Denaturie-
rung sozialer Leistungen zu gezielten, auf umständlicher Bedürfnisprüfung beruhenden milden Gaben. So wird nämlich nicht nur das
Stigma des Ausschlusses von der Welt der Mehrheit sichtbar gemacht, sondern auch die Grenze zwischen Himmel und Hölle mit
Stacheldraht und Selbstschußanlagen ausgestattet.

Die Erörterung des garantierten Mindesteinkommens ist bisher eher mißlich verlaufen. Die einen wollen Arbeit und Einkommen gänzlich entkoppeln. Ihre Motive sind verständlich und auch einleuchtend, aber indem sie den zweiten Schritt vor dem ersten tun wollen, zerstören sie die Voraussetzungen ihrer Absichten. Die anderen wollen durch Mindesteinkommen sicherstellen, daß niemand unter ein zivilisiertes Grundniveau des Lebens fallen kann. Man muß leider vermuten, daß sie die Rechnung ohne den Wirt, vielmehr ohne die wirtschaftlichen Voraussetzungen der Sozialpolitik gemacht haben. Das gilt sowohl im Hinblick auf die Motive der Menschen als auch auf die Leistungsfähigkeit der Volkswirtschaft. Hier geht es um einen zugleich bescheideneren und weiterreichenden Gedanken. Das Mindesteinkommen als Prinzip ist eine Folge der Absicht, Ausgrenzung durch die erneute Bestätigung des Grundsatzes der Staatsbürgerrechte für alle zu überwinden. Das garantierte Einkommen braucht indes kein auskömmliches Leben zu sichern; die Verbindung von Grundsicherung und Anreiz zur Eigenleistung ist vielmehr einer entwickelten Staatsbürgergesellschaft durchaus angemessen.

Der zweite Schluß der hier entworfenen Analyse betrifft ein Thema, das zum Unterschied vom Mindesteinkommen viel diskutiert wird, bei dem aber Klarheit der Begriffe dringend nottut, das ist das Thema der Flexibilität. »Flexibilität«, so meinte der amerikanische Gewerkschaftsführer Lane Kirkland kürzlich, »das bedeutet zwei Wörter: *you're fired!*«[8] Genaugenommen sind es auch auf englisch drei Wörter: »Sie sind entlassen!« Wenn das der Fall sein sollte, kann man das Thema gleich zu den Akten legen. Das gilt nicht nur, weil die Einschränkung der Arbeitsplatzsicherheit – wie auch die Senkung der Reallöhne – nur um einen hohen Preis an sozialem Frieden durchsetzbar wäre. Das ist auch relevant; aber es ist nur ein Teil des Problems. Wichtiger ist, daß vor allem Ökonomen hier dazu neigen, ihre Modell-Logik mit der Wirklichkeit zu verwechseln. Daß hohe Reallöhne und vor allem Realeinkommen ein wichtiges Stück des Hintergrundes der neuen Arbeitslosigkeit ausmachen, läßt sich schlechterdings nicht bestreiten. Doch folgt daraus nicht, daß man nur zum *status quo ante,* also

sagen wir zu den Reallöhnen von 1973 oder auch 1979 zurückzukehren braucht, um die relative Vollbeschäftigung von 1973 oder
1979 wiederherzustellen. Hier sind ökonomische Theorien Einweg-
theorien, die sich nicht in politische Rezepte umkehren lassen[9].
Maßvolle, unter den Produktivitätssteigerungen liegende Einkom-
menserhöhungen, gewisse Korrekturen an den Lohnnebenkosten,
befristete Arbeitsverträge und dergleichen sind also wichtig; aber
niemand soll in ihnen schon die Antwort auf die Arbeitsfrage
suchen.

Das gilt nicht zuletzt darum, weil es ja abwegig wäre, mit den
Nebenwirkungen auch die Errungenschaften vergangener Fortschritte abzuschütteln. Karl Popper hatte sich schon etwas dabei
gedacht, als er am Ende des ersten Bandes der *Offenen Gesellschaft*
diese durch »Sicherheit und Freiheit« bestimmte (119, S. 268). Wir
können die japanische Mischung von Rigidität und Flexibilität nicht
nachahmen, aber wir sollten uns auch nicht von der amerikanischen
Ideologie absoluter Flexibilität irremachen lassen. Es könnte durchaus einen europäischen Weg geben, der Staatsbürgerrechte und
Lebenschancen auf neue Weise verbindet.

Auch dieser Weg verlangt allerdings mehr Flexibilität, nur in einem präzisen und begrenzten Sinne. Zwei Beispiele müssen hier
genügen. Das eine betrifft die sogenannte innerbetriebliche Mobilität. Daß es Kündigungsschutz gibt, ist gut und richtig. Daß es zugleich Schutz vor »Änderungs-Kündigungen« gibt, macht Betriebe,
Verwaltungen und Organisationen starr. Wenn Veränderungen des
Arbeitsplatzes auch ohne Gefährdung der Anstellung selbst so starr
bleiben, wie sie es heute sind, wird das bedeuten, daß auch insoweit
die Mehrheitsklasse sich weiter verschanzt und zukünftige Möglichkeiten freier Tätigkeit blockiert werden. Hier spielen übrigens die an
sich wünschenswerten Einrichtungen der Betriebs- und Personalräte
eine höchst zweifelhafte Rolle.

Das andere Beispiel betrifft ein liberales Lieblingsthema, die Zeit-
souveränität. In Frankreich hat die Regierung einen interessanten
Vorschlag in die Diskussion eingebracht. Sein Kern liegt darin, die
Arbeitszeit auf Jahresbasis zu berechnen, um dann einerseits eine
Verkürzung der (Jahres-)Arbeitszeit, andererseits aber eine weitge-

hend flexible Verteilung der Arbeitsstunden auf das Jahr zu erlauben. Dabei soll weder der Achtstundentag noch die 40-Stunden-Woche, weder die Regelung der Schichtarbeit noch der fixierte Jahresurlaub tabu sein[10]. Das ist ein konkretes Beispiel für ein allgemeineres Prinzip: wegzukommen von der hemmenden Starre der geltenden Zeitregelungen für die Arbeit des einzelnen, aber auch für die Tätigkeit der Unternehmungen (einschließlich der Ladenschlußzeiten), ohne daß durch größere Flexibilität die Grundsicherheit der Beschäftigten gefährdet wird.

An weiteren Beispielen wäre kein Mangel. Doch sind diese fast nicht nötig. Die Pointe des Mindesteinkommens und der Flexibilität im hier verstandenen Sinne ist, daß beide nicht nur Mittel zur Bewältigung unmittelbarer Probleme sind, sondern daß sie Wege weisen, die zu einer Gesellschaft der Tätigkeit führen. Hier geht es gerade nicht um die Rekonstruktion der Arbeitsgesellschaft, so gerne verlegene Kapitalisten und Sozialisten deren Disziplinierungsinstrumente wiederbeleben möchten. Hier geht es um strategische Veränderungen, durch die am Ende eine Gesellschaft tätiger Staatsbürger entsteht. Das ist eine Welt, in der alle gewisse erkennbare Grundrechte der Teilnahme haben. Alle: Niemand ist ausgeschlossen oder ausgegrenzt. Zugleich ist es eine Gesellschaft, in der die Eintrittskarte nicht mehr Fronarbeit heißt. Vielmehr eröffnet diese Gesellschaft ein Optimum an Möglichkeiten der Tätigkeit im besten Sinne, nämlich an sinnerfüllter Autonomie. Da gibt es Strukturen – Ligaturen[11] –, die dem Tun Bedeutung geben, aber immer auch den Spielraum zu ihrer persönlichen Gestaltung.

Das führt dann zu einem dritten und letzten Schluß aus dieser Analyse, zu dem mit Zögern ein Wort zu sagen ist, der Bildung. Um dies sogleich festzuklopfen: Bildung ist nicht der Motor des Wandels. Sie ist weder so nützlich, wie die einen, noch so schädlich, wie die anderen glauben. Sie ist immer bezogen auf das, was menschliches Leben in Gesellschaft vor allem ausmacht, und das ist nun einmal die Aneignung der Welt durch unser Tun, insofern die Arbeit. Aber in dem Maße, in dem Arbeit zur Tätigkeit wird – werden soll –, kann und muß Bildung sich von Grund auf verändern. Das gilt für ihren Platz im Leben nicht minder als für ihre Inhalte.

Die Gemeinplätze, die einem hier in den Sinn kommen, sind deshalb nicht weniger begründet. Ausbildung für die moderne Arbeitswelt muß selbst schon Voraussetzungen und Bereitschaft zur Flexibilität schaffen. Bildung für eine Welt der Tätigkeit darf nicht auf die Ansprüche der Arbeitswelt beschränkt bleiben. Die Trennung einer großen arbeitslosen Bildungswelt von einer ebenso großen bildungslosen Arbeitswelt war von Anfang an falsch; beide müssen einander viel stärker durchdringen. Bildung ist Bürgerrecht, aber hier wie auch sonst ist Expansion ohne Differenzierung verderblich. Das sind schöne, fast schon fromme Sprüche. Die Frage ist: Gibt es einen strategischen Ansatzpunkt im Bereich der Bildung, der den Weg von der bröckelnden Arbeitsgesellschaft zur lockenden Tätigkeitsgesellschaft ebnen könnte? Da fehlt mir die Antwort.

Das Thema dieser Erwägungen war die Krise der Arbeitsgesellschaft. Das Wort Krise ruft Angst wach und oft den Versuch, an Bekanntem festzuhalten. Das war hier nicht beabsichtigt. Wir sollten der Arbeitsgesellschaft leichten Herzens Lebewohl sagen, oder vielmehr: Auf Nimmerwiedersehen! Sie war notwendige, aber keineswegs zureichende Bedingung der neuen Freiheit der Tätigkeitsgesellschaft, die heute am Horizont erscheint. Damit sie sich nicht mit dem Horizont immer wieder entfernt, wenn wir uns ihr nähern, ist manches hier und heute zu tun. Die schöpferische Bewältigung der Arbeitslosigkeit ist das erste Thema.

12 Arbeit und Tätigkeit: eine neue Angst vor der Freiheit?

Der frühere britische Premierminister Harold Macmillan bemerkte gelegentlich mit seiner unnachahmlichen Mischung von Einfachheit und Subtilität: »Ich verstehe die Aufregung über die Arbeitslosigkeit nicht. Als ich junger Abgeordneter war, haben die Leute immerfort weniger Arbeit verlangt – warum sind sie jetzt nicht glücklich, wo sie erreicht haben, was sie wollten?«[1] Ein weniger verehrungswürdiger Mann wäre für eine solche Bemerkung ein Zyniker, wenn nicht Schlimmeres, gescholten worden. Auch enthält die Äußerung sicherlich nicht die ganze Wahrheit. Aber es blitzt in ihr eine Einsicht auf, die zu verfolgen sich lohnt in einer Welt, in der dieselbe Orthodoxie Rechte wie Linke, Kapitalisten wie Sozialisten beherrscht. Je schneller uns die Arbeit ausgeht (so scheint es), desto verzweifelter klammert sich jedermann an die Werte und Strukturen der Arbeitsgesellschaft.

Schon diese Vokabeln – die hier aus Hannah Arendts wichtiger Analyse der *Vita Activa* übernommen worden sind (6) – mögen manchen Leser veranlassen abzuschalten, vor allem solche, die sich als solide Ökonomen verstehen. Daher mag es am Platze sein, Schritt für Schritt von unbezweifelbaren zu problematischeren Beobachtungen überzugehen, also erst die Tatsachen und dann die Hoffnung sprechen zu lassen.

Arbeit in der umgangssprachlichen Bedeutung des Wortes ist nie als sonderlich angenehme Dimension des Lebens betrachtet worden. Sie wird im allgemeinen für das gehalten, was sie unzweifelhaft ist, nämlich eine Notwendigkeit. Der Mensch muß arbeiten, um zu leben. Es gibt wichtige Unterschiede zwischen dem, was man die Beschaffung des Lebensunterhalts nennen kann (durch Jagen und

Sammeln, Landbau oder auch die Herstellung der Werkzeuge, mit denen Nahrung und Wohnung gewonnen werden), und andererseits dem Verdienen des Lebensunterhalts. Das Medium des Geldes hat die Beziehung zwischen Arbeit und Leben verändert; es hat sie ferner und fremder gemacht. Doch bleibt es Tatsache, daß unsere Wirtschaft, sei sie einfach oder komplex, dadurch in Gang gehalten wird, daß Menschen für ihren Lebensunterhalt arbeiten.

Diese Notwendigkeit hat zu mindestens zwei verschiedenen Auffassungen Anlaß gegeben; man könnte versucht sein zu sagen, sie hat sowohl Ideologie als auch Utopie begründet. Einmal gibt es die Auffassung, daß das, was notwendig ist, auch gut ist. Ohne Berufsarbeit – so argumentierte etwa Max Weber (154) – hätte es das enorme Anwachsen der Produktivität nicht geben können, das für moderne kapitalistische Wirtschaften kennzeichnend ist. Obwohl Arbeit eine Notwendigkeit ist, haben die frühen Protestanten, wie vor ihnen schon manche Mönchsorden, ihr eine geradezu religiöse Qualität zugeschrieben. Eine Arbeitsethik breitete sich aus, die einen ganz anderen Charakter hatte als etwa die zierliche und ganz arbeitsferne höfische Kultur des Mittelalters, die Johan Huizinga so eindringlich beschrieben hat (70). Die Arbeitsethik diente mehreren Zwecken, denen von Unternehmern und später auch denen von Beschäftigten, aber es handelte sich bei ihr immer um den Versuch, aus der Not eine Tugend zu machen, also das Unvermeidliche als ein in einem letzten Sinn moralisch Gutes zu begründen.

Die andere Seite, Utopia, klang ganz anders. Vom biblischen Paradies bis zum Schlaraffenland und darüber hinaus fanden viele die Vorstellung einer Welt attraktiv, in der einem die gebratenen Tauben in den Mund fliegen, so daß einem selbst noch die »Arbeit« des Essens erspart bleibt. Die Flucht vor der Notwendigkeit ist vielleicht ohnehin der Kern aller Träume und Utopien. Eine der ersten Notwendigkeiten, denen Menschen zu allen Zeiten zu entfliehen hofften, war die Bürde der Arbeit.

Auch war dies keineswegs nur ein Traum. Fast alle großen Sozialphilosophen und politischen Theoretiker von Aristoteles bis Marx (wenn auch seltener seither) haben über die Arbeit und die menschliche Existenz nachgedacht. Viele haben Mittel und Wege zu ersinnen versucht, um die Notwendigkeit erträglich zu machen. Für Aristoteles gab es eine natürliche Unterteilung zwischen denen, die sich abrackern müssen, um ihr Leben zu unterhalten, und denen, die ihren Kopf hoch in den Himmel der Gedanken strecken können. Das praktische Leben der Vielen ist die Voraussetzung des theoretischen Lebens der Wenigen; die Arbeit der Vielen versetzt die Wenigen in die Lage, ihre Muße zu genießen[2]. Darin lag natürlich vor allem eine Beschreibung realer Gesellschaften von der Zeit des Aristoteles über die spätmittelalterliche Welt der höfischen Spiele und Rittertugenden bis hin zu Thorstein Veblens *Theorie der Mußeklasse* (150). Selbst Hannah Arendts Interesse gilt am Ende der Frage, wie man die Welt der Entscheidungen – vor allem der politischen Entscheidungen – in diese Dichotomie hineinbringen kann.

Marx akzeptierte die aristotelische Klassenstruktur von Notwendigkeit und Freiheit nicht. Für ihn war Freiheit nicht Privileg, sondern allgemeine Hoffnung. Doch akzeptierte er die zugrundeliegende Dichotomie. Laut Marx müssen wir alle arbeiten; das Beste, was wir erhoffen können, ist, daß das Reich der Notwendigkeit so »rationell« wie möglich organisiert wird. Das Reich der Freiheit aber beginnt erst, wo das der Notwendigkeit endet, das heißt, wo Menschen, statt arbeiten zu müssen, frei sind, zu fischen oder Gedichte zu schreiben, wie es ihnen gerade gefällt. Die idealistisch klingende Stelle des *Kapitals,* an der Marx diese wichtige Idee entwickelt, endet mit einer sehr realen Forderung: »Die Verkürzung des Arbeitstages ist die Grundbedingung.« (98, III, S. 828)[3]

Arbeit ist also als eine Notwendigkeit betrachtet worden, die begrenzt, wenn nicht beseitigt werden muß. In dem Sinne, in dem Aristoteles und Marx und Hannah Arendt das Wort »Arbeit« verwendet haben und in dem es in der Umgangssprache verwendet wird, ist das tatsächlich auch geschehen. Das Jahrhundert, seit Marx' *Kapital* zuerst praktische Wirkung entfaltete, war eines, in dem wirtschaftlicher Fortschritt stets nicht nur eine Verbesserung des Lebensstandards der Menschen, sondern auch die zunehmende Befreiung vom Reich der Notwendigkeit bedeutete. Wohlfahrt im Sinn der Sozialökonomen hat zwei Bestandteile, Geld und Lebensqualität; zur letzteren gehört fast immer ein Anwachsen der arbeits-

fernen Dimensionen des Lebens. Höhere Wohlfahrt hieß daher in
aller Regel mehr Einkommen für weniger Arbeit.

Es gibt viele Elemente und Indikatoren dieser Entwicklung; zwei
davon genügen, um die These zu unterstreichen. Das ist zunächst die
Verkürzung des Arbeitstages, oder vielmehr, die zunehmende Reduktion des Arbeitslebens. Das war natürlich ein klassisches Thema
der Arbeiterbewegung: der Achtstundentag, die 40-Stunden-Woche,
die 35-Stunden-Woche, bezahlter Urlaub, bessere Ausbildung für
die Jungen, frühere Pensionierung. Präzise Zahlen sind nicht leicht
zu ermitteln; aber manches spricht dafür, daß seit dem Ersten Weltkrieg in den Gesellschaften, die wir heute die der entwickelten
(OECD-)Länder nennen, das Arbeitsleben im Schnitt halbiert worden ist. Die Zahl der Stunden, die Beschäftigte heute im Laufe ihres
Lebens arbeiten, ist nur mehr halb so groß (wenn nicht noch gerin-
ger) wie die, die ihre Großeltern gearbeitet haben[4]. Es dürfte nicht
oft in der Geschichte Veränderungen von ähnlicher Bedeutung für
das Leben der Menschen gegeben haben.

Der andere Aspekt der gleichen Entwicklung ist qualitativ. Was
wir die Arbeitsgesellschaft genannt haben, ist eine Ordnung, in der
alle anderen Dimensionen des Lebens mehr oder minder unmittelbar auf die Erwerbstätigkeit bezogen sind: Bildung ist Vorbereitung
auf den Beruf, Freizeit ist Erholung für neue Arbeit, der Ruhestand
ist die wohlverdiente Belohnung für ein Leben der Erwerbsarbeit. In
den letzten Jahrzehnten indes (und wiederum ist von den OECD-
Ländern die Rede) haben die arbeitsfernen Dimensionen des Lebens
zunehmend an Autonomie und Bedeutung gewonnen. Mancher be-
dauert, daß Bildung und Ausbildung Menschen nicht mehr auf die
Erfordernisse des Berufs vorbereiten; aber zunehmend wird doch
erkannt, daß Menschen Bildung nicht nur für die Erfordernisse der
Berufsarbeit von heute brauchen. Sie brauchen sie vielmehr für sich
verändernde Anforderungen und vor allem für die Herausforderungen des Lebens jenseits der Arbeit. Ohnehin ist eine Gesellschaft, in
der mehr als zehn Prozent der Bevölkerung ihre Tage in Bildungsein-
richtungen zubringen, nicht mehr in strengem Sinne eine Arbeitsgesellschaft. Am anderen Ende des Arbeitslebens hat eine noch dramatischere Entwicklung stattgefunden. Das Ruhestandsalter ist zu

einer Zeit reduziert worden, zu der demographische Entwicklungen zu einem beträchtlichen Ansteigen des Anteils der über 65jährigen geführt haben. Zumindest während der Übergangszeit wurde der Akt der Pensionierung selbst von einem willkommenen Ereignis zu einem Anlaß für Tränen und Ängste. Mittlerweile jedoch finden Rentner und Pensionäre zunehmend ihren Weg in eine neue Welt – wenn nicht der »grauen Panther«, dann doch des *troisième âge*[5] –, in der vielerlei Institutionen sich ihrer annehmen. In allen OECD-Ländern sind heute mindestens fünfzehn Prozent der Bevölkerung im Ruhestand.

Berücksichtigt man Kinder und bedenkt man, daß die hier vorgenommene Schätzung der in Ausbildung und im Ruhestand Befindlichen eher zu niedrig als zu hoch ist, dann bedeutet das, daß heute beträchtlich weniger als fünfzig Prozent aller Menschen in den entwickelten Ländern Europas, Nordamerikas und Ozeaniens tatsächlich Kandidaten für die Arbeitsgesellschaft sind. Die nach wie vor unklare Stellung von Frauen als möglichen Erwerbstätigen reduziert diese Zahl noch weiter. Diejenigen, die erwerbstätig sind, bringen im Durchschnitt fünfzehn- oder sechzehnhundert Stunden im Jahr im Beruf zu. Gäbe es noch Zwölfstundentage und Siebentagewochen, wie das vor nicht allzulanger Zeit der Fall war, dann könnten sie die Arbeit eines Jahres zwischen Neujahr und Ostern verrichten und den Rest des Jahres freinehmen.

Bei alledem sind die tiefgehenden Veränderungen in der Arbeitswelt selbst noch gar nicht berücksichtigt. Im großen und ganzen ist Arbeit leichter, jedenfalls erträglicher im rein physischen Sinne geworden, wenn sie auch oft geistig eher mehr verlangt. Die Technologie hat nicht so sehr Arbeit ersetzt wie die Arbeitenden von den Prozessen entfernt. Die Produzenten von Flachglas, die durch die Jahrhunderte hin der Hitze und dem Krach von Öfen und Pressen ausgesetzt waren, sitzen heute in klimatisierten Computerräumen und betrachten die Herstellung großer Glasplatten auf Fernsehschirmen. Ein großer Teil der Arbeit hat viele Attribute jener »Notwendigkeit« verloren, die wir mit Schweiß und Mühe assoziieren.

Es hat also seinen Sinn zu sagen, daß wir nicht mehr in Arbeitsgesellschaften leben. Bildung, Muße und Ruhestand haben ihre eigene

Bedeutung im Leben der Menschen gewonnen, und was von der Arbeit bleibt, ist in mancher Hinsicht weniger belastend. Sogar das Selbstbild von Menschen wird ebensosehr durch die Absicht bestimmt, nach der Pensionierung eine Weltreise zu unternehmen, oder durch ihre Erfolge beim letzten Angelwettbewerb oder durch die Hoffnung, einen Erwachsenenbildungs-Kurs über die Kunst der Renaissance erfolgreich abzuschließen, wie durch ihre Berufstätigkeit. Jedenfalls reicht die Arbeit nicht mehr, um das Zeitbudget des Lebens auszugleichen. Unter solchen Umständen klingt es merkwürdig hohl, wenn Politiker die Werte der Arbeitsgesellschaft anrufen. Norman Tebbits »Hol dein Fahrrad 'raus und such dir was« oder Otto Graf Lambsdorffs »Wir müssen wieder lernen, mehr zu arbeiten« scheinen eigentümlich deplaciert. Es ist doch wohl kein Zufall, daß die Werte der Leistung zu einer Zeit aus der Mode gekommen sind, in der die Arbeit, auf die sie sich beziehen, nicht mehr in zureichender Menge verfügbar ist. Da haben Veränderungen stattgefunden, die zumindest die Aussage rechtfertigen, daß die Rolle der Arbeit in modernen Gesellschaften sich zutiefst gewandelt hat und daß diese Gesellschaften dabei beträchtliche Schritte in Richtung auf die Realisierung des alten Traums oder Ziels der Gesellschaft ohne Arbeit getan haben.

Fortschritt hat also stattgefunden. Oder doch nicht? Geht es uns nicht am Ende heute schlechter als zu der Zeit, zu der Menschen härter arbeiten mußten und alle, die Arbeit wollten, sie auch fanden? Ist die Gesellschaft ohne Arbeit nicht in mehr als einer Hinsicht eine unglückliche Gesellschaft? Ist der Fortschritt nicht einmal mehr umgeschlagen? Sicherlich ist das beherrschende Thema der öffentlichen Diskussion in der OECD-Welt und über ihre Grenzen hinaus in den achtziger Jahren die Arbeit, ihre Verfügbarkeit und ihre Zukunft. Die Tatsache lohnt nähere Untersuchung, wobei immer wieder betont werden muß, daß hier zunächst von Erwerbsarbeit die Rede ist. Arbeit in diesem engeren Sinn ist für moderne Gesellschaften zum Problem geworden. Das ist zunächst einmal ein Verteilungsproblem.

Es wird zuweilen bemerkt, daß Menschen nicht wissen, was sie mit ihrer Freizeit anfangen sollen. Die Beobachtung hat geradezu

eine neue Schule von Kulturpessimisten begründet. Dem Fernsehen
und den Medien allgemein wird vorgeworfen, daß sie für die Leere
der Freizeit verantwortlich sind. Alkoholismus, Drogenkonsum, sogar Verbrechen werden als Resultat der Langeweile einer Gesellschaft ohne Arbeit bezeichnet. Je nach den ideologischen Vorlieben
der Kritiker werden mehr Recht und Ordnung und die Rückkehr zu
alten Wertvorstellungen oder mehr Bildung und Zeit, um das Leben
unter neuen Bedingungen zu lernen, gefordert.

Es mag zunächst überraschend scheinen, hier von einem Problem
der Verteilung der Arbeit zu reden. Doch hat es einen Bezug auf die
seltsame Umkehrung der Dichotomie von Aristoteles und von Veblen.
Durch die Jahrhunderte, ja vielleicht durch die ganze Menschenge-
schichte hin war Muße das Privileg der Wenigen. Die Wenigen aber
hatten nicht nur das Geld (»ostentativer Konsum«[6]), sondern auch die
Fertigkeiten *(vita contemplativa),* um mit ihrer Muße etwas anzufan-
gen. Heute ist Muße keine so seltene Ware mehr. Infolgedessen, oder
aus anderen Gründen, liegt das neue Privileg darin, eine Stellung zu
haben, die sechzehn Stunden Arbeit an 365 Tagen im Jahr verlangt.
Das ist nur eine leichte Übertreibung. Je höher man heute in den
Hierarchien der Macht und des Geldes aufsteigt, desto weniger Zeit
hat man, die Früchte der eigenen Arbeit zu genießen. Die Mußeklasse
ist zu einer arbeitenden Klasse geworden, und die arbeitenden Klassen
haben mehr und mehr Muße gewonnen.

Das ist nicht nur ein Aperçu, eine zwar schlagende, aber doch
irrelevante Randbemerkung. Sie unterstreicht vielmehr, daß Arbeit
knapp und damit in bestimmter Weise wertvoll geworden ist. Natürlich beklagen sich Vorstandsvorsitzende, Minister, erfolgreiche
Ärzte und Anwälte darüber, daß sie nicht die Zeit haben, das Leben
zu genießen; aber in Wahrheit werden sie von den übrigen beneidet.
Mehr noch, man würde sie für verantwortunglos halten, wenn sie
sich (wie Bismarck) gelegentlich auf ihre Güter zurückziehen und
für Wochen, ja Monate unsichtbar bleiben würden. Ebendie, die in
der Vergangenheit ein leichtes Leben der Muße lebten, disziplinieren
sich heute durch Arbeit ohne Ende; diejenigen dagegen, die Muße
gewonnen haben, haben die Disziplin der Arbeit verloren, ohne daß
sie eine neue Struktur gefunden hätten.

Das ernstere Verteilungsproblem liegt natürlich in der eigentlichen Arbeitslosigkeit. Manche haben mehr Arbeit, als sie bewältigen können; viele haben eine Erwerbstätigkeit, die ihnen häufig die Chance für Überstunden gibt; manchen bleibt nichts als die Arbeitslosenunterstützung oder gar die Sozialhilfe. Ein ganz grobes Modell der Klassenstruktur der Beschäftigung wäre dies: zehn Prozent arbeitende Klasse an der Spitze, achtzig Prozent Erwerbsklasse in der Mitte, zehn Prozent Arbeitslosenklasse ganz unten. Bei detaillierterer Analyse müßte man vor allem in der großen mittleren Kategorie weiter unterscheiden zwischen den Selbständigen (deren Leben sich nicht wesentlich von dem der »arbeitenden Klasse« an der Spitze unterscheidet), den im öffentlichen Dienst Tätigen (einer großen neuen Kategorie, in der viel Protest und gelegentlich auch Innovation ihren Ursprung haben), denen an der Grenze, die ständig in Sorge leben, in die Arbeitslosenklasse zu fallen, und anderen. In unserem Zusammenhang ist jedoch vor allem die Tatsache wichtig, daß die Arbeitslosen keine zufällige Gruppe sind. Sie werden vielmehr von denen, die drinnen sind, hinausdefiniert. Die Verteilung der Arbeit in modernen Gesellschaften hat einen systematischen Charakter.

In diesem Zusammenhang ist der deutsche Metallarbeiterstreik von 1984 ein durchaus bedenkenswertes Phänomen. Eine neue (»akademische«) Art von Gewerkschaftsführung versuchte, die Verteilung von Arbeit zu verändern. Sie forderte eine Verkürzung der Arbeitswoche für die Beschäftigten, um damit die Schaffung neuer Arbeitsplätze zu bewirken. Naturgemäß befürchteten die Mitglieder der Gewerkschaft, daß damit finanzielle Opfer für sie verbunden sein würden. So war ihre Unterstützung für die Führung von Anfang an halbherzig. Der Streik gewann erst eine eigene Dynamik, als es scheinen konnte, daß das Überleben der Gewerkschaft und ihrer Verhandlungsstärke selbst auf dem Spiel stand. Am Ende wurde eine Lösung gefunden, die das Gesicht der neuen Gewerkschaftsführer ebenso wahrte wie das Portemonnaie der Mitglieder. Nur wenige neue Arbeitsplätze werden wegen der Verkürzung der Arbeitszeit geschaffen; eine flexiblere Handhabung der Arbeitszeit dürfte sogar zu weiteren Produktivitätssteigerungen führen. Es gibt nun einmal keine stärkere Kraft als die des Positionsinteresses – und kein Interesse ist stärker als die Angst davor, die eigene Position zu verlieren. Es spricht vieles dafür, daß Gewerkschaften noch weiter in die Richtung mittelalterlicher Zünfte gehen werden, wenn es um den Schutz der Interessen ihrer Mitglieder geht. Sie werden ein Teil jener offiziellen Gesellschaft bleiben, die Menschen ausgrenzt.

Wer wird dann aber ausgegrenzt? Vor allem sind es diejenigen, die sich am wenigsten verteidigen können, weil sie noch kaum dazugehören. Dafür sind offenkundig junge Menschen, die neu auf den Arbeitsmarkt kommen, bevorzugte Kandidaten, aber auch ausländische Arbeitskräfte, die »nicht dazugehören«. Wer an den Rand des Arbeitsmarktes gerät, wo übrigens viele Frauen ihr Leben lang bleiben oder aber Menschen, die aus persönlichen Gründen einmal herausgefallen sind, kommt nur mit Mühe wieder an Bord. Die Tatsache, daß zu dieser Kategorie in manchen Ländern zahlreiche junge (oder vielmehr nicht mehr so junge) Akademiker gehören, ist sozial von besonderer Bedeutung[7]. Jedenfalls sind die neuen Arbeitslosen eine Reservearmee des Protestes, eine Quelle der Unzufriedenheit, eine Bedrohung der sozialen Integration – nicht jedoch eine potentielle Ursache von Revolutionen.

Ökonomen meinen, daß es sich ohnehin nur um ein vorübergehendes Phänomen handelt. Sie betonen, daß uns tatsächlich die Arbeit keineswegs ausgeht, sondern daß nur (über-)bezahlte Berufstätigkeit unter inflexiblen Bedingungen knapp geworden ist. Wenn Reallöhne auch sinken könnten und Anstellungsbedingungen wieder flexibler würden, dann würde der Arbeitsmarkt alsbald mindestens so wie in den Vereinigten Staaten funktionieren (so heißt es), und die Arbeitslosigkeit würde rapide zurückgehen. Je häufiger man diese These hört, desto stärker wird man an Kants kleinen Traktat über die Aussage erinnert: »Das mag zwar in der Theorie richtig sein, taugt aber nicht für die Praxis.« Dafür gibt es manche Gründe. Die sieben Prozent Arbeitslosen in den Vereinigten Staaten lassen sich schwerlich als eine erträgliche »natürliche Rate« beschreiben. Überdies ist die Grenze zwischen wünschenswerten Bedingungen der Staatsbürgerschaft in einer zivilisierten Gesellschaft und Inflexibilität nicht leicht zu ziehen. Ohnehin hat Mancur

Olson gezeigt (113), wie unwahrscheinlich es ist, daß Sonderinteressengruppen die von der Theorie verlangte Flexibilität zulassen würden. Wenn man eher an dem interessiert ist, was tatsächlich geschehen wird, als an dem, was unter irrealen Annahmen geschehen könnte, dann muß man eine andersartige Analyse wählen[8].

Eines indes ist betonenswert; auch dies ist eine Frage der Verteilung. Arbeit ist knapp, aber es gibt sicherlich genug zu tun. Darin liegt möglicherweise das größte Paradox des hier beschriebenen Prozesses: In dem Maße, in dem wir einem alten Traum nahekommen, verliert das Leben manches von seinem alten Reiz. Statt daß nun jeder frohen Sinnes mit dem Zug zu jenem Landgasthaus fahren kann, dessen Besuch sich früher nur die einigermaßen Wohlhabenden leisten konnten, ist die Eisenbahnlinie geschlossen und das Landgasthaus in ein Selbstbedienungsrestaurant für Brathuhn und Hamburger verwandelt worden. Fred Hirsch hat dieses Verschwinden einst hochgeschätzter Welten in seinen *Sozialen Grenzen des Wachstums* erörtert (69). Die Fehlverteilung von normal bezahlter Arbeit und dem, was es zu tun gibt, ist einer der Gründe für die Schwarzarbeit und für manche andere Verlegenheit der heutigen Welt.

Denn darum geht es bei der Argumentation dieses Kapitels: Statt menschliche Träume zu erfüllen, ist die Gesellschaft ohne Arbeit zur arbeitslosen Gesellschaft geworden. Als solche gibt sie vielfach Anlaß zu Brüchen, Konflikten und unvorhersehbaren Veränderungen. Der Grund liegt schlicht darin, daß die Arbeit zwar knapp geworden ist, wir aber der Arbeitsgesellschaft nicht Lebewohl gesagt haben. In wichtigen Hinsichten sind die beherrschenden Werte unserer Welt noch immer die der Arbeit. In fast perverser Weise wird diese Vorherrschaft der Werte der Arbeit unterstrichen durch die Umkehrung des Modells von Veblen, also ebendie Tatsache, daß Menschen in Spitzenpositionen härter arbeiten als je zuvor.

Man kann nicht oft genug betonen, daß es natürlich sehr praktische Gründe gibt, aus denen die Arbeitsgesellschaft Menschen noch immer im Griff hat. Arbeit ist nach wie vor eine wichtige (wenn auch keineswegs die einzige) Quelle des Einkommens. Das Transfersystem der Sozialleistungen ist weithin beschäftigungsbezogen. Ren-

ten vor allem werden auf der Grundlage der Beiträge berechnet, die
Menschen während ihres Arbeitslebens geleistet haben. Heutzutage
hat Arbeit als Berechnungsgrundlage allerdings etwas eigentümlich
Krampfhaftes. Die japanische Gewerkschaft, die beschlossen hat,
Roboter als Mitglieder aufzunehmen, ihnen aber extrem hohe Mit-
gliedsbeiträge abzuverlangen, ist nur die logische Fortsetzung
etwa von Arbeitgeberbeiträgen für Sozialleistungen. Beide sind
tatsächlich eine Art »Maschinensteuer«[9]. Wie andere Entwicklungen zeigen auch sie, daß heute Krücken nötig sind, um die Arbeitsgesellschaft in Gang zu halten. Aber solche Krücken lassen sich
finden. Die meisten Menschen scheinen sie der Suche nach neuen
Methoden der Fortbewegung vorzuziehen. Positionsinteresse und
Phantasielosigkeit verbinden sich bei dem Versuch, die Arbeitsgesellschaft im Kopf der Menschen, wenn nicht in der Realität leben-
dig zu halten.

Die protestantische Ethik, aus der der Geist des Kapitalismus
einmal seine Inspiration gezogen hat, ist schon lange nicht mehr so
nützlich, wie sie das einmal war. Ohne den Hedonismus der Mas-
sen – also ohne daß Menschen konsumieren, bevor sie verdient
haben, was sie ausgeben – wären moderne Volkswirtschaften in
einem Zustand der ständigen Depression[10]. Die alten mittelständischen Werte der aufgeschobenen Befriedigung, des heute Sparens
und morgen Genießens, haben den Werten der vorweggenommenen
Befriedigung, also des Lebensgenusses heute und des Zahlens morgen oder nie, Platz gemacht. Das ist offenbar eine Entwicklung mit
hohem Risiko. Da stellt sich nicht nur die Frage der Schulden, ob
und wann also die Verbraucher in der Lage sein werden zu zahlen,
sondern auch die der Kosten und der Erhaltung eines funktionsfähi-
gen Produktionssystems. Ein paar Leute müssen auch in Zukunft
arbeiten, und zwar zu vernünftigen Kosten hart arbeiten, um die
hedonistische Ökonomie in Gang zu halten.

Hier hat der neue Kapitalismus *(Reaganomics, Thatcherism)* seinen Ort. Die Werte der Arbeit werden nicht so sehr gepredigt, um
jedermann zu überzeugen, wie um sicherzustellen, daß wenigstens
einige verläßliche Elemente des Produktionssystems bleiben. Um ihrer Motivation auf die Sprünge zu helfen, wird die Arbeitslosigkeit

als unvermeidlicher Preis des wirtschaftlichen Fortschritts akzeptiert. Niemand mag die Arbeitslosigkeit, und sei es nur aus ästhetischen Gründen, aber die Drohung der Arbeitslosigkeit wird von den neuen Kapitalisten als nicht unwillkommene Sanktion gesehen, die die übrigen bei der Arbeit hält. Dabei ist die Ausgrenzung bestimmter Gruppen bei gleichzeitigem Bestehen auf den Werten der Arbeitsgesellschaft ein Widerspruch in sich.

Ideologien des Sozialismus kommen auf anderen Wegen zu den gleichen praktischen Schlüssen. Da gibt es zunächst den heute allgemein so genannten »real existierenden Sozialismus«. Er hat wenig gemein mit dem alten Traum einer Welt, in der Menschen dem Reich der Notwendigkeit entronnen sind. In Wirklichkeit versuchen die Länder des real existierenden Sozialismus verzweifelt, die OECD-Welt einzuholen, und ihre einzige Hoffnung liegt in der Ausbeutung der Arbeit zu niedrigem Preis. Daher müssen sie ebenjene Ethik der harten Arbeit und der Produktion predigen und vor allem erzwingen, die die klassischen Theoretiker des Sozialismus überwinden wollten. Bei diesem Prozeß dienen Arbeitslager und die Rationierung von Gütern als Sanktionsdrohungen, also als funktionale Gegenstücke zur systematischen Arbeitslosigkeit.

Aber auch in freien Gesellschaften sind die meisten Sozialisten Verteidiger der Arbeitsgesellschaft geworden oder auch geblieben. Die neuen Kapitalisten brauchen die Opposition von Gewerkschaften und sozialistischen Parteien wirklich nicht zu fürchten. Der Grund liegt darin, daß diese Gruppen aus der Arbeitswelt stammen und daher wissen, daß sie ohne diese Welt nicht leben können. Wenn die Welt, in der sie ihren historischen Weg angetreten haben, unter Druck gerät, beginnen sie um ihre eigene Rolle zu fürchten. Daher werden sie nicht nur zu Organisationen der Beschäftigten, sondern auch der Werte der Arbeitsgesellschaft.

Es ist leicht, sich über Ideologie und Utopie gleichermaßen zu mokieren. Die einen brauchen die Werte der Arbeitsgesellschaft, um ihre Herrschaft zu rechtfertigen. Die anderen brauchen die Arbeitsgesellschaft, um ihre Untertanen im Griff zu behalten. Aber die Arbeitsgesellschaft entgleitet. Was in der heutigen Welt geschieht, ist nicht nur ein Schluckauf in der Geschichte der Arbeitsgesellschaft, sondern eine Serie von zunehmend unbewältigbaren Symptomen eines Dilemmas. Jedermann klammert sich verzweifelt an die Werte von gestern, wo doch zunehmend deutlich wird, daß diese den Realitäten von morgen nicht mehr entsprechen. Schon die heutigen Realitäten haben sich weit von den offiziellen Werten der Gesellschaften des Westens wie des Ostens entfernt. Wohin geht dann aber die Reise?

Aristoteles traf eine wichtige Unterscheidung. Er erkannte, daß menschliches Leben Tätigkeit ist, aber daß solche Tätigkeit von wenigstens zweierlei Art sein kann. Sie kann sozusagen unentrinnbare Tätigkeit sein, die es mit den Elementarbedürfnissen, dem Überleben zu tun hat. Sie kann also Arbeit sein. Sie kann aber auch freie Tätigkeit sein, die auf eigener Wahl beruht und Leitlinien folgt, die der oder die einzelne selbst auf Grund seiner oder ihrer Talente und Neigungen bestimmt. Es ist klar, welcher Art Aristoteles den Vorzug gab. Man mag heute bedauern, daß er diesen formulierte, indem er verschiedene Tätigkeiten »von Natur aus« mit verschiedenen Menschen verband, ja soziale Klassen so konstituiert sah: Arbeit mit der praktischen Klasse, freie Tätigkeit mit den zur Reflexion und Schöpfung neuer Ideen Geborenen.

Marx nahm die aristotelische Dichotomie auf, veränderte sie aber in einer wichtigen Hinsicht. Er wendete die Unterscheidung von einer zwischen Ebenen der Gesellschaft – Klassen – in eine zwischen Ebenen des Lebens aller. Wir alle leben im Reich der Notwendigkeit, so argumentierte er, und wir sind alle fähig, im Reich der Freiheit zu leben. Wir alle müssen arbeiten, aber wir können alle auch freier Tätigkeit nachgehen. Der Fehler von Marx' Argumentation liegt im nächsten Schritt oder doch der Interpretation, die dieser zuläßt. Wer sagt, daß aus diesem Grund das Reich der Notwendigkeit hoffnungslos ist und bestenfalls »rationell« geregelt werden kann, lädt Diktatoren ein, es als eine jener Übergangsperioden zu benutzen, die nie zu Ende gehen. »Wenn das Schlimmste erst hinter uns liegt, könnt ihr auch mehr Freiheit haben«; aber das Schlimmste liegt nie hinter uns, und so bleibt die Freiheit immer Traum. Marx mag dies nicht beabsichtigt haben, aber es beschreibt das Handeln derer, die sich auf ihn berufen.

Vielleicht gibt es eine bessere Antwort. Sie leugnet nicht die von
Aristoteles eingeführte und von Marx übernommene Unterscheidung, die ihren guten Sinn hat. Doch muß dies weder eine Unterscheidung zwischen Klassen noch eine zwischen Dimensionen des
Lebens sein. Sie ließe sich vielmehr als eine zwischen Prinzipien der
Organisation verstehen. Wir können unser Leben nach den Prinzipien der Arbeit und der Arbeitsgesellschaft organisieren, und wir
können unser Leben nach den Prinzipien der freien Tätigkeit und
der Tätigkeitsgesellschaft organisieren. Die Jahrhunderte der Moderne sind eine Zeit gewesen, in der die Prinzipien der Arbeitsgesellschaft vorherrschten. Das gilt noch heute in beträchtlichem Maße.
Aber es gibt in der Ferne den Silberstreifen einer anderen Welt.
Schon ist klar, daß Arbeit morgen nicht mehr die dominante Kraft
im Leben der Menschen sein wird. Könnte es nicht sein, daß das
Prinzip der freien Tätigkeit zur treibenden Kraft einer anderen Welt
wird[11]?

Das ist nicht als Empfehlung der »alternativen Lebensstile« mancher Jüngeren gemeint. Diese haben ihre Bedeutung, aber sie sind
kein Modell. Nur wer es sich leisten kann, die neue Solidarität des
Lebens in Wohngemeinschaften mit vegetarischem Essen und anti-
amerikanischen Empfindungen zu genießen, wird in der Lage sein,
»alternative« Leben zu leben; und das werden zumeist Empfänger
von Transferzahlungen der Arbeitenden sein, seien es die eigenen
Eltern oder die Mitglieder der Arbeitsgesellschaft überhaupt. Doch
steckt in ihrer Erfahrung etwas von allgemeinerer Bedeutung. Das ist
die neue Einheit von Arbeit und Leben oder, anders ausgedrückt, der
Versuch, den Keil der freien Tätigkeit in die Welt der Arbeit zu treiben. Wenn wir, die Bürger der reichen Länder der Welt, es wollten,
dann hätten wir sowohl die Zeit als auch das Geld, um eine wachsende Zahl von Menschen in die Lage zu versetzen, ihre Arbeit und
ihr Leben in einem einzigen Prozeß durchgängig sinnerfüllter Tätigkeit
zu verbinden. Wir könnten die mechanische Unterteilung zwischen
dem Reich der Freiheit und dem Reich der Notwendigkeit überwinden
und freie Tätigkeit zum Leitstern des Lebens aller machen.

Die dazu nötigen Veränderungen sind in einer Hinsicht geringfügig. Spuren der Welt von morgen sind an vielen Stellen schon vor-

handen. In fortschrittlichen Industrieunternehmungen sind Arbeitsplätze und Arbeitsprozesse so umgestaltet worden, daß angeblich
unvermeidliche Zwänge gelindert und individuelle Wahlmöglichkeiten gesteigert werden konnten. Mit Recht ist in diesem Zusammenhang das Volvo-Modell gelobt (und stillschweigend imitiert) worden[12]. Die allmähliche Trennung der Transferzahlungen von ihrer
zunehmend fiktiven Bindung an Arbeitsplätze ist in manchen Ländern ein Teil von Entwürfen der Steuerreform. Die relative Bedeutung der Einkommensteuer geht zurück, ob man daraus eine Rea-
gansche Theorie macht oder nicht. Neue Bezüge zwischen Bildung
und Arbeit (»lebenslanges Lernen«), Freizeit und Arbeit (»Schwarzarbeit«, »*do it yourself*«), Ruhestand und Arbeit (Vorruhestands-
kurse, »Universitäten des Dritten Lebensalters«) kommen allerorten
zustande. Die neue Einheit von Arbeit und Leben wird zum beherrschenden Thema bisher getrennter Dimensionen der Sozialexistenz.
Zudem gibt es gewisse Anzeichen einer neuen Solidarität oder doch
der Suche danach, um die alten Arbeitsteilungen zu überwinden.

In anderer Hinsicht sind solche Wandlungen ganz und gar nicht
geringfügig. Sie alle setzen zum Beispiel eine Lösung der Ausgren-
zungsfrage voraus. Solange uns keine andere Währung für die materielle, aber auch die psychologische Basis des sozialen Lebens einfällt, muß Arbeit so verteilt werden, daß dabei nicht wichtige Gruppen vor der Tür bleiben. Hier ist die Jugendarbeitslosigkeit das
Kernproblem. Solange Gesellschaften sie nicht bewältigen, werden
sie nicht in der Lage sein, in die Richtung von Gesellschaften freier
Tätigkeit zu gehen.

Um wenigstens im Vorübergehen einen kontroversen Vorschlag
zu erwähnen: Wir sollten nicht vergessen, daß Steuern nicht die
einzige Methode sind, in der wir einen Beitrag zum Überleben und
zur Gesundheit des Gemeinwesens leisten können. In der Tat ist
Geld hier wie auch sonst nur ein bequemer Ersatz für direktere
Übertragungen, zum Beispiel von Zeit. Im Fall des Militärdienstes
erkennen viele Länder noch immer an, daß Menschen eine gewisse
Zeit ihres Lebens Gemeinschaftszwecken widmen müssen. Vielleicht gibt es am Ende keinen anderen Weg, um die Lücke zwischen
der Arbeit, die wir uns leisten können, und den Dingen, die getan

werden müssen, zu schließen, als den eines allgemeinen Sozialdienstes[13].

Das könnte Nebenwirkungen haben, denn die gerechtere Verteilung der Arbeit ist nur eines der Hindernisse auf dem Weg zur
Tätigkeitsgesellschaft. Ein anderes Hindernis bringt uns zurück zu
Harold Macmillan und auch zum Kulturpessimismus. Es ist nicht
leicht für Menschen, ihrem Leben ohne die Hilfe anderer, und vor
allem die von Institutionen, Struktur und Bedeutung zu geben. Die
Zahl derer, die für sich allein ein Leben der Tätigkeit gestalten
können, wird vermutlich immer klein bleiben. Arbeit war nun aber
eine der Hauptkräfte zur Strukturierung des Lebens von Menschen.
Bislang hat niemand eine gleich wirksame Kraft entdeckt. Infolgedessen ist die Gesellschaft ohne Arbeit eigentümlich amorph, kon-
tur- und bedeutungslos geblieben. Vielleicht kann man hier und
da neue Strukturen wachsen sehen, aber sie breiten sich nicht in
nennenswertem Maße aus. Es bleibt eine Lücke, die die Chancen
moderner Gesellschaften auch in ihr Gegenteil verkehren könnte.

Denn das größte Hindernis auf dem hier angedeuteten Weg liegt
darin, daß die Zukunft noch durchaus ungewiß ist. Gegenwärtig
wird unser Leben durch die Paradoxe und Widersprüche des Wandels geprägt. Uns geht die Arbeit aus, aber wir klammern uns an die
Werte der Arbeitsgesellschaft. Wir sind nahe an der Verwirklichung
alter Träume, aber wir verkehren die Chance in das Elend der Arbeitslosigkeit und der sozialen Ausgrenzung großer Gruppen. Die
Chancen der Krise sind groß; aber wie immer sind die Risiken ähnlich groß.

Denn es gibt auch eine ganz andere Möglichkeit, so sehr man
hoffen mag, daß sie nicht wirklich wird. Es gibt eine neue Angst vor
der Freiheit, die die alten Zwänge wieder herbeirufen könnte. Aristoteles glaubte, daß er mit der Unterscheidung zweier Arten des
Lebens einen ewigen Zustand beschrieben hätte. Der Liberale, der
offene Grenzen will und daher Wandel sucht, kann diese Annahme
nicht akzeptieren. Marx glaubte, daß er mit der Übersetzung der
Unterscheidung in eine historische Abfolge einen unvermeidlichen
Prozeß beschrieben hätte. Der Liberale, der die Ungewißheit als
menschliche Lebensbedingung sieht, kann solche angeblichen Un-

vermeidlichkeiten nicht akzeptieren. Das heißt aber, daß ein prekärer Zustand des Überganges und Wandels auch zur neuen Schließung vorhandener Chancen führen kann. Die großen konservativen Mächte des Kapitalismus und Sozialismus werden uns nicht dabei helfen, eine Gesellschaft der Tätigkeit hervorzubringen. In beiden steckt die Angst vor dem Neuen, auch wenn Innovation für viele neue Lebenschancen bedeutet. Daher ruht die Hoffnung auf denen, die dort neue Wege entwerfen, wo Menschen leben und arbeiten, in Unternehmen, Gemeinden und kleinen Gruppen.

13 Die Stadt und die Bilanz der Moderne

Im folgenden soll von der Stadt die Rede sein. Es gibt einen begrenzten technischen Sinn, in dem die Stadt Analyse verdient, also die Architektur, die Ökonomie, die Politik und die Soziologie der Stadt (und sicher Beiträge vieler anderer Disziplinen). Das ist hier jedoch nicht beabsichtigt. Mir fehlt nicht nur die Fachkenntnis für eine solche technische Analyse, sondern ich bin auch davon überzeugt, daß es Sinn haben kann, das Thema auszuweiten und sozusagen von der Stadt in Großbuchstaben zu sprechen.

Das läßt sich am besten an einem Beispiel verdeutlichen. Das Beispiel mag zunächst überraschen, doch wird seine Relevanz bald erkennbar. Im *New York Review of Books* fand sich unlängst eine bemerkenswerte Darstellung einer Stadt, die mittlerweile zu den unbekanntesten Städten der Welt gehört, nämlich der Hauptstadt von Burma, Rangun. Der Autor beginnt mit der einprägsamen Beschreibung eines Stücks Land nicht weit von der Goldenen Pagode, auf dem keine Spur mehr zu finden ist von dem Gebäude der Studentenschaft, das dort vor nicht gar so langer Zeit stand: »Die Stelle ist symbolisch, denn das Haus der Studentenschaft stand für etwas, das in Burma systematisch ausradiert worden ist. Es läßt sich resümieren im Begriff der Stadt. Er bedeutet moderne Wissenschaft, Politik, soziale Mobilität, Kosmopolitentum und – nicht unbedingt ein Widerspruch – Nationalismus; kurz, alles, was zu Freiheit und Unabhängigkeit des Geistes führen sollte.« (24) Das hat es ohne Zweifel auch getan, so daß es zum Dorn im Auge einer Regierung wurde, die Grund hatte, Freiheit und Unabhängigkeit des Geistes zu fürchten. Burmas herrschende Gruppen versuchten das, was man das Unmögliche zu nennen geneigt ist; sie versuchten, den unausweichlichen Fortschritt der Stadt aufzuhalten, und waren dabei in erstaunlichem Maße erfolgreich (wenn die Berichte zutreffen, die aus dem Land dringen), wenngleich es wohl sein mag, daß auch Burmas Kulturrevolution die Modernität nur aufgehalten und nicht langfristig in ihr Gegenteil verkehrt hat[1].

Es lohnt sich, Rangun und die Werte im Sinn zu behalten, die zerstört wurden, als das Haus der Studentenschaft abgebrannt und dann vollends eingeebnet wurde, wenn man den anderen Zweifel an der Stadt bedenkt, wie ihn nicht Kulturrevolutionäre, sondern Kulturpessimisten verkörpern. Die Pessimisten haben ihre Gründe. Jedes einzelne im obigen Zitat erwähnte Attribut der Stadt ließe sich ja auch umkehren und ist irgendwann, irgendwo einmal umgekehrt worden.

Sehen wir uns die Attribute einzeln an: »Moderne Wissenschaft« — bedeutet sie nicht immer zugleich die Verdrängung überlieferter Weisheit? »Moderne Politik« — ist sie nicht die Auslieferung traditioneller Bindungen an die Unberechenbarkeit wankelmütiger Meinungen und an Fraktionsbildungen, in denen das Gemeinwohl verschwindet? »Soziale Mobilität« — bedroht sie nicht den Sinn der Menschen für Zugehörigkeiten, indem sie Bindungen zerbricht, die den Ort der einzelnen bestimmten? »Kosmopolitentum« — entfremdet es Menschen nicht von ihrer Heimat, ja bedeutet es nicht das Opfer alles Konkreten und Spezifischen für ein entferntes, substanzloses Ideal? Und muß nicht »Nationalismus« unter anderem zur Eliminierung jener näheren Landesherren führen, die ihren Untertanen zwar Teilnahme nicht erlaubten, es dafür aber als ihre Pflicht ansahen, für sie zu sorgen? Haben nicht auch »Freiheit und Unabhängigkeit« eine Schattenseite? Sind sie nicht von einem anderen Standpunkt aus Rezepte für Anomie, für die Lockerung und schließlich die Auflösung von Normen, so daß am Ende Normlosigkeit herrscht und niemand mehr weiß, wohin er gehört, ja warum er überhaupt leben soll?

Die Stadt ist der Inbegriff der Modernität. Während aber die Modernität für manche der Stern von Bethlehem war, galt sie anderen als Halleyscher Komet, wenn nicht Schlimmeres. In weniger blumiger Sprache gesprochen war die Stadt für viele die Verkörperung der Chancen des Fortschritts, doch hat sie zugleich dem düsteren Gedanken Max Webers von der »Entzauberung der Welt« Substanz gegeben.

Im folgenden werde ich dreierlei im Hinblick auf das somit definierte Thema Stadt zu tun versuchen. Erstens ist die These der Zweideutigkeit, ja der Widersprüche der Modernität zu erläutern und zu vertiefen. Das ist eine abstrakte, mehr noch begriffliche Aufgabe. Zweitens sollen einige der Hauptlinien der Entwicklung dessen, was ich die Stadt genannt habe, nachgezeichnet werden. Während hier keine systematischen Daten geliefert werden, ist das die empirische Aufgabe. Drittens sind ein paar Wege in die Zukunft zu erkunden. Das führt in die politische, jedenfalls in die normative Arena.

Modernität ist ein ungewöhnlicher Virus. Auch wenn man nicht an historische Notwendigkeit glaubt – und ich glaube entschieden nicht daran –, kann man nicht umhin zu bemerken, daß bislang kein Serum gefunden worden ist, das Menschen gegen Modernität immunisiert. Wenn der Virus sie einmal befallen hat, bleibt er offenbar unausweichlich in ihrem System. Überdies findet sich der Virus in aller Welt, und es hat den Anschein, als würden früher oder später alle von ihm befallen. Das Ergebnis sieht zwar je nach den äußeren, vor allem politischen Umständen unterschiedlich aus. Rangun ist anders als Bombay, das sich seinerseits nicht mit Singapur vergleichen läßt. Vor hundert Jahren sah Berlin ganz anders aus als London. Indes wurden überall Kräfte entfesselt, die, wenn sie die geringste Chance dazu fanden, dramatische und in mancher Hinsicht verwandte Veränderungen hervorbrachten.

Jahrhundertelang lebte die Mehrzahl der Menschen in einem sich ständig wiederholenden Zyklus der Armut in vornehmlich ländlicher Umwelt[2]. Gewiß gab es solche in privilegierten Positionen. Sie waren nicht nur nicht arm, sondern zogen ihren Reichtum, ob bescheiden oder maßlos, aus der Arbeit der Vielen. Im Gegenzug akzeptierten sie eine gewisse Verantwortung für ihre Untertanen. Während diese arm waren, sollten sie doch nicht verhungern. Zuweilen wurden sie in die Armeen ihrer Herren gepreßt und in ferne Gegenden verschleppt, aus denen viele nicht zurückkehrten; ebensooft überfielen Armeen ferner Herren ihr Land und hinterließen es in

Schutt und Asche. Aber im Normalfall folgte das Leben mindestens so sehr dem Rhythmus der Jahreszeiten wie dem menschlicher Machtverhältnisse. Es war die endlose Wiederholung von Geburt und Verfall, Sommer und Winter, harter Arbeit und einfachen Vergnügungen. In seinem Buch über die Natur der Massenarmut hat John Kenneth Galbraith diesen Zyklus lebhaft beschrieben (53). Vor allem hat er argumentiert, daß dieser Zyklus durch die Zeiten hindurch ein sich selbst erhaltender Normalzustand war. Es ist daher ein verfehlter Ansatz, nach der Erklärung von Armut zu suchen; erklärt werden muß, wie und warum Menschen diesen Zustand je verlassen konnten.

Im gegenwärtigen Zusammenhang kann die fundamentale Frage aller Sozialwissenschaft – die des Ursprungs der Modernität – nicht behandelt werden[3]. Hat Modernität an einem Ort, in Europa, begonnen und sich von dort ausgebreitet? Oder gibt es, gab es Umstände, die sie an verschiedenen Orten unabhängig voneinander hervorgebracht haben? Was für Umstände sind das, wenn man bedenkt, daß die »protestantische Ethik« doch auf einen vergleichsweise kleinen Teil der Welt beschränkt blieb?[4] Hier muß die Feststellung genügen, daß der säkulare Zyklus des Lebens irgendwie zerbrochen ist. Menschen begannen sich zu bewegen, zuerst im Geist, dann auch in ihrer physischen Existenz. Die Mobilität des Geistes kam zuerst; sie wird manchmal auch die Revolution wachsender Erwartungen und Bedürfnisse genannt. Die Mobilität der Menschen selbst folgte. Dabei ist es in unserem Zusammenhang wichtig anzumerken, daß Städte geradezu zum Inbegriff der Mobilität des Geistes wurden. Sie vor allem verkörperten in der Realität den Traum eines anderen, besseren Lebens. Wachsende Erwartungen bedeuteten daher für viele die Notwendigkeit, die durch Väter und Vorväter vertraute ländliche Umgebung zu verlassen und eine städtische Umwelt zu suchen, von der man sich die Erfüllung der Träume erhoffen konnte. Die Stadt wurde das Eldorado der Modernität.

Aber das Eldorado war eine Fata Morgana. Schlimmer noch, die ersten Schritte der Modernität waren und sind noch heute eine Enttäuschung, wenn nicht eine Katastrophe. Der Zyklus der Armut

wurde durch den geraden Weg in die Verelendung ersetzt. Die Ar-
beitshäuser und Elendsviertel der britischen Städte im frühen neunzehnten Jahrhundert, die aus Kunst und Literatur vertrauten Slums
von Europa und Nordamerika waren die Vorläufer der Nissenhüt-
ten und *favellas* und Zelte und manchmal auch nur bewohnten
Röhren oder Straßengräben von Bombay und Djakarta und Mexiko
City. Die Geschichte ist immer wieder dieselbe. Neue Möglichkeiten
zerstören den alten Zyklus der eben noch erträglichen Armut; die
ersten Transistorradios und Mopeds zerstören die Grundlage des
dörflichen Lebens; Menschen gehen in die Städte in der Hoffnung,
den alten Zyklus durch eine Aufwärtsspirale ersetzen zu können;
zumindest am Anfang aber führt die Spirale nach unten, und viele
gehen an diesem Prozeß zugrunde. Die, die es schaffen, finden allmählich eine neue Lebensform, eben die Stadt.

Man mag diese Beschreibung der Anfänge der Modernität eher
düster finden. Ist sie zu düster? Ja und nein. Je später ein Volk sich
auf den Weg zur Modernität begeben hat, desto höher war und ist
der Preis, den es zu bezahlen hat. Man muß sich fragen, ob manche
derer, die den Weg gerade erst begonnen haben, jemals ankommen
werden und was ihnen unterwegs wohl zustößt. Weder China noch
Indien, weder Lateinamerika noch vor allem Afrika erfüllen einen in
dieser Hinsicht mit viel Hoffnung. Innere Schwierigkeiten können
leicht zu äußeren Konflikten führen. Zu langsamer Fortschritt kann
einen anti-modernen Fundamentalismus auf den Plan rufen. Hun-
derte von Millionen können an Nahrungsmangel oder an vermeid-
baren Krankheiten, oder auch in Kriegen umkommen. Zugleich
bleibt wahr, daß die Modernität den Erfolgreichen große Chancen
des Vorankommens eröffnet, und wir dürfen diese andere Seite der
Geschichte nicht länger vernachlässigen.

Die Segnungen der Modernität sind zahlreich. Sie reichen von der
Verminderung von Schmerzen durch moderne Medizin bis zum
Genuß der Kunst, der vielen durch moderne Reproduktionsmetho-
den eröffnet wurde, von wachsenden Lebenserwartungen bis zur
politischen Demokratie, von einfachem Komfort zum subtilen Vergnügen. Wenn wir genauer hinsehen, fallen zwei Gruppen solcher
Segnungen ins Auge. Wir nennen sie *Staatsbürgerrechte* und *Wohl-*

*fahrt*⁵. Ihre Verbindung konstituiert das, was wir hier *Lebenschancen* nennen werden⁶. Der Kern der Segnungen der Modernität liegt also darin, daß eine große Zahl von Menschen ein massives Anwachsen ihrer Lebenschancen erfahren hat.

Staatsbürgerrechte bezeichnen die grundlegende Gleichheit des Status aller Menschen in modernen Gesellschaften. In den meisten Sprachen wird diese Gleichheit direkt auf die Stadt als Lebensbereich bezogen. Die *Bürger, burgher* oder *bourgeois* sind diejenigen, die innerhalb der Mauern leben und daher unabhängig sind von den für das flache Land kennzeichnenden Feudalbindungen. Sie waren die Vorläufer der Staatsbürger. Auch der *citizen* oder *citoyen* ist zunächst der Stadtbewohner. Er, und viel später auch sie, ist mit anderen gleich, insoweit sie frei Verträge schließen können. Sie sind gleich vor dem Gesetz. Dieser ursprünglichen Revolution der Modernität folgten dann andere. Das Wahlrecht und politische Teilnahmechancen überhaupt wurden zum Bestandteil der Staatsbürgerschaft. Am Ende kamen dann sogar gewisse soziale Rechte hinzu, wie sie im Sozialstaat oder Wohlfahrtsstaat ihre Verkörperung gefunden haben (vgl. 92).

Aber der Bürger war nicht nur der mit gewissen Rechten ausgestattete Stadtbewohner. Er war auch der Künder einer neuen Form des wirtschaftlichen Lebens. In Marxscher Sprache formuliert, vertrat er neue Produktivkräfte, nämlich die der industriellen Gesellschaft. Erst als diese die Fesseln feudaler Abhängigkeit gesprengt hatten, konnten sie zu voller Entfaltung kommen. Sie setzten einen Prozeß des Wirtschaftswachstums in Gang, der seinesgleichen in der Geschichte der Menschheit nicht hat. Überdies kam dieses Wachstum nicht mehr nur den wenigen Privilegierten zugute, sondern es breitete sich immer weiter aus, bis es am Ende das Wohlfahrtsniveau von Millionen auf zuvor ungeahnte Höhen trieb. Es ist wichtig und notwendig, das Schicksal der alten wie der neuen Armen nicht aus den Augen zu verlieren; aber es ist nicht minder wichtig, daran zu erinnern, daß am Ende des zwanzigsten Jahrhunderts mindestens eine Milliarde Menschen wirtschaftliche und politische Wahlmöglichkeiten haben, die noch vor zwei Jahrhunderten das Privileg einiger Hunderttausend waren. In der Tat gab es viele dieser Wahlmög-

lichkeiten zur Zeit der großen europäischen Revolutionen überhaupt noch nicht.

Dies alles ist nicht ohne Kampf erreicht worden. Der Bezug auf
die großen Revolutionen wird nicht nur obenhin hergestellt. Die
Bourgeoisie mußte die Fesseln von Jahrhunderten sprengen und insbesondere die der beiden Stände über ihr, der Kirche und des Adels.
Die Ausweitung der Staatsbürgerrechte war das Thema der Klassenkämpfe des neunzehnten Jahrhunderts. Der Weg des Wirtschaftswachstums führte durch Konjunkturen und Krisen, die viele Opfer
forderten. Die Schrecken der Zwischenkriegszeit der zwanziger und
dreißiger Jahre unseres Jahrhunderts vor allem in Europa gehörten
zu diesem Prozeß, und das schließt sowohl die Weltwirtschaftskrise
als auch die Geißel des Totalitarismus ein. Manche meinen, daß die
enormen Fortschritte der fünfziger und sechziger Jahre von einigen
Teilen der Welt auf Kosten der anderen erzielt wurden. Der historische Preis der Modernität sollte jedenfalls nicht vergessen werden,
wenn man von ihren Segnungen spricht. Im gegenwärtigen Zusammenhang interessiert uns indes eine andere Bilanz.

Lebenschancen sind die Verbindung von Staatsbürgerrechten und
Wohlfahrtschancen. Menschen, die mit Grundrechten der Teilnahme ausgestattet und überdies einigermaßen wohlhabend sind,
besitzen beträchtliche Lebenschancen. Aber in dieser sozialen Buch-
führung fehlt noch ein Element. In meinem Buch *Lebenschancen*
habe ich dieses Element *Ligaturen* genannt (38). Menschen brauchen mehr als Rechte und Geld, um ein volles und befriedigendes
Leben zu leben. Sie brauchen Maßstäbe, die ihrem Leben Sinn geben, Orientierungshilfen für ihren Weg. In der Tat ist es falsch,
distanzierend von »Menschen« zu sprechen, als brauchten dies nur
die anderen. Wir alle brauchen Bindungen und Bezüge, die uns
daran hindern, in einen Zustand der *Anomie,* der Desorientierung
und Normlosigkeit abzuleiten.

Der Begriff der Anomie ist in die Analyse moderner Gesellschaften von Émile Durkheim eingeführt und später von Robert Merton
entwickelt worden[7]. Durkheim verwendete ihn charakteristischerweise, um sonst unerklärliche Steigerungen von Selbstmordraten zu
erklären. Sein Begriff war nicht ganz unzweideutig. Er bezog sich

sowohl auf plötzliche Veränderungen der wirtschaftlichen Verhältnisse als auch auf die Auflösung sozialer Bindungen, zum Beispiel
durch Ehescheidungen. Im Laufe der Wissenschaftsgeschichte
wurde der Begriff indes klarer. Er beschreibt einen Zustand, in dem
die Geltung der sozialen Normen, die die Bedingung der Möglichkeit verläßlicher Sozialbeziehungen sind, fragwürdig wird. Es ist
einsehbar, daß sowohl die Ausweitung individueller Rechte als auch
die wirtschaftlicher Wohlfahrt am Ende zu einem solchen Zustand
führen kann. Wenn soziale Bindungen weitgehend durch individuelle Optionen ersetzt werden, gerät die normative Grundlage von
Gesellschaft in Gefahr. Entsprechend zerfallen Bindungen – Ligaturen –, wenn die Suche nach mehr Wohlfahrt (im technischen Sinn
der Ökonomie) zum alles beherrschenden Motiv der Menschen
wird.

Dieser Prozeß ist von Autoren des neunzehnten und frühen zwanzigsten Jahrhunderts mit vielerlei Begriffen beschrieben worden.
Ferdinand Tönnies sprach bekanntlich vom Übergang von *Gemeinschaft* zu *Gesellschaft,* also vom »Wesenswillen« zur Solidarität,
zum »Kürwillen« und damit zur Möglichkeit der Nicht-Solidarität[8].
Niemand indes hat unser Verständnis der Modernität nachhaltiger
geprägt als Max Weber. Zuweilen schien er die »Entzauberung der
Welt«, also den Verlust an Wärme und Intimität durch die Modernität zu beklagen; dann wiederum, und wohl häufiger, pries er den
Gewinn an »Rationalität«, der zur Kontrolle der Macht, einer ver-
läßlichen Ordnung der Dinge und überdies zu den Voraussetzungen
wirksamen Wirtschaftswachstums geführt hat.

Die Zweideutigkeit ist noch älter. Die beiden großen Anreger der
Makroanalyse der Modernität, Alexis de Tocqueville und Karl
Marx, waren von ihr ergriffen[9]. Gewiß wußte Tocqueville, daß die
Französische Revolution sich nicht rückgängig machen ließ, aber er
verlor die heimliche Sympathie des Aristokraten für die heimischere
Welt des *ancien régime* nie. Marx ging solche Nostalgie ab; aber
auch er erkannte den Wert einer verlorenen Welt der Vertrautheit
und Zugehörigkeit. Was Tocqueville »Demokratie« nannte und
Marx »bürgerliche Gesellschaft« – beide betonten vor allem die
Gleichheit der Grundbedingungen sozialer Teilnahme, die nun

herrschte – war demgegenüber eine härtere Welt, eine Welt der Vernunft und nicht der Gefühle, des Vertrages und nicht der Zugehörigkeiten, der rationalen Organisation der Dinge und nicht ungefragter traditioneller Beziehungen.

In gewisser Weise bringen solche Widersprüche uns zurück zu Rangun; doch ebendies müssen wir vermeiden. Diejenigen, die voll Nostalgie auf ein altes Regime zurückblicken, können von Glück reden, daß sie nicht in ihm leben müssen. Solange es dauerte, war dieses Regime nämlich nicht sehr erbaulich, nicht erbaulicher als die Regimes von Somoza und Stroessner und Pinochet heute. Der Weg in die Modernität war das, was Immanuel Kant den »Ausgang des Menschen aus seiner selbstverschuldeten Unmündigkeit« genannt hat[10]; er war das Erwachsenwerden der Menschheit, die Geburt des Individuums als Herr seines oder ihres Lebensentwurfs. Wer zu einer früheren Phase der Geschichte zurückkehren will, würde ihre traditionellen Abhängigkeiten und Unfreiheiten mit einer Lebensweise verbunden sehen, die spätere Generationen stärker anzieht, als das für diejenigen galt, deren tägliche Realität sie einmal war.

Doch läßt dies sich nicht leugnen: Ein sozialer Prozeß, der mit unerhörten Chancen der Freiheit begann, kann in einem Zustand der Anomie enden, in dem alles seinen Sinn verliert. Die Modernität hat große Segnungen gebracht, aber sie hatte ihren Preis. Von einem bestimmten Punkt an scheint der Preis durch die Segnungen nicht mehr gerechtfertigt. Zumindest stellt sich die Frage, wie wir den Nutzen der Modernität erhalten können, ohne durch ihre Kosten überwältigt zu werden. Die Geschichte der modernen Stadt enthält den Kern solcher Entwicklungen und legt sogar eine Antwort auf deren Fragen nahe.

Bevor wir uns wirklichen Städten und ihrer Geschichte zuwenden, ist jedoch eine Einschränkung nötig. Wie für Länder, so sind auch für Städte alle Verallgemeinerungen mindestens problematisch. Jede große Stadt hat ihr eigentümliches Aroma, das manche begierig einsaugen, während es anderen Übelkeit verursacht, und dieses Aroma hat etwas zu tun mit einzigartigen Zügen ihrer Struktur und Funktion. Manche mögen Paris, weil es nie ganz den dörflichen Charakter verloren hat, oder London, weil es alle Vorzüge eines

universellen Zentrums verbindet, oder New York, Hongkong, weil
sie den hektischen, sich ständig wandelnden Rhythmus des Stadtlebens verkörpern. Es gibt auch systematische Unterschiede zwischen Städten. Manche japanischen Städte waren »Burgstädte« (so
heißt es[11]), aber das gilt weder für Osaka noch für Kyoto. Es gibt
Handelsstädte und Marktstädte und Verwaltungsstädte und viele
andere. Die folgende Darstellung ist daher nicht in erster Linie eine
empirische Beschreibung, sondern sie verfolgt analytische Absichten.

Modernität begann in der Stadt. Dort ist der Bürger nicht nur
zum Bourgeois, sondern auch zum Staatsbürger geworden. Menschen, die in Städten lebten, bezogen ihr Selbstvertrauen aus der
Tatsache, daß sie in ihnen dem langen Arm der Feudalherren ent-
rückt waren, daß diese Feudalherren sie aber zugleich für ihre Wohlfahrt brauchten. Die Stadt lieferte die Güter und vor allem die Gelder, die die Eskapaden der traditionellen Stände möglich machten.
Vielleicht war es vorhersehbar, daß unter diesen Umständen das
relative Gewicht des Einflusses von städtischen Bürgern und landge-
bundenen Feudalherren sich verlagern mußte. Jedenfalls geschah
das. Die Stadt zog diejenigen an, die Unabhängigkeit suchten. Sie
wurde ein Raum der Freiheit und des Wohlstandes. Wahrscheinlich
läßt das achtzehnte Jahrhundert sich als Blütezeit der Stadt in diesem Sinne beschreiben, zumindest in Europa und Nordamerika.

Indes war das nur der Anfang einer Geschichte, die sich im Lichte
unseres Interesses an den Widersprüchen und Chancen der Modernität in drei Akten erzählen läßt[12]. Der erste Akt war die Transformation der Stadt im Verlauf der Industrialisierung. In ihrer Früh-
phase war die Industrialisierung im Kern ein städtisches Phänomen.
Industriebetriebe entstanden in Städten; zuweilen brachten sie
eigene Städte hervor. Eisenbahnhöfe wurden zu Zentren von Handel und Wandel mitten in Städten. Vielstöckige Wohnblocks wurden errichtet für diejenigen, die in Fabriken oder Warenhäusern
oder Verwaltungsbüros arbeiteten. Die Bevölkerung der Städte
nahm ebenso rasch zu wie ihre Bedeutung und ihre Anziehungskraft. Es störte diesen Prozeß nicht, daß manche der ursprünglichen
Bürger und auch Neuankömmlinge, die es sich leisten konnten, vom

Zentrum der Städte in angenehmere Villenviertel zogen. Sie brachten die ursprünglichen Vororte hervor, die nahe am Stadtzentrum lagen und doch einen gewissen ländlichen Charakter bewahrten. So verbanden sich geschäftige, lebendige, menschenreiche Innenstädte mit ihren Armutsvierteln und Läden, ihrem Elend und ihren Versuchungen mit der behäbigen Ruhe von Villenvororten mit Parks und Alleen zur Stadt der Industriegesellschaft. Der erste Akt ist die Stadt des neunzehnten Jahrhunderts.

Das Phänomen hat zu Kunstwerken aller Gattungen Anlaß gegeben, und diese sind häufig kritisch. Die Stadt des neunzehnten Jahrhunderts war schmutzig und gefährlich; aber sie war auch der Traum von Millionen. Man mag meinen, daß noch der Traum etwas Unreines an sich hatte, von der Realität ganz zu schweigen. Indes symbolisierte die Stadt des neunzehnten Jahrhunderts den Erfolg einer frühen Phase der Modernität. Die Kultur der Arbeiterschaft ließ manches zu wünschen übrig; die Kultur des Mittelstandes enthielt ein beträchtliches Element der Privilegierung; aber beide waren spezifisch moderne Errungenschaften der Sozialstruktur. Der Konflikt der beiden Kulturen brachte eine schöpferische Dynamik hervor; Wandel blieb eine Kraft zum Fortschritt. Es gab sicher keinen bestimmten Zeitpunkt, zu dem diese Stadt sich als uneingeschränkter Erfolg beschreiben ließe; sie blieb ohnehin nie stehen, und gerade das Fehlen von Momenten des Innehaltens, der Stagnation, bezeichnet ihre Kraft. Es gab eine Zeit, in der Modernität aus der fruchtbaren Verbindung von neuen Möglichkeiten und noch andauernden Mustern, von Optionen und Ligaturen bestand. Vor allem England zog aus dieser Verbindung Gewinn; doch lassen ihre Spuren sich an vielen Orten finden.

Indes dauerte dieses Gleichgewicht ebensowenig an wie das neunzehnte Jahrhundert selbst. Der zweite Akt warf frühzeitig seine Schatten voraus und bestimmte den größeren Teil unseres Jahrhunderts. Für die Städte bedeutete er ganz andere Strukturen. In dem Maße, in dem industrielle Gesellschaften vorangeschritten sind, führte ein und derselbe Prozeß zu zwei gleichermaßen beunruhigenden Wirkungen. Immer mehr Menschen kamen zu bescheidenem Wohlstand. Dazu gehörten zunächst Angestellte und Beamte, dann

aber in zunehmendem Maße auch Arbeiter. Überdies nahm die Zahl
der Arbeiter im Zuge des Überganges von der Vorherrschaft des
sekundären zu der des tertiären Sektors, also von der Produktion zu
den Dienstleistungen, ab. Sozialer Aufstieg, sei es von Individuen,
sei es von ganzen sozialen Gruppen, bedeutete aber, daß Menschen die inneren Städte verlassen wollten. Damit hörten die Wohnvororte auf, angenehme Villenviertel mit Alleen und Parks rings um
geschäftige, dichtbevölkerte Innenstädte zu sein; sie wurden zu dem,
was bald Suburbia genannt wurde. Eine endlose Wildnis von Reihenhäusern trat an die Stelle des Charmes der Viertel der traditionellen städtischen Bourgeoisie. Statt eines halbländlichen Charakters nahm Suburbia seine eigene öde und bedeutungslose Qualität
an. Das Fehlen von Normen wurde hier nicht unmittelbar sichtbar;
es blieb hinter den Türen scheinbar privater Häuser und Wohnun-
gen verborgen; doch wurde Suburbia mehr als jede andere Form der
Ansiedlung zur Heimat der Sinnlosigkeit, Leere und Anomie. Zugleich wurden die Innenstädte zunehmend entleert. Wer es sich leisten konnte, zog in die scheinbar schönere neue Welt von Suburbia.
Was blieb, war eine Mischung von glitzernden Symbolen des Wohlstandes und schrecklichen Vierteln des Elends. Das Ergebnis muß
nicht überall ganz so schlimm sein wie in Bronx in New York City
oder in Teilen von Süd-London, aber heruntergekommene Viertel
für arme, arbeitslose Menschen, die zudem oft Minderheiten ange-
hören, gibt es vielerorts. Durkheim in Suburbia, Hobbes in der
Innenstadt: so könnte man diese Mischung der passiven Anomie der
Langeweile, Drogen und Fernsehorgien in Reihenhäusern und der
aktiven Anomie des Verbrechens und lebensbedrohenden Elends in
heruntergekommenen Mietskasernen beschreiben.

Es gibt Varianten dieser Stadt. Hochhäuser gehören dazu. Es gibt
auch mildere Versionen dessen, was in New York und London besonders ausgeprägt zu beobachten ist. Überall aber ist das, was man
das häßliche Gesicht der Modernität nennen muß, in früher herrli-
chen Städte deutlich geworden. Von diesem Gesicht war nun hinlänglich die Rede. Im zweiten Akt hat die Stadt aufgehört, ein Zentrum städtischer, geschweige denn urbaner Kultur zu sein. Sie ist zur
prekären Heimat einer rechtlosen Unterklasse in ihren Zentren und

einer kulturlosen Mittelklasse in den immer neuen Vorstadtringen um diese Zentren herum geworden. Die Stadt hat sich vom Traum zum Fluch gewandelt. In vielen Teilen der entwickelten Welt ist das die Realität von heute, und sie ist nicht schön.

Aber hier und da gibt es Zeichen eines weiteren Wandels. Es gibt die ersten Spuren eines dritten Aktes, der – wenn man seinen Optimismus nicht gänzlich verloren hat – möglicherweise das Thema des einundzwanzigsten Jahrhunderts sein wird. Das ist eine kompliziertere Geschichte, deren Teile sich noch nicht recht zu einem Gesamtbild ergänzen. Einer davon ist, daß die Quellen des Reichtums ihre traditionellen Heimstätten verlassen haben. Die Industrie hat begonnen, aus den Städten auszuwandern und sich in früher ländlichen Gebieten anzusiedeln. Dabei verändert die Industrie ihre Erscheinungsform. Wir haben es nicht mehr mit rauchenden Schornsteinen zu tun, sondern mit luftigen, einstöckigen Gebäuden in parkähnlicher Landschaft, die ebensogut Büros wie Schulen und Fabriken sein könnten. In der Tat sind mit den Fabriken auch Büros und Schulen aufs Land gezogen. Auf diese Weise sind völlig neue Ansiedlungen entstanden; manchmal sind sie auch aus schläfrigen Kleinstädten hervorgegangen, ohne deren Charakter völlig zu zerstören.

Ein anderer Teil der Geschichte ist, daß Innenstädte ihre Eignung als Domizil der Unterklasse verlieren. Vielleicht verliert die Unterklasse selbst ihre Lebensfähigkeit. Andere entdecken die inneren Städte und gestalten sie für ihre eigenen Zwecke um. Möglicherweise haben zwei ganz unterschiedliche Gruppen damit begonnen. Auf der einen Seite sind diejenigen, die neue, »alternative« Lebensformen suchen, oft junge Menschen, die aus der Rationalität der Industriegesellschaft ausbrechen wollen. Auf der anderen Seite stehen die *yuppies,* die ja nicht nur junge Akademiker und andere Fachkräfte, sondern junge *städtische* Fachkräfte – »young *urban* professionals« – sind. Sie sind nicht nur Teil, sondern höchst erfolgreicher Bestandteil der offiziellen Gesellschaft; aber sie wollen ein weniger geregeltes, zumindest weniger orthodoxes Leben leben, als das die ländlichen Zentren oder auch das alte Suburbia erlauben. Haben die beiden Gruppen etwas gemeinsam? Hier ist eine Analyse ihres Sozialcharakters: »Obwohl es so scheint, als ob sie zwei verschiedenen Welten angehörten, sind sie doch aus einer gemeinsamen Wurzel kulturellen Wandels in unsere Städte gekommen. Diese Wurzel ist die Krise des bürgerlichen Lebensmodells. Die Innenstädte, einst die Hochburgen eines stolzen und selbstbewußten Bürgertums, erfahren ihre Renaissance ausgerechnet aus Strömungen, die alles andere kultivieren wollen, nur nicht jene ›methodische Lebensführung‹, die uns seit Max Webers Beschreibung als kultureller Kern des Bürgerlichen gilt« (67, S. 50).

Die These ist auch über die Wandlungen des städtischen Lebens hinaus von Bedeutung. Sie bedeutet nämlich nicht weniger, als daß wir Zeugen der Entstehung neuer Ligaturen, einer neuen Kultur des Stadtlebens sind, die alle Errungenschaften und Widersprüche der Modernität voraussetzt, aber es irgendwie geschafft hat, deren Verwirrungen aufzulösen und ein neues, funktionierendes Gleichgewicht hervorzubringen. Zu dessen Beschreibung ist der Begriff der »Postmoderne« von der Architektur in die Soziologie gewandert.

Ich gestehe, daß ich das Wort nicht mag. Schon »modern« war eine eher zweifelhafte Vokabel, die im Grunde nicht mehr aussagt, als daß etwas Mode ist, zeitgenössisch und weitverbreitet[13]. Das Adjektiv »postmodern« verrät eher eine Verlegenheit als eine Einsicht. Es sagt uns, daß neue Dinge geschehen, die niemand ganz versteht und die anders sind als das, war wir als Modernität kennen. Ich würde dieselbe Entdeckung anders formulieren. Modernität im Sinne sich ausweitender Staatsbürgerrechte und wachsender materieller Wohlfahrt ist ein langer, ja ein säkularer Prozeß. Seit mindestens zweihundert Jahren hat dieser Prozeß sich entfaltet, und es gibt keinen Grund anzunehmen, daß er nicht noch zweihundert Jahre oder länger weitergehen sollte. In einer frühen Phase hat die Modernität zwar Jahrhunderte der traditionellen Verbindung von engen menschlichen und sozialen Bindungen – Gemeinschaft – zerbrochen, aber durch die Auflösung von Abhängigkeiten und der »Unmündigkeit« im Kantschen Sinn neue Optionen eröffnet. So entstand ein prekäres Gleichgewicht von nachhallenden Bindungen und neuen Lebenschancen. Das Gleichgewicht hatte keine Dauer. Vielleicht konnte es keine Dauer haben. Der Virus der Modernität (wie wir es ausgedrückt haben) führte zu weniger harmonischen Kombinationen. Viele Menschen wurden an den Rand der Anomie getrieben. Auch heute noch gibt es dafür manche Anzeichen. In der Tat wäre es durchaus möglich, diese Überlegungen mit der Erörterung des Zustandes der inneren Städte, des Schicksals der Unterklasse und des sinnentleerten Lebens der Mehrheit fortzuführen. Doch gibt es möglicherweise eine überraschendere und daher wichtigere Entwicklung. Sie besteht in der zögernden, sporadischen, doch unübersehbaren Entstehung neuer Bindungen, eines neuen Gesellschaftsvertrages. Und wiederum finden wir die Stadt an der Spitze des Wandels.

Bevor wir uns diesem Prozeß zuwenden, ist allerdings eine eher unfrohe Anmerkung über zeitgenössische Städte unvermeidlich. In den großen Metropolen der Welt gibt es einstweilen kaum Anzeichen für die neue, post-Webersche, wenn nicht postmoderne Stadt. Was hier angedeutet worden ist, klingt eher zynisch, wenn man an die unzusammenhängende Koexistenz der sehr Reichen und der sehr Armen in New York und zunehmend auch in London denkt, oder auch an die physische Zerstörung vieler inneren Städte in den Vereinigten Staaten und Großbritannien. Zynisch klingt es auch, wenn man an die Städte der Dritten Welt denkt, die noch immer diejenigen anziehen, die ihren traditionellen Lebenszyklus in den Dörfern verloren haben, aber die ihnen nichts bieten, was den Namen Heimat verdient. Die meisten großen Städte der Welt sind ziemlich schlimme Zeugnisse für die Unfähigkeit von Menschen, eine menschliche Lebensumwelt zu schaffen.

Dennoch liegt die Antwort nicht in der »De-Urbanisierung«, der Entstädterung. Wer immer Menschen daran zu hindern sucht, daß sie ihre Träume verfolgen, muß ihnen zuerst ihre Freiheit nehmen. »De-Urbanisierung« funktioniert nur dort, wo Mobilität, sei es durch schiere Gewalt, sei es durch äußerste Armut, ausgeschlossen wird. Sie funktioniert in beträchtlichem Maße in Rangun und Pnomh Penh und vielleicht in den Städten Chinas (wenngleich mit wichtigen Ausnahmen) und der Sowjetunion. In liberaleren Ländern wären ganz außerordentliche Anreize nötig, um die Entstädterung herbeizuführen. Die Antwort liegt daher nicht in der »De-Urbanisierung«, sondern in der Re-Urbanisierung, also in der Wiedereroberung der Städte als Lebensumwelt für Menschen. Das aber muß die Herausbildung von Lebensmustern bedeuten, die nicht nur Befriedigungen vorgaukeln, für die es keine reale Grundlage gibt, sondern die jene Bindungen liefern, durch die Lebenschancen ihren menschlichen Sinn gewinnen. Es muß also heißen, daß wir die Anomie überwinden.

Die Frage lautet daher: Gibt es Anzeichen für einen neuen Gesellschaftsvertrag, der die Modernität nicht ersetzt, sondern zu voller Blüte bringt? Was wäre der Inhalt eines solchen Vertrages? Und wer würde ihn zustande bringen?

In einer Hinsicht ist die Diskussion über den Gesellschaftsvertrag in der gegenwärtigen Sozialwissenschaft eigentümlich unergiebig[14]. Schon bei der Definition des Problems konzentriert sie sich auf die Frage, welches Minimum an Grundübereinkünften unentbehrlich ist, um das Funktionieren von Gesellschaft zu erlauben. Diese Frage ist sicher nicht nutzlos. In Krisenzeiten, ja schon in Zeiten intensiver kritischer Diskussion, hat es durchaus Sinn, erste Grundsätze neu zu bedenken. Zweifelhafter ist es jedoch, bei ihnen stehenzubleiben. Der Vertrag, der nötig ist, um moderne Gesellschaften zusammenzuhalten, besteht nicht nur aus den Grundregeln von Recht und Ordnung und einem akzeptablen Steuersystem. Um zu funktionieren, muß er auch das einschließen, was Montesquieu den Geist der Gesetze genannt hat. Es muß mehr als formale Mittel geben, um die Teile zusammenzuhalten, eine Übereinkunft über den Vertrag hinaus, die die Herzen und Seelen der Menschen ebenso ergreift wie ihre Köpfe. Eine Welt ganz ohne Verzauberung kann nicht dauern.

Das sind riskante, fast schon gefährliche Formulierungen. Max Weber selbst hat ja mit seinem Gedanken der Entzauberung der Welt manches Mißverständnis ausgelöst. Es war dies zum Beispiel eine der Erfahrungen, die ihn zur Suche nach charismatischer Herrschaft geführt haben, also nach einer Führung, die in der Lage ist, neue Loyalitäten und Bindungen auch jenseits der Sphäre der Rationalität zu stiften. Es gibt Autoren, die ihm – fälschlich, wie ich meine – vorgeworfen haben, er hätte auf diese Weise den Weg geebnet für einen Führer, der ein ganzes Volk mit sich ins Verderben

gerissen hat, nachdem er ein anderes ausgerottet hat[15]. Auch der
schon einmal zitierte Stadtsoziologe sucht die Antwort jenseits der
»methodischen Lebensführung« moderner Rationalität und kann
seine Sympathie für die Verfechter eines »alternativen Lebensstils«,
zu denen vermutlich die deutschen Grünen und ähnliche Gruppen
gehören, nicht verhehlen. Es ist bemerkenswert, daß deren Kulturpessimismus vor allem in Deutschland eine lange und nicht sehr
erfreuliche Geschichte hat[16]. Am Ende des zwanzigsten Jahrhunderts findet man sich also in der zweifelhaften Gesellschaft von
Fundamentalisten von mancherlei Art, wenn man von einem Vertrag spricht, der über die Sphäre der Rationalität hinausreicht. Daher sei ohne Wenn und Aber gesagt, daß dergleichen hier nicht
gemeint ist.

Der Gesellschaftsvertrag, der das Versprechen der Modernität
einlöst, ist jedenfalls nicht eine Waffe gegen die Modernität. Dennoch ist er mehr als ein simpler Überlebensvertrag. Zu ihm gehört
die Entscheidung der Bewohner jener Stadt, die wir hier als den
zweiten Akt beschrieben haben, daß das Leben so jedenfalls nicht
weitergehen kann. Weder das Elend des Unterklassenlebens noch
die Leere des Lebens in Suburbia sind auf lange Sicht erträglich.
Etwas muß geschehen, um den Lebensraum von Menschen lebens-
wert zu machen. Dieses »Etwas« kann nicht die Rückkehr zu vormoderner Abhängigkeit sein. Es muß vielmehr ein Schritt vorwärts
sein, ein aktiver Schritt. Zumindest zweierlei muß geschehen, und
beides gehört zusammen. Das eine ist die physische Rekonstruktion
der Städte. Sie verlangt nicht nur viel Geld, sondern vor allem einen
entschiedenen Willen. Das andere ist die Schaffung von Netzen sozialer Beziehungen, die ganz anders sind als die der Vergangenheit.
Sie haben noch keine Namen. Sie bilden sich langsam an den Orten,
an denen Menschen arbeiten und spielen und wohnen. Doch sind sie
vielerorts schon erkennbar. Um noch einmal den zitierten Stadt-
soziologen als Zeugen zu zitieren: »Gerade die Kritik an der isolier-
ten Lebensform der Kleinfamilie verbindet sich mit einem eher
öffentlichen Lebensstil, der den Stadtraum einbezieht und sich in
einem dichten Kommunikationsnetz vollzieht, an dem viele beteiligt
sind« (67, S. 50). Mit anderen Worten, die neue Stadt ist nicht

einfach die Addition vieler atomisierter Einheiten von unvollständigen Familien, Einpersonenhaushalten, Insassen von Institutionen, sondern sie ist ein von neuen Beziehungen zwischen Menschen erfüllter sinnvoller öffentlicher Raum.

Wird das funktionieren? Wird es allgemeiner werden? Die Notwendigkeit liegt auf der Hand. Mechanismen der Einkommensübertragung sind weder erschwinglich noch zulänglich, um vorhandene Bedürfnisse zu befriedigen; bürokratische Organisation verfehlt gerade die Einzigartigkeit der individuellen Probleme, für die sie geschaffen worden ist. Wenn Netze menschlicher Beziehungen die Leere nicht füllen, die vormoderne Strukturen bei ihrem Schwinden hinterlassen und die von der rationalen Organisation der Gesellschaft nicht ausgefüllt wird, dann wird Anomie einziehen. Am Ende aber muß man hoffen, daß Menschen das Unerträgliche nicht dumpf akzeptieren, sondern Widerstand leisten, sich auflehnen, neue Wege suchen werden. Doch ist das alles ohne Zweifel einstweilen eher eine Hoffnung als eine Beschreibung von Tatsachen.

Hoffnung ist wichtig. Sie ist selbst eine soziale Kraft. Die Hoffnung auf Re-Urbanisierung läßt sich auch als Suche nach einer neuen und reicheren Modernität beschreiben. Was war es doch, das die Herren von Rangun zerstören wollten, als sie das Haus der Studentenschaft in Schutt und Asche legten? Moderne Wissenschaft: Sie braucht nicht nur die Erweiterung und technische Anwendung positiven Wissens zu sein; ein vertieftes Verständnis von Mensch und Natur, Mensch und Gesellschaft gehört notwendig zu ihr. Moderne Politik: dazu ist gleich noch ein Wort zu sagen. Soziale Mobilität: Die Möglichkeit, sich zu bewegen, verstanden sowohl im Sinne objektiver Bedingungen als auch im Sinne subjektiver Fähigkeiten, ist unverzichtbar; aber Bewegung ist kein Wert an sich. Es gibt auch so etwas wie einen neuen Sinn für Zugehörigkeiten. Kosmopolitentum, Nationalismus: Es war richtig, die wesentlich lokalen und regionalen Bindungen der vormodernen Welt aufzulösen; aber der naive Glaube, daß groß auch gut heißt, hat seinen Sinn verloren. Das heißt nicht, daß alles Kleine notwendig schön und gut ist[17]; aber es heißt, daß wir eine neue Verbindung von Zentralisierung und Dezentralisierung finden müssen von dem, was in Gemeinden zu tun ist, dem, wofür wir die Vereinten Nationen oder den Internationalen Währungsfonds brauchen, und den Themen des Nationalstaats. Freiheit und Unabhängigkeit des Denkens werden im einundzwanzigsten Jahrhundert Lebenschancen – Staatsbürgerrechte und wirtschaftliche Wohlfahrt – bedeuten, die in einer nachdenklichen Kultur menschlicher Bindungen und einem Gesellschaftsvertrag lebendiger Institutionen begründet sind.

Wer wird dafür die nötigen Voraussetzungen schaffen? Hier hat eine abschließende Bemerkung über moderne Politik ihren Ort. Demokratische Politik war und ist ein unentbehrliches Instrument zur Entwicklung moderner Gesellschaften. Wir brauchen sie auch in Zukunft, einschließlich der eingebauten Offenheit, die der geregelte Konflikt divergierender Interessen und die ständige Bereitschaft zum Wandel bringen. In den letzten Jahrzehnten haben wir indes die Politik und vor allem den Staat überlastet. Wir haben erwartet, daß der politische Prozeß und diejenigen, die er zur Macht bringt, alle unsere Probleme lösen können. Der neue Gesellschaftsvertrag, auf den ich hier angespielt habe, wird nicht von Regierungen und politischen Parteien geschlossen. Institutionen leben, weil Menschen in ihnen und durch sie leben. Bindungen entstehen, weil Menschen sie brauchen. Zuweilen drängt sich der Eindruck auf, daß der politische Prozeß eher Hindernis als Hilfe ist, wenn es um solche Wandlungen geht. Wenn man Menschen allein läßt, ist es wahrscheinlicher, daß sie den Weg zur hier angedeuteten neuen und reicheren Modernität finden. Irgendwo zwischen dem, was hier der erste und der zweite Akt genannt worden ist, ist die Politik steckengeblieben.

Diese Feststellung ist zweifellos etwas unfair. Ohne öffentliche Mittel und vernünftige Spielregeln wird die Stadt von morgen nicht entstehen. Aber während Mittel und Regeln eine notwendige Bedingung sind, reichen sie nicht zu. Die verzauberte Modernität bedarf der Ideen und Taten vieler. Es mag sein, daß sie nie zustande kommt, denn – um die wichtigste These zu wiederholen – es gibt keine historische Notwendigkeit, sondern nur das menschliche Streben nach Freiheit durch Versuch und Irrtum.

VIERTER TEIL

Mögliche Antworten

14 Die Zukunft der Weltgesellschaft

In der folgenden Überlegung geht es um Fragen der Weltordnung unter Aspekten, die normalerweise auf die Analyse einzelner Gesellschaften beschränkt bleiben. Die Erforschung der internationalen Beziehungen leidet an einem übertriebenen Interesse an den preziösen und oft esoterischen Beziehungen zwischen Nationen und ihren Führern. Die Erforschung der Gesellschaft andererseits leidet daran, daß sie den Kräften zu wenig Aufmerksamkeit widmet, die ihren Ursprung außerhalb der Grenzen von Ländern haben. Es ist nicht leicht, beide miteinander zu verbinden. Der Versuch ist vor allem von denen unternommen worden, die ihre Kategorien von Karl Marx beziehen. Begriffe wie die des »externen Proletariats« und des »internationalen Klassenkampfes« kommen einem in den Sinn[1]. Von ihnen wird noch zu sprechen sein. Hier soll indes ein anderer Ausgangspunkt gewählt werden, indem wir zwei Jahrhunderte zurückblicken auf den Ursprung bestimmter Schlüsselbegriffe der modernen Welt, die für unser Thema unverändert relevant bleiben.

Vor zweihundert Jahren erlebten Europa und seine nordamerikanischen Kolonien eine Zeit süßer Träume und harter Realitäten. Die Verbindung ist nicht überraschend. Wenn die Zeiten schlecht sind, wird die Phantasie der Menschen von entfernten Zielen angeregt, aber der Versuch, die Ziele zu verwirklichen, trägt wenig dazu bei, die Zeiten zu verbessern. Vielmehr verschlimmert der Versuch der Verwirklichung von Träumen in aller Regel die wirklichen Zustände. Utopie und Revolution mögen attraktiv sein für diejenigen, die von beiden weit entfernt sind, aber in Wirklichkeit bedeuten sie fast immer Unterdrückung und Elend[2]. Wenn andererseits die Zeiten gut sind, wird meistens nicht viel nachgedacht. Man starrt auf die nächsten Schritte des Weges, ohne die Augen zu ferneren Horizonten zu heben. Viele vergessen sogar, daß das Leben mehr ist als kurzfristiger Genuß. In der Welt der Normalität herrscht die Langeweile.

Vor zweihundert Jahren waren die Zeiten schlecht. Was sie heute sind, ist selbst Gegenstand der Diskussion. Vielleicht zeigt die Tatsache der Diskussion, daß sie jedenfalls nicht so schlecht sind, wie manche es gerne sähen. Wenn nämlich die Zeiten wirklich schlecht sind, braucht man sich nicht zu fragen, ob das der Fall ist oder nicht.

Jedenfalls ist es nicht meine Meinung, daß das Ende naht, nicht einmal das Ende der Modernität. Dennoch gibt es Gründe für die Auffassung, daß wir einen kritischen Punkt in der Entfaltung der modernen Welt erreicht haben, und auch einen, der es verbietet, daß wir schlicht auf dem Weg einer gedankenlosen Normalität fortfahren. Wir müssen vielmehr zu den Grundprinzipien zurückkehren, wenn wir mit offenbaren Fragen fertig werden wollen.

Die Grundprinzipien, oder auch die Träume von vor zweihundert Jahren, lassen sich in einem einzigen Begriff fassen: *bürgerliche Gesellschaft*. Dieser deutsche Begriff bezeichnet etwas mißverständlicher als der englische der *civil society*, worum es geht. Die Modernität hat zwei wichtige Elemente. Die eine ist, daß Menschen – und zwar grundsätzlich jeder Mensch – am Leben der Gesellschaft als Staatsbürger teilnehmen; das andere ist, daß Menschen – wiederum grundsätzlich jeder Mensch – in der Lage sind, die Errungenschaften ihrer Zeit zu genießen, zu denen wirtschaftliche Wohlfahrt ebenso gehört wie die Vielfalt des Lebens. In der bürgerlichen Gesellschaft bedeuten Lebenschancen sowohl allgemeinen Zugang als auch angemessene Versorgung, sowohl Rechte als auch Güter, sowohl Anrechte als auch Wohlfahrt.

Dieser Traum blieb nicht auf Gesellschaften im Sinne der Binnenstruktur von Nationalstaaten beschränkt. Wenn Immanuel Kant den Begriff der bürgerlichen Gesellschaft verwendete, verlor er nie die Welt als Ganzes aus den Augen[3]. Es ist der Menschheit aufgegeben, den Prozeß der Schaffung einer bürgerlichen Gesellschaft, damit der Zivilisation, so zu vollenden, daß am Ende alle an ihm teilhaben, einschließlich der Vielen, für die er im gegenwärtigen

Stadium der Entwicklung nur ein fernes moralisches Ideal ist. Eines Tages werden alle Menschen Weltbürger sein müssen, wenn der Begriff der Staatsbürgerschaft selbst nicht seine Bedeutung verlieren soll[4].

Wie weit sind wir auf diesem Weg gekommen? Wo liegen die Haupthindernisse auf dem weiteren Weg? Welche nächsten Schritte sind nötig, wenn wir nach wie vor – wie ich es sicherlich will – eine Weltbürgergesellschaft schaffen wollen? Das sind die Fragen, die im folgenden erörtert werden sollen.

In den Jahrzehnten seit dem Zweiten Weltkrieg hat die Welt sich vielfältig unterteilt. Unter dem Aspekt der gegenwärtigen Analyse scheint indes eine Dreiteilung nützlich, die auf vertrauten internationalen Zugehörigkeiten beruht, mit denen sich überdies Merkmale verbinden, die etwas zu tun haben mit dem Thema der bürgerlichen Gesellschaft. Eine Gruppe ist die der *OECD-Länder,* also der Mitglieder der Organisation für Wirtschaftliche Zusammenarbeit und Entwicklung. Das sind die entwickelten, demokratischen Länder, die die Ideale der großen Revolutionen des achtzehnten Jahrhunderts zu realisieren versuchen[5]. Die zweite Gruppe ist die der *Comecon-Länder,* der Mitglieder des Rates für Gegenseitige Wirtschaftshilfe. Zu ihnen gehört eine Mischung von Staaten, von denen manche wahrscheinlich lieber in der OECD wären; solange sie jedoch kommunistisch bleiben, bekämpfen sie nicht nur Idee und Realität der Bourgeoisgesellschaft, sondern sie haben dabei die bürgerliche Gesellschaft im weiteren Sinne zerstört. Drittens gibt es dann die *Gruppe der 77,* die zu ihren mehr als 120 Mitgliedern die Länder der sich entwickelnden Welt zählt, in denen zumeist sowohl die Anrechte als auch der Lebensstandard der bürgerlichen Gesellschaft ein ferner Traum sind.

Es erübrigt sich fast anzumerken, daß es innerhalb der drei Gruppierungen selbst enorme Unterschiede zwischen den Ländern gibt. Blickt man auf die OECD-Welt, so drängt sich vor allem die kulturelle Verschiedenartigkeit ihrer drei Säulen Europa, Nordamerika, Japan auf; auch diese Begriffe sind noch zu umfassend, wenn man an die Vielfalt Europas oder die unterschiedlichen Entwicklungsstadien der Teile der Vereinigten Staaten denkt[6]. Die Tatsache ist schon erwähnt worden, daß die Comecon-Welt sowohl freiwillige als auch unfreiwillige Mitglieder hat. Zu ihr gehören einige, die einmal bürgerliche Gesellschaften waren. Die Gruppe der 77 schließlich ist, wie jedermann weiß, ein Sammelsurium von Staaten, die im Grenzfall jeden Vergleich verbieten. Man denke nur an die Mitglieder des Verbandes der Südostasiatischen Nationen (ASEAN) einerseits und die Staaten Afrikas südlich der Sahara andererseits.

Es mag also andere Kriterien für die Gruppierung von Ländern geben. Hier haben wir jedoch den Begriff der bürgerlichen Gesellschaft als Maßstab gewählt. Bürgerliche Gesellschaften sind überall unvollkommen; aber die drei Gruppen verkörpern drei Arten der Unvollkommenheit. Diese lohnen eine kurze Darstellung, wobei von den Gruppen in umgekehrter Reihenfolge die Rede sein soll.

Die Entwicklungsländer der Gruppe der 77 zeigen alle Wunden und Kosten des Weges zur Modernität, der auch der Weg zur bürgerlichen Gesellschaft ist. Sie sind nicht die ersten, die diesen Preis bezahlen. Auch die Geschichte Deutschlands oder Japans seit der Mitte des neunzehnten Jahrhunderts liefert Belege für den Preis der späten Modernisierung. Denn selbst wenn der Prozeß des Wirtschaftswachstums in Gang kommt, ist noch keineswegs ausgemacht, daß soziale und politische Strukturen ihm folgen. Es gibt viele explosive Verwerfungen von alt und neu. Wie wir heute wissen, können Länder durchaus ein beträchtliches Wachstum erzielen, ohne Staatsbürgerrechte zu gewähren, obwohl solche Widersprüche in sich wahrscheinlich den Keim der Tyrannei und zugleich der Revolution tragen. Jedenfalls ist die Zerstörung vormoderner Strukturen schmerzhaft und alles andere als einfach; es gibt zudem kein Modell, dem sie überall folgen könnte. Ich werde argumentieren, daß das wichtigste Element der Haltung der OECD-Länder zu Fragen der Entwicklung in der Errichtung bürgerlicher Gesellschaften bestehen sollte; aber es wäre absurd zu behaupten, daß das ein Prozeß ist, der sich erfolgreich innerhalb eines Jahrzehnts, ja selbst eines Jahrhunderts abschließen läßt.

Überdies zeigen die Comecon-Länder, daß die bürgerliche Gesellschaft auch dort prekär bleibt, wo sie einmal auf gutem Wege schien. Es gibt Gegenkräfte, die nicht einmal totalitär im strengen

Sinn des Begriffes zu sein brauchen, um zerstörend zu wirken. In den Entwicklungsländern des Comecon-Bereiches – zu denen die Sowjetunion gehört, so hochentwickelt sie auch in der Waffentechnik und Raumfahrt sein mag –, ist die bewußte Verhinderung der Entstehung einer bürgerlichen Gesellschaft nahezu Funktion des Wirtschaftswachstums im dort konzipierten Sinne. Die *Nomenklatura*, die ihre Position auch dadurch zu festigen sucht, daß sie die Teilnahme der Bürger unterbindet, hat überdies eine imperialistische Neigung. Sie braucht offenbar einen Gürtel von Satelliten mit ähnlichen Strukturen. Um dies zu wiederholen: auch ein solches System funktioniert nicht vollkommen, schon gar nicht nach Stalin. Die Schlüsselfrage der Comecon-Welt ist, ob am Ende die bürgerliche Gesellschaft trotz allem durchbrechen wird. Der ostdeutsche Aufstand von 1953, die ungarische Revolution von 1956, der Prager Frühling von 1968, der *Solidarność*-Winter von 1980 sind unvergessen. Manchmal scheint es sogar, als gäbe es Anzeichen für die Entstehung einer bürgerlichen Gesellschaft in der Sowjetunion[7]. Doch bleibt in all diesen Ländern ein starkes politisches Interesse am Scheitern solcher Versuche bestehen.

Die bürgerliche Gesellschaft wird also durch die Begleiterscheinungen der Modernisierung in der Dritten Welt und durch die Bedingungen der politischen Macht in der Zweiten Welt bedroht. In der Ersten Welt liegen die Probleme anders. Auch hier gibt es sicherlich in jedem Land noch Winkel der unvollständigen Modernisierung. In manchen Ländern sind diese größer als in anderen. Aber die wichtigere und beunruhigendere Tatsache liegt doch in der Entdeckung, daß Bürgerrechte nicht notwendig andauern. Soziale und wirtschaftliche Entwicklungen der jüngeren Zeit legen den Schluß nahe, daß Menschen einmal mehr herausdefiniert werden aus ihren Gesellschaften. Das gilt für die Arbeitslosen in Europa und für die Armen in den Vereinigten Staaten. Vielleicht gibt es hinsichtlich der Alten in Japan ein ähnliches Problem, wenn das Ruhestandsalter gesenkt wird, ohne daß die Arbeitsmöglichkeiten für Ältere zunehmen. Solche neuen Sozialentwicklungen sind hier nicht das Thema; aber sie erinnern an die Erkenntnis, daß die bürgerliche Gesellschaft nie ein für allemal errichtet ist. Sie muß erkämpft und verteidigt und immer neu bestätigt werden.

Unter diesen Umständen überrascht es nicht, daß die internationalen Institutionen vieles zu wünschen übriglassen. Das gilt innerhalb der drei Welten, aber noch stärker im Hinblick auf die Beziehungen zwischen ihnen. In der Tat überrascht eher der Erfolg der Versuche, eine Art von Weltordnung zu schaffen, im Vierteljahrhundert nach dem Zweiten Weltkrieg. Die Überraschung beginnt mit der Erfindung dieser Ordnung während des Krieges. Während die Alliierten des Krieges einen schweren und für einige von ihnen verzweifelten Kampf kämpften, dachten sie zugleich über die Art von Ordnung nach, die in der Nachkriegswelt herrschen sollte. Das gesamte System, zu dem die Vereinten Nationen ebenso gehören wie die Organisationen und Abmachungen über Währungszusammenarbeit und Handelsbeziehungen, wurde 1943 und 1944 erdacht und fast unmittelbar nach dem Ende des Krieges errichtet[8]. Zumindest seiner Absicht nach kam es den Träumen des späten achtzehnten Jahrhunderts und der Folgezeit durchaus nahe. Es sollte den Starken wie den Schwachen eine gemeinsame Disziplin auferlegen und beruhte somit auf dem Gedanken einer Art von Weltbürgergesellschaft.

Daß dieses große historische Unternehmen am Ende scheiterte, hatte gewiß auch etwas mit seinen Ursprüngen, ja seiner Konzeption zu tun. Vor allem eine Frage war ja zu stellen: Wer hat die Macht? Gab es eine neue, internationale Instanz, um Regelverletzer zur Rechenschaft zu ziehen, oder würde das alte Machtspiel der Nationen weitergehen? Die Antwort war nicht unmittelbar evident. Für eine kurze Zeit gaben sich sogar die Vereinigten Staaten von Amerika zum zweiten Mal in diesem Jahrhundert dem idealistischen Glauben an eine neue Weltordnung hin. Dann aber kam die Weigerung der Sowjetunion, der Übereinkunft von Bretton Woods beizutreten, und das berühmte »lange Telegramm« des US-Gesandten in Moskau, George Kennan, in dem er darlegte, daß die Sowjetunion ihrem nationalen Interesse und keinem anderen Maßstab folgen wird (77). Allmählich wurde überdies klar, daß es zwar fünf Ständige Mitglieder des Sicherheitsrates der Vereinten Nationen gab, daß aber nur zwei von ihnen wirklich den Frieden und ein einziges nur Währungsstabilität und Freihandel garantieren konnten. Und so begann Hobbes unaufhaltsam Kant zu verdrängen; kurzfristiges und enges Eigeninteresse nahm den Platz langfristiger Interessen an der Zusammenarbeit ein.

Die siebziger Jahre waren das kritische Jahrzehnt. 1971 erschütterten die »Nixon-Schocks« (wie sie in Japan genannt werden) die OECD-Welt; überall wurden die Folgen spürbar. Die Vereinigten Staaten kündigten das Währungssystem der Nachkriegszeit auf, weil sie, wie Finanzminister Connally es damals ausdrückte, dasselbe Recht wie alle anderen hätten, ihre eigenen Interessen der Verantwortung für andere voranzustellen[9]. Bis heute hat die Welt sich von diesen Schocks nicht erholt. Auch sind sie nicht auf den Währungsbereich beschränkt geblieben. Seit jener Zeit sind Handelsverhandlungen, einschließlich der Tokio-Runde und wahrscheinlich auch der jetzt projektierten Uruguay-Runde, defensive Unternehmungen und nicht Versuche zur Ausweitung des Freihandels geworden. Die Vereinten Nationen selbst sind zunehmend unter Druck geraten, vor allem von den Vereinigten Staaten, die eine der großen Unterorganisationen, die UNESCO, verließen und in den meisten anderen ihr Engagement verringerten. Übrigens wäre es falsch, hier nur die Vereinigten Staaten zu zitieren, die in vieler Hinsicht das praktizierten, was andere ebenso empfanden und weiter empfinden. In den siebziger Jahren wurde die Zerbrechlichkeit der Nachkriegsordnung deutlich. Die Welt schien noch nicht bereit für eine universelle bürgerliche Gesellschaft.

Warum sollte das der Fall sein? Jenseits vieler schwächerer und unmittelbarer Ursachen der Krise der siebziger Jahre – dem Defizit der USA, dem ersten Ölschock usw. – gibt es einen zentralen Grund, der uns zu unserem Hauptthema zurückführt. Nach einem Vierteljahrhundert des unvergleichbaren Wirtschaftswachstums waren die siebziger Jahre eine Zeit der Rückschläge und der Zweifel[10]. Auf einmal sah es so aus, als sei einer jener langen Zyklen zu Ende gegangen, die manche Ökonomen auch Kondratieff-Zyklen nennen. Der erste Bericht des Club of Rome über die »Grenzen des Wachstums« ist nicht gerade ein Meisterstück der Wissenschaft; er ist noch

nicht einmal intellektuell überzeugend. Dennoch spiegelte er die verbreitete Desillusionierung mit dem Götzen der fünfziger und sechziger Jahre, dem Wirtschaftswachstum, wider[11]. In dem Maße, in dem
sich solche Zweifel einschlichen, bekamen Regierungen und Bürger
es mit der Angst. Bald wurde deutlich, daß der offene, liberale Geist
der Nachkriegszeit zumindest teilweise eine Funktion wachsender
Wohlfahrtschancen gewesen war. Zugleich war er unzweifelhaft
auch eine Reaktion auf den totalitären Alptraum der vorangehenden Jahrzehnte. In dem Maße, in dem die Erinnerung daran wich
und zugleich das rasche Anwachsen der Produktion und des Wohlstandes zu einem vorübergehenden Stopp kam, verführte die Angst
viele dazu, nur noch an ihre unmittelbaren Interessen zu denken. Sie
blickten nach innen und wurden im weitesten Sinne des Wortes
protektionistisch. Das hatte zur Folge, daß sie sich für internationale
Abmachungen nurmehr interessierten, wenn diese ihnen Schutz ver-
sprachen. Im Handel war mehr von Schutzklauseln als von der Beseitigung von Hemmnissen die Rede. Angeblich frei fluktuierende
Währungen wurden zuweilen eher zur Währungspolitik auf Kosten
der Nachbarn als zum Ausdruck der ihnen zugrundeliegenden wirtschaftlichen Kräfte.

Manche der Schocks der siebziger Jahre erwiesen sich als wenig
dauerhaft. Aber sie hinterließen Narben. Dazu gehört die Entdek-
kung, daß das internationale System einstweilen den Beteiligten eher
angenehm als unentbehrlich erscheint. Es dauert so lange, wie die
Dinge gut laufen, aber wenn die Zeiten sich verschlechtern, sucht
jeder nur seinen eigenen Vorteil und sonst nichts. Es ist ein Schön-
wettersystem, nicht eine Weltbürgergesellschaft. Diese Formulierungen sind bewußt gewählt. Bei einer Weltbürgergesellschaft ginge es
um Anrechte, die allen gewährt und von allen verteidigt werden.
Ihre Mitglieder hätten einklagbare Ansprüche, denen niemand sich
entziehen kann. Bei einem bloß angenehmen Arrangement andererseits werden entweder Positivsummenspiele oder überhaupt keine
Spiele gespielt. Die Spielregeln werden so lange akzeptiert, wie sie
dem wechselseitigen Vorteil dienen, aber keinen Augenblick länger.
Heute wissen wir, daß das internationale System der Nachkriegszeit
weitgehend auf solchen Grundlagen beruhte und weiterhin beruht.

Das Ergebnis muß verwirren und beunruhigen. Es gibt noch mancherlei Überreste des alten Systems. Zudem finden sich hier und da noch Leute, die auf Grund ihrer Interessenlage oder nur ihres längerfristigen Denkens auf einem verbindlicheren Internationalismus bestehen, als er bisher praktiziert worden ist. Zugleich aber gibt es Anzeichen wenn nicht eines Krieges aller gegen alle, so doch einer harten Konkurrenz aller mit allen, und zuweilen beginnt man sich zu fragen, ob diese Konkurrenz nicht einmal mehr in offene Kriegshandlungen ausarten könnte. In Auseinandersetzungen dieser Art zählt nur schiere Macht, und was diese Macht angeht, so hat niemand mehr davon als die Vereinigten Staaten. Meiner Meinung nach sind die Vereinigten Staaten von Amerika niemals mächtiger gewesen als heute. Sie mögen nicht in der Lage sein, ihre Bürger vor Terrorakten an entfernten Stellen der Welt zu schützen; aber sie können bestimmen, ob Krieg oder Frieden, Armut oder Wohlstand das Leben in vielen Regionen der Welt prägen. Die *pax Americana* des Nachkriegssystems hat einer amerikanischen Herrschaft, wenn nicht Vorherrschaft Platz gemacht.

Aber wir müssen aufpassen, nicht in die Falle der traditionellen Analyse internationaler Beziehungen zu geraten. Unsere Frage hier ist nicht, wer wieviel Macht hat und was er damit tut, sondern welche grundlegenden Hemmnisse uns daran hindern, weiter in die Richtung einer Weltbürgergesellschaft voranzuschreiten, und was für Kräfte mobilisiert werden müßten, um solche Hemmnisse zu überwinden. In diesem Zusammenhang sind zwei Themen von besonderem Interesse. Das eine ist die eigentümliche Kraft des Nationalstaates, das andere das außerordentliche Scheitern der Entwicklungspolitik.

Auf den ersten Blick mag es seltsam scheinen, von der Kraft des Nationalstaates zu sprechen. In den letzten Jahrzehnten ist dieser aus beiden Richtungen gleichzeitig angegriffen worden. Nach einer langen Phase, in der größere Dimensionen immer auch für angemessener, ja ökonomischer gehalten wurden, kam die plötzliche Entdeckung, daß die kleinere Dimension doch auch ihren Reiz hat. Soviel Dezentralisierung wie möglich, soviel Zentralisierung wie nötig, wurde zum Schlagwort der neuen Zeit. Fast gleichzeitig wurde deutlicher, wenn auch nicht immer akzeptierter, daß niemand sich den weiteren Zusammenhängen der Welt entziehen kann. Die Anerkennung der Realität der Weltwirtschaft ist geradezu zum Lackmustest der Regierungsfähigkeit von Parteien geworden. Auch in Verteidigungsfragen entdecken alle Länder, die nicht selbst Supermächte sind, daß sie ohne Bündnisse in höchst ungemütlicher Weise exponiert bleiben. Wenn also eine Einrichtung unzulänglich scheint, dann ist es der traditionelle Nationalstaat.

Noch schlagender ist eine weitere Entwicklung. Insoweit neue Grenzen wirtschaftlicher Möglichkeiten eröffnet worden sind, haben transnationale Unternehmen das bewirkt. Nicht alle haben ihren praktischen Erfolg durch Verantwortungsgefühl ergänzt. Doch ist es den besten und vielleicht auch erfolgreichsten gelungen, mehrere Errungenschaften zu verbinden. Sie haben mehr zum wirtschaftlichen Entwicklungsprozeß in bislang unterentwickelten Regionen beigetragen als alle Regierungen und internationalen Organisationen zusammen. Ihr Interesse an einer modernen Wirtschaftsentwicklung hat sie zu Kräften gegen traditionelle Privilegien auch dort gemacht, wo solche Privilegien, wie in Südafrika, von Regierungen aufrechterhalten werden. Zudem sind transnationale Unternehmen zu Lokomotiven des Wirtschaftswachstums in der OECD-Welt selbst geworden.

Das alles stellt offenkundig eine Herausforderung an die Verteidiger des Nationalstaates dar. Gewiß ist es kein Zufall, daß wir noch immer von inter*nationalen* Beziehungen, ja von trans*nationalen* Unternehmen sprechen. Überdies hat die politische Linke, die so lange den Staat – den Nationalstaat – als bloßes Instrument bourgeoiser Wirtschaftsinteressen attackiert hat, diesen nun zu verteidigen begonnen, weil er ein Raum ist, den Wähler kontrollieren können und der ein gewisses Eigenleben jenseits der Wirtschaftsinteressen führt. Die politische Rechte ist ohnehin eine Verteidigerin ihres traditionellen Wirkungsraumes geblieben. Doch beweist das alles eher, daß der Nationalstaat nicht Triebkraft, sondern Hindernis des Fortschritts geworden ist. Er ist der Anachronismus, der den nachhaltigen Erfolg neuer Entwicklungen behindert.

Außer daß der Nationalstaat noch immer die einzige Institution ist, die die Grundrechte garantiert. Nach vielen Jahrzehnten des

Ringens um ein internationales System müssen wir eingestehen, daß es so etwas wie ein internationales Recht – ein Völkerrecht – immer noch nicht gibt. Gewiß gibt es an Universitäten Lehrstühle für Völkerrecht und viele Texte, auf die die Inhaber solcher Lehrstühle und ihre Studenten sich gerne beziehen. Aber die Schlüsseltatsache ist doch, daß einer der unentbehrlichen Bestandteile allen Rechts, nämlich Sanktionen und Instanzen, die sie verhängen können, im internationalen Bereich fehlt. Während es nur allzu viele schöne Worte in Übereinkünften und feierlichen Abmachungen zwischen Nationen gibt, ist der Nationalstaat doch nach wie vor die einzige Instanz, die Grundrechte wie die Integrität der Person oder die Rede- und Koalitionsfreiheit erzwingen kann. Da diese aber das Herzstück der bürgerlichen Gesellschaft ausmachen, ist das Fehlen eines wirksamen internationalen Rechts auch das wichtigste Symptom für das Versagen aller bisherigen Versuche, eine Weltbürgergesellschaft zu schaffen.

Das sind starke Aussagen. Bei detaillierterer Analyse müßte man vor allem die Versuche zur Schaffung eines internationalen Rechts, die gemacht worden sind, untersuchen[12]. Dabei würde sich bald herausstellen, daß die Menschenrechtsartikel der Charta der Vereinten Nationen vielfach ungestraft verletzt worden sind. Es würde auch deutlich werden, daß viele Länder, darunter in jüngster Zeit die Vereinigten Staaten von Amerika, Urteile des Internationalen Gerichtshofes in Den Haag bewußt ignoriert oder zurückgewiesen haben. Die Europäische Menschenrechtskonvention und das zur Anhörung von einschlägigen Fällen geschaffene Gericht liefern ein komplizierteres Beispiel. Eine Reihe von Ländern (wenngleich nicht alle Mitglieder des Europarates) haben die Konvention zum innerstaatlichen Recht gemacht, so daß man hier von Anfängen eines internationalen, oder zumindest multinationalen Rechtsstaates reden könnte. Indes ist es kein Zufall, daß andere Länder, darunter Großbritannien, sehr zögern, diesen Weg zu gehen. In diesem Zusammenhang stellt die Europäische Gemeinschaft ein noch interessanteres Beispiel dar. Zuweilen wird gesagt, der Europäische Gerichtshof in Luxemburg sei die erfolgreichste Institution der Gemeinschaft. Obwohl zur Ausführung seiner Sanktionen nationale

Erzwingungsinstanzen nötig sind, interpretiert der Gerichtshof die Verträge von Paris und Rom in einer für alle Mitglieder verbindlichen Weise[13]. Deren Thematik ist sicherlich begrenzt. Dennoch kann man mit guten Gründen sagen, daß diese Verträge eines der wenigen Beispiele für die Ausweitung rechtlicher Regelungen im strengen Sinn über die Grenzen des Nationalstaates hinaus darstellen.

Generell bleibt dies jedoch das größte einzelne Desideratum des Internationalisten heute. Solange es keine Anzeichen für die allgemeine Anerkennung eines internationalen Rechts gibt, muß auch der Kosmopolit den Nationalstaat als Garanten der Grundrechte akzeptieren. Der Nationalstaat mag für alle praktischen Zwecke ein Anachronismus sein; er ist nach wie vor ein unentbehrlicher Schutz der Freiheit.

Man zögert, auch nur die Frage zu stellen, was getan werden müßte, um diese Begrenzung zu überwinden. Es ist sicherlich unbefriedigend, wenn transnationale Unternehmen die neuen Möglichkeiten weltweiten Wirkens ausnutzen, ohne daß es Anzeichen dafür gibt, daß Recht und Gesetz ihnen folgen. Noch unbefriedigender ist es allerdings, Attacken auf die neuen Produktivkräfte im Namen eines unzeitgemäßen Nationalismus zu erleben. Was müßte also geschehen, um ein wirklich internationales Recht zu schaffen? Es ist vielleicht gar nicht so falsch, die Frage unbeantwortet zu lassen. Was vernünftig ist, wird nicht notwendig wirklich, wenn wir der Geschichte (mehr als Hegel und Marx) vertrauen. Im Blick auf die Geschichte der transnationalen Zusammenarbeit drängt sich sogar der Verdacht auf, daß es großer Katastrophen bedarf, um nachhaltige Veränderungen hervorzubringen. Nationale Souveränität, also die eifersüchtige Verteidigung von Anrechtsstrukturen in nationalen Zusammenhängen, wird von denen nicht aufgegeben oder auch nur eingeschränkt werden, die dieser Souveränität ihre eigene Stellung verdanken. Die Politik wird erst dann aufhören, national zu sein, wenn es keinen anderen Weg mehr gibt. Während der Internationalist weiter hofft, daß solcher Fortschritt bald möglich sein wird, wird dem Soziologen heiß und kalt bei dem Gedanken an die Umwälzungen, die zu diesem Ende nötig sein könnten.

Wenn das schon ein unbefriedigender Schluß für eines der beiden hier aufgenommenen Themen der Weltgesellschaft ist, so stellt das andere Thema noch beunruhigendere Fragen. Ich habe vom außerordentlichen Scheitern der Entwicklungspolitik gesprochen. Im Hinblick auf die offenbare Frage der Armut und die Modernisierung in der Dritten Welt – der Welt der Gruppe der 77 – werden die Mängel der internationalen Gesellschaft am ausgeprägtesten deutlich.

Die Unterteilungen, mit denen wir diese Analyse begonnen haben, machen ja hinlänglich klar, daß der Weg bis zu dem Punkt, an dem gesagt werden kann, daß wir wirklich in *einer* Welt leben, noch lang ist. Zunächst und vor allem muß dafür der Prozeß der Schaffung einer bürgerlichen Gesellschaft in den vielen Ländern der Gruppe der 77 in Gang gesetzt werden. In ebendieser Hinsicht ist das Versagen des internationalen Systems der Nachkriegswelt am auffälligsten und folgenreichsten. Auch heute noch ist es ja Mode, einen »Marshall-Plan« für Afrika, für Lateinamerika, für jeden Teil der sich entwickelnden Welt zu fordern, der gerade die Aufmerksamkeit der Medien hat. Doch beweist alle Erfahrung, daß das wichtigste Bedürfnis der Dritten Welt nicht in Geld und Kapitalzuflüssen liegt[14].

Die Geschichte der Entwicklung und Unterentwicklung läßt sich in drei Etappen fassen, wenngleich alle drei zu gleicher Zeit existieren können und vor allem die dritte noch keineswegs so allgemein ist, wie sie das sein sollte. Die erste dieser Etappen hat viel mit der Illusion des Marshall-Plans zu tun. Der Marshall-Plan war eine massive Dosis von Kapitalhilfe für Länder, in denen sowohl die Infrastruktur als auch die Motivation zur Wirtschaftsentwicklung gegeben waren. Tatsächlich verstanden es nicht alle, die Mittel voll zu nutzen, aber manche haben sie in spektakuläre Erfolge der Wirtschaftsentwicklung umgemünzt. Deutschland liefert das offenkundige Beispiel. In den meisten Ländern der Gruppe der 77 jedoch ist weder die Infrastruktur noch die nötige Motivation vorhanden. Jede Kapitalspritze für diese Länder hat daher notwendig ganz andere Wirkungen.

Diese Tatsache konnte diejenigen nicht überraschen, die der Dritten Welt Finanzmittel gaben oder vermittelten. Man wußte sogar, daß solche Gelder zunächst einheimischen Eliten, also Gruppen in einer bereits privilegierten Stellung zugute kommen würden. Doch war die Theorie im Schwange, daß der Reichtum der Privilegierten der Dritten Welt im Laufe der Zeit »durchfiltern« würde. Zuerst (so meinte man vor allem in Lateinamerika, wo Raúl Prebisch diese Theorie entwickelt hat[15]) würden zwar die Oberschichten reicher, dann aber würde sich allmählich eine Mittelschicht entwickeln, und am Ende würden die vielen an der Basis der sozialen Pyramide durch den wachsenden Wohlstand des Ganzen ihre Stellung verbessern können. Es hätte keinen größeren Irrtum geben können. Nur in Gesellschaften, die bereits offen sind, kann Reichtum durchfiltern. Wo es Anrechtsschwellen gibt, wirken diese nicht als Filter, sondern als absolute Barriere. So werden die Reichen reicher, manchmal viel reicher, während die Armen so arm bleiben wie eh und je und manchmal, vor allem bei raschem Bevölkerungswachstum, noch ärmer werden. Mittelschichten kommen überhaupt nicht zustande.

Die zweite Etappe war daher eine der Desillusionierung, die zwei verschiedene, wenngleich in ihrer Wirkung nicht unähnliche Formen annahm. Da war einmal das, was man aktive Desillusionierung nennen kann. Sie bedeutete, daß Geber nicht mehr einfach Finanzmittel von OECD-Regierungen an Regierungen der Gruppe der 77 transferierten, sondern diese auf bestimmte Projekte konzentrierten. Um sicherzustellen, daß solche Projekte sinnvoll ausgewählt, vernünftig angelegt und zuverlässig ausgeführt werden, wurden in zunehmendem Maße internationale Einrichtungen, vor allem die Weltbank, eingeschaltet. Indes konnten auch solche Zwischeninstanzen nicht verhindern, daß Denkmäler gebaut und Mittel in großem Umfange vergeudet wurden, ja daß die Reichen sich durch systematische Korruption weiter bereicherten. Mancher Flughafen der Dritten Welt, auch mancher Staudamm hat Dimensionen, die ihre absehbare Nutzung um ein Mehrfaches überschreiten. Ein beträchtlicher Teil der für solche Zwecke bereitgestellten Gelder ist zudem keineswegs nach unten durchgefiltert, sondern auf verschlungenen und manchmal auch direkten Wegen in die Taschen der herrschenden Kaste der Länder der Dritten Welt geraten.

Die passive Desillusionierung ging einen anderen Weg. Hinter ihr steckte eine Theorie der Linken, derzufolge der Transfer von Ressourcen nur neue Abhängigkeit, geradezu einen Neokolonialismus begründet, und daß daher etwas ganz anderes nötig ist, nämlich die Abkoppelung der Entwicklungsländer. Die Länder der Gruppe der 77 müssen ihren eigenen Weg finden (so argumentierten die Autoren der Linken[16]), und dieser Weg wird nichtwestlich, wenn nicht antiwestlich sein. Das sind Vorstellungen, die ein eigentümlich paternalistisches Element enthalten. Was zählt, ist nicht, was die Menschen der Dritten Welt selbst erstreben und wollen, sondern was nach Meinung der »Progressiven« der OECD-Welt gut für sie ist. In einer entscheidenden Hinsicht ist überdies das Resultat dieser Haltung nicht viel anders als der projektgebundene Ressourcentransfer. Beide bedeuten nämlich, daß ererbte Anrechtsstrukturen unverändert bleiben. Die Linke ist paradoxerweise sogar in der Lage, solche vormodernen Abhängigkeiten mit dem Glorienschein der natürlichen Schönheit, ja des natürlichen Rechts zu umgeben.

Die Realität ist indes über solche anspruchsvollen Auffassungen, seien sie aktiv oder passiv, hinweggegangen; sie hat auch die Desillusionierung mittlerweile hinter sich gelassen. Die wichtigste einzelne Veränderung der OECD-Haltungen zur Frage der Entwicklung in den letzten Jahren liegt in der Entdeckung des Multiplikatoreffekts von scheinbar kleinen und begrenzten Aktionen. Gruppen und einzelne, die sich der Förderung und Erhaltung von Genossenschaften von Reisfarmern in Dörfern annehmen oder die Fischer hinsichtlich ihrer verbrieften und einklagbaren Rechte beraten oder die lokale Rundfunkstationen errichten und leiten – und es gibt viele andere Beispiele –, müssen sich auf lange Zeiträume einstellen; am Ende aber führt ihr Wirken zu nachhaltigeren Veränderungen als das der Megalomanen oder der Desillusionierten. Solche Gruppen verändern nämlich die Einstellungen von Menschen, und sie tun es nicht auf zweifelhaften Umwegen, sondern direkt. Ihr Tun trifft den Kern des hier erörterten Themas.

Es ist vielleicht nicht aufgefallen, war aber ernst gemeint, daß wir zu Beginn dieser Erörterung vom »offenbaren Thema der Armut« in der Dritten Welt gesprochen haben. Die Armut ist in vielen Ländern der Gruppe der 77 real genug. Aber wie Amartya Sen uns gezeigt hat, stellt sie nicht unbedingt die Fragen, die sie auf den ersten Blick zu stellen scheint (136). Sie ist vor allem mehr als eine Frage der Verfügbarkeit von Nahrungsmitteln und anderen Gütern. Häufig gibt es in Ländern der Dritten Welt nicht eigentlich eine Knappheit an Gütern; was fehlt, ist der Zugang zu diesen Gütern für die große Mehrheit. Menschen brauchen Anrechte, um am Wohlstand ihrer Nationen teilzuhaben, Anrechte im juristischen und Anrechte im ökonomischen Sinn. Indes sind es präzis diese Anrechte, die ihnen von den bestehenden Strukturen ihrer Länder vorenthalten werden. Es gibt privilegierte Gruppen, die ihre Vorrechte mit Zähnen und Klauen und mit subtileren Mitteln verteidigen; und es gibt rechtlose Gruppen, die inmitten des Überflusses oder zumindest zulänglicher Gütermengen am Rande des physischen Überlebens vegetieren.

Es ist nicht leicht, aus einer solchen Analyse Schlüsse zu ziehen. Professor Sen selbst besteht darauf, daß es nicht seine Absicht war, gegen Nahrungsmittelhilfe oder überhaupt gegen materielle Unterstützung für die armen Länder der Welt zu argumentieren. Während er Hilfe in Form von Bargeld vorziehen würde – denn Geld schafft Anrechte und gibt nicht nur Waren, Güter –, weiß er doch auch, daß es Situationen gibt, in denen jede Form von Hilfe besser ist als keine. Das wirkliche Problem liegt darin, daß die Veränderung von Anrechtsstrukturen nichts anderes bedeutet als die Revolutionierung von Gesellschaften. Es bedeutet, daß verfestigte Vorrechte aufgebrochen werden müssen – und das kann kein schmerzloser Prozeß sein. In der Tat bringt der Gedanke uns zurück zu der Eingangsbeobachtung über Utopie und Revolution: zunächst bedeuten beide in aller Regel Unterdrückung und Elend. Sie können leicht einen Zustand schaffen, in dem zwar jeder zu allem, was es gibt, auch Zugang hat, in dem aber nur das bloße Minimum des zum Überleben Nötigen verfügbar ist.

Wenn man das Dilemma der Entwicklung in solchen Begriffen beschreibt, zeigt man mit dem Finger auf eine der fundamentalen Schwächen des uns bekannten internationalen Systems. Dies ist nun einmal ein System zur Verbesserung der Güterversorgung und nicht eines zur Veränderung von Anrechtsstrukturen. Selbst im Hinblick auf die Güterversorgung ist es nicht sonderlich erfolgreich. Von der Illusion der Marshall-Pläne angesichts verfestigter Privilegienstrukturen war schon die Rede. Die Rezepte des Internationalen Währungsfonds, die Armen und Reichen in gleicher Weise verschrieben werden — Freihandel, ausgeglichene Haushalte usw. — sind wahrscheinlich nützliche Empfehlungen zur Steigerung der Wohlfahrt; aber angesichts der Vorrechtsstrukturen in vielen Entwicklungsländern helfen sie den Ausgeschlossenen nicht. Im günstigsten Fall beruhen sie auf der irrigen Annahme, daß Wachstum Anrechtsfragen löst. Selbst in der entwickelten Welt hat indes die inflationsneutrale Rate der Arbeitslosigkeit diese Annahme widerlegt[17]. Wachstum ist Wachstum, und Anrechte sind Anrechte, und es gibt nur sehr wenige Strategien, die zur gleichzeitigen Erhöhung beider führen.

Es lohnt sich, in diesem Zusammenhang die Frage der Wirtschaftssanktionen gegen Südafrika aufzuwerfen. Das Ziel solcher Sanktionen liegt offenkundig in der Veränderung von Anrechtsstrukturen in Südafrika, also in der Linderung und schließlichen Abschaffung der Apartheid. Die Wirkung von Sanktionen aber liegt äußerstenfalls in der Reduktion von Wohlfahrts- und Wachstumschancen. Das ist unzweifelhaft eine Art der Bestrafung und vielleicht die einzige, die der Völkergemeinschaft zur Verfügung steht. Aus diesem Grunde können Sanktionen angemessen, ja moralisch berechtigt sein. Aber diese Bestrafung hat keine direkte Wirkung auf Anrechtsstrukturen. Sie kann sogar zu deren Verhärtung führen. Einmal mehr ist die internationale Gemeinschaft machtlos, wenn es um wirklich wichtige Fragen geht, weil die Welt noch weit entfernt ist von einer Weltbürgergesellschaft.

Sie ist in der Tat noch nicht einmal *eine* Gesellschaft. Vor einiger Zeit traf der Ökonom Arthur Lewis die vernichtende Feststellung, daß, wenn Afrika, Lateinamerika und Südasien im Ozean versinken und verschwinden würden, die Auswirkung auf das Bruttosozialprodukt der OECD-Länder minimal bleiben würde (vgl. 89). Hinter dem drastischen Bild steckte die Absicht, die Tatsache zu unterstreichen, daß die Interdependenz der Welt viel zerbrechlicher ist, als das Pathos von Politikerreden in allen Ländern uns glauben machen will. Die Märkte der Reichen liegen im wesentlichen in der OECD-

Welt. Die meisten Rohstoffe kommen aus entwickelten Ländern (obgleich Südafrika ein nicht unwichtiger Lieferant ist). Auch ist es unwahrscheinlich, daß die Armen die Reichen angreifen; von folgenlosen Mehrheiten in den Vereinten Nationen abgesehen, haben sie kaum Instrumente, um diejenigen zu bewegen, die ihnen Hilfe und Unterstützung geben könnten. Es gibt mit anderen Worten keinen internationalen Klassenkampf, weil es keinen gemeinsamen Kontext gibt, in dem eine Klasse von der anderen unter Androhung einer Revolution größere Anrechte fordern könnte.

Das sind bewußte Übertreibungen. Sie führen zu einer letzten Überlegung: Wo können wir anfangen, wenn wir eine Weltgesellschaft von Staatsbürgern bauen wollen? Die Antworten, die aus der Argumentation dieses Kapitels folgen, sind bescheiden; vielleicht sind sie gerade darum realistisch.

Erstens müssen wir das eigene Haus in Ordnung halten. Damit ist ausdrücklich keine Unterstützung der protektionistischen Tendenzen einer zunehmend ängstlichen Welt gemeint. Das eigene Haus in Ordnung zu halten ist nie genug; dennoch ist es wichtig, das zu tun. Wenn die Länder der OECD-Welt aufhören, Muster der bürgerlichen Gesellschaft zu sein, können sie schwerlich hoffen, den Rest der Welt zu beeindrucken oder zu beeinflussen. Das ist übrigens keine Selbstverständlichkeit. Es bedeutet vor allem die Herausforderung, mit den verwandten Fragen der neuen Arbeitslosigkeit und der neuen Armut fertig zu werden. Lebenschancen in den freien Gesellschaften der modernen Welt sind Lebenschancen für alle; sie verlangen allgemeine Staatsbürgerrechte und die hinlängliche Versorgung mit Gütern und Dienstleistungen. Das neue Problem des Wachstums ist weithin anerkannt; Schumpeter ist für viele wieder zum Lehrer geworden. Das neue Problem der Anrechte wird vielfach nicht so deutlich gesehen; wir brauchen auch einen neuen Keynes[18].

Die zweite Schlußfolgerung betrifft die Entwicklungsländer. Hier haben die OECD-Länder vor allem eine Verantwortung, nämlich die Prinzipien der bürgerlichen Gesellschaft zu verbreiten. Es ist zweifellos wichtig, den Ländern der Gruppe der 77 zu Wirtschaftswachstum zu verhelfen; aber es ist noch wichtiger und möglicherweise sogar eine Voraussetzung nachhaltigen Wachstums, diesen

Ländern bei der Realisierung der Prinzipien und Institutionen zu helfen, die die Teilnahme aller am sozialen, wirtschaftlichen und politischen Leben begründen. Das ist ein langsamer Prozeß, der keine dramatischen Ergebnisse verspricht. Er verlangt das Engagement vieler einzelner aus der entwickelten Welt, die selbst die Segnungen der Modernität erfahren haben. Er ist übrigens kein Ersatz für den nach wie vor nötigen Transfer von Ressourcen; aber er bedeutet die allmähliche Schaffung einer sozialen Infrastruktur, die diese Transfers zu Instrumenten langfristiger Entwicklungen macht. Kleine nichtstaatliche Organisationen werden eine bedeutende Rolle zu spielen haben bei der Schaffung von Elementen der bürgerlichen Gesellschaft in den Entwicklungsländern. Die Motive für solches Handeln liegen nicht in der Verfolgung kurzfristiger Interessen, sondern sind moralisch im besten Kantschen Sinn. Moralität ist nie überflüssig; am Ende mag ihre Notwendigkeit sehr wohl größer sein als die, die nächsten Wahlen zu gewinnen oder auch Haushaltsdefizite zu vermeiden.

Schließlich, drittens, folgt aus der Analyse dieses Kapitels, daß alles irgend Mögliche getan werden muß, um eine internationale Gemeinschaft des Rechts zu schaffen. Das bedeutet nicht die Forderung nach weiteren feierlichen Sprüchen; Chartas und Konventionen haben wir wahrscheinlich schon zu viele. Zudem hilft es überhaupt nicht, wenn alle möglichen Gruppen da noch neue Bereiche des Pseudo-Rechts hinzufügen wollen, vom Recht auf Arbeit zum Recht auf saubere Umwelt und zulängliche Nahrung. Das sind höchst wünschenswerte Ziele und wichtige Aufgaben; aber die internationale Gemeinschaft des Rechts muß mit den Grundrechten aller Menschen beginnen, wenn sie uns auf dem Weg zur Weltbürgergesellschaft weiterhelfen soll. Zu diesem Ziel gibt es keine einfachen Rezepte. Es ist durchaus wahrscheinlich, daß viele Versuche scheitern werden, bevor wir das Ziel erreichen. Aber wir dürfen die Versuche nicht aufgeben, denn jeder von uns bleibt unvollständig, solange wir nicht Weltbürger sein können.

15 Die Liberalen
und der Gesellschaftsvertrag

Die meisten großen Reformer der letzten zwei Jahrhunderte sind
Liberale gewesen. Ihr Ziel war immer eine Gesellschaft, die allen die
Grundfreiheiten, möglichst vielen offene Grenzen der Entfaltung
und den schöpferischen Neuerern ein Klima der Ermutigung sichert.
Die Blickrichtung der Reform hat sich jedoch geändert. Das späte
neunzehnte Jahrhundert markiert einen Themenwechsel; und es
könnte sein, daß uns am Ende des zwanzigsten Jahrhunderts eine
neuerliche Richtungsänderung bevorsteht.

Liberale haben dem absoluten Staat Verfassungen abgetrotzt und
mit ihnen dem Recht verpflichtete Regierungen und die Gleichheit
aller vor dem Gesetz. Das bedeutete die Öffnung von lange Zeit
geschlossenen Gemeinwesen für den politischen Kampf. Der Prozeß
blieb nicht auf die Sphäre der Politik begrenzt. Der Konkurrenz der
Interessen und Meinungen auf der Agora der Öffentlichkeit entspra-
chen die Kräfte des Marktes in der Wirtschaft. Zuerst neben der
zunftverkarsteten Ordnung von Handel und Wandel, dann gegen
sie, setzte sich ein neues Potential der Befriedigung materieller
Lebensbedürfnisse durch. Mit den Meinungen und Interessen vieler
Menschen wurden auch ihre Lebensentwürfe und Überzeugungen
befreit. Die katholischen Ansprüche der organisierten Religion
mußten weichen. Aus den Trümmern der Welt von absolutem Staat,
alleinseligmachender Kirche und merkantilistischer Starre erhob
sich die Gesellschaft, nicht irgendeine Gesellschaft, sondern die
bürgerliche Gesellschaft, *civil society*.

Große Worte? Gewiß, aber die liberale Revolution verdient sie[1].
Das gilt um so mehr, als ihre Bewegungen in der Theorie wie in der
Praxis stattfanden, ohne daß immer eindeutig war, was zuerst kam.

Die Eule der Minerva flog auch in der Morgendämmerung. Von John Locke (1632–1704) über David Hume (1711–1776) zu Adam Smith (1723–1790) führt trotz aller Unterschiede der Temperamente ein gerader Weg englischen und schottischen Denkens. Montesquieu (1689–1755) war von britischen Vorbildern inspiriert, auch wenn er sie mißverstand und es nicht lassen konnte, den pragmatischen Begriff des *civil government* in das cartesianische Schema der Gewaltenteilung zu übersetzen. Immanuel Kant (1724–1804) hat die britische Tradition für Deutschland, sogar für Preußen, entdeckt und entwickelt. Die »Glorreiche Revolution« von 1688 hatte da einen praktischen Anfang gesetzt, wenn ihr Werk auch erst durch die Industrielle Revolution komplettiert wurde. Dann wanderte der revolutionäre Geist über den Kanal. Die Französische Revolution zumindest bis zur Erklärung der Menschen- und Bürgerrechte markiert den Einschnitt. Mag dieser in Deutschland zunächst, um mit Heine zu sprechen, auf die Studierstuben von Königsberg und Weimar (und, nicht zu vergessen, das Tübinger Stift[2]) beschränkt geblieben sein, so rumorte es doch auch hier, bis zu den unruhigen Tagen des Juli 1830 und weiter bis 1848. Jean-Jacques Rousseau veröffentlichte den *Contrat Social* 1762. Wilhelm von Humboldts *Grenzen der Wirksamkeit des Staates* erschienen 1792. Das *Staats-Lexikon* von Karl von Rotteck und Karl Welcker nahm die ganze Welt unter die Lupe der neuen Bewegung (1834). Und immer ging es um zweierlei, um Rechtsstaat und Bürgerfreiheit.

Das letztere, die Bürgerfreiheit, war übrigens von Anfang an auch Quelle des Widerspruchs unter Liberalen. Wohin sollte der Ausgang des Menschen aus der selbstverschuldeten Unmündigkeit führen? Zum interessenbestimmten, dennoch moralisch gebundenen Vernunftwesen von Adam Smith? Zu Kants stolzem Individuum der ungeselligen Geselligkeit? Zum bemüht privaten *Émile* von Rousseau, einem schwankenden Rohr in den Winden der Zeit? Oder gar zu Max Stirners aller Gesellschaft entronnenem Einzigen (und seinem Eigentum)[3]?

Auch den Ozean überquerte der revolutionäre Geist in den dramatischen Jahrzehnten am Ende des achtzehnten Jahrhunderts. Montesquieu und Rousseau waren den Vätern der Vereinigten Staa-

ten von Amerika ebenso vertraut wie Locke. Die amerikanische
Unabhängigkeitserklärung (1776), die Verfassung (1787) und die
Bill of Rights (1791) sind nicht minder markante Etappen des Weges der Freiheit als die europäischen Revolutionen. Sie sind übrigens
in einer Hinsicht, die für Geschichte und Theorie gleichermaßen
wichtig ist, einmalig. In Amerika war es nicht nötig, dem absoluten
Staat die bürgerliche Gesellschaft abzutrotzen. Dort und nur dort
(sieht man ab von der Rütli-Eidgenossenschaft von 1291) wurde
vielmehr der Gesellschaftsvertrag in aller Form geschlossen. »Wir,
das Volk der Vereinigten Staaten, in der Absicht, eine vollkomme-
nere Union zu schaffen, Gerechtigkeit zu stiften, innere Ruhe zu
garantieren, für die gemeinsame Verteidigung zu sorgen, die allgemeine Wohlfahrt zu fördern und für uns und unsere Nachkommen
die Segnungen der Freiheit zu sichern, errichten hiermit feierlich
diese Verfassung für die Vereinigten Staaten von Amerika.«[4] Die
amerikanische Frage war eher, ob die Gesellschaft, mit der alles
begann, dem Staat überhaupt Raum geben würde. In den *Federalist
Papers* (1787–88) ging es ja nicht etwa um Dezentralisierung, sondern um die Begründung der Notwendigkeit einer Zentralregierung.
Insoweit war der klassische Liberalismus in der neuen Welt nicht
Kraft einer Minderheit, sondern war öffentliche Philosophie. Es gab
die Konservativen nicht, die die sittliche Idee des Staates verteidigten. Es gab auch keine Romantik des *ancien régime*. Das ist im Sinn
zu behalten, wenn vom Fortgang des Denkens und Handelns die
Rede ist, bis in unsere Tage.

Doch berührt es den Kern der hier geschilderten Entwicklung
nicht. Das mindeste, was sich für die heroische Zeit der Liberalen
sagen läßt, ist, daß sie eine große Unruhe in die von ihr ergriffenen
Länder der Welt getragen hat. Für diejenigen, die sie überlebten, vor
allem aber für die Nachgeborenen war das eine produktive Unruhe.
Indes bewegt sich der Fortschritt nicht so sehr wie eine Schnecke –
das tut er erst in der bürokratisierten Welt des zwanzigsten Jahrhunderts –, sondern wie nach Art der Echternacher Springprozession.
Ja, er ist zudem ganz unberechenbar, führt also nicht regelmäßig
zwei Schritte voran und einen zurück, sondern manchmal mit Sie-
benmeilenstiefeln voran, dann wieder in einem Erdrutsch zurück.

Das Jahrhundert, das den heroischen Anfängen gefolgt ist, war voller Optimismus; es war aber auch voller Rückschläge der Restauration und vor allem voller Schrecken der Inhumanität. Fast kann man diejenigen verstehen, denen das *ancien régime* lieber gewesen wäre als dieses Jahrhundert der Kriege und des Völkermords.

Dieses erste liberale Jahrhundert, wie man es wohl nennen muß, das Jahrhundert also, das mit dem Ende des Revolutionszeitalters 1848 begann, hat zugleich mit den Verwerfungen von Rechtsstaat und Vormodernität, von Industrialisierung und Kulturpessimismus auch die Gegenbewegung auf den Plan gerufen. Ganz an seinem Anfang stand ja der Mann, der mit jenem Hohn, den alle Hegelianer für den dialektischen Schritt der Negation, der Antithese reservieren, den Fortschritt des bürgerlichen Rechtsstaates pries, um den Finger auf dessen Wunden zu legen, auf Entwurzelung und Massenarmut, Ausbeutung und Klassenkampf. Das *Kommunistische Manifest* (1848) von Marx und Engels zeigt in solchen Passagen noch immer seine stärkste Kraft. Sozialisten erhoben sich gegen Liberale; aber fast ist man versucht zu sagen, daß sie ihre größten Erfolge durch Liberale erzielt haben.

Das ist eine eigentümliche Geschichte. Sie begann lange vor dem Ersten Weltkrieg. Man erinnert sich an die Ambivalenzen von John Stuart Mill (»Unser Ideal ging weit über die Demokratie hinaus und würde uns entschieden der allgemeinen Bezeichnung als Sozialisten zurechnen«[5]), von Friedrich Naumanns nationalem Sozialismus im Mantel des Liberalismus ganz zu schweigen. Auch liberale Parteien begannen, sich bestimmter Forderungen der noch schwachen sozialistischen Bewegung anzunehmen[6]. Fast scheint es, als hätten die Gründer und Heroen der sozialistischen Bewegung – Männer wie Keir Hardie, Jean Jaurès, August Bebel – mehr nach innen als nach außen gewirkt. Nach dem Ersten Weltkrieg dann, als Sozialisten zum ersten Mal in den größeren europäischen Staaten Regierungen bildeten, war ihre Kraft verraucht. Ramsey MacDonald, Leon Blum, Hermann Müller sind sicher nicht die großen Reformer des Jahrhunderts. Systemveränderung erfolgt eben meistens nicht durch Systemveränderer, sondern durch eher konventionelle Gestalten, die strategische, zugleich neuralgische Punkte zum Anlaß scheinbar all-

mählicher, am Ende aber fundamentaler Veränderungen machen.
Nicht wer Berge versetzen will, sondern wer Steine ins Rollen
bringt, verändert die Welt.

Zwei Namen kommen einem in den Sinn, die mehr als andere
das letzte halbe Jahrhundert der Sozialgeschichte geprägt haben,
John Maynard Keynes (1883–1946) und William Beveridge
(1879–1963). Beide waren nach Selbstverständnis und Parteizuge-
hörigkeit Liberale. Beide waren Engländer und haben zunächst auf
der Insel gewirkt. Zumal im Fall von Beveridge wäre es sicher falsch
zu behaupten, daß sein Wirken auf die ganze Welt ausgestrahlt
hätte. Doch stehen Keynes und Beveridge für Entwicklungen, die
sich überall aufspüren lassen. Beide haben nämlich jenen Dreh- und
Angelpunkt ihrer Zeit gefunden, an dem Veränderungen von Anrechtsstrukturen zugleich förderliche Wirkungen für wirtschaftliches Wachstum haben. Keynes war, vereinfacht gesagt, der Wirtschaftspolitiker, der die Wiederkehr der großen Krise für immer
verhindern wollte. Er empfahl daher staatliche Eingriffe in den kon-
junkturellen Prozeß, insbesondere die systematische Steuerung der
Nachfrage. Weil mehr Menschen sich mehr leisten konnten, kam die
Wirtschaft wieder in Gang. Beveridge war der Sozialpolitiker, der
die Massenarmut ein für allemal beseitigen wollte. Er empfahl daher
ein vom Staat verwaltetes System der Einkommensübertragung auf
der Grundlage allgemeiner Ansprüche. Beides zusammen erklärt
viele Züge der entwickelten bürgerlichen Gesellschaft[7].

Auf den ersten Blick sind die beiden liberalen Tendenzen der
letzten zwei Jahrhunderte gegenläufig. Der Befreiung der Gesellschaft vom Staat ist die Auslieferung der Gesellschaft an den Staat
gefolgt, der Entdeckung des Marktes dessen Beschränkung. Auf den
zweiten Blick ist der Widerspruch nicht gar so kraß. Auch wenn der
Wohlfahrtsstaat schon in seinem Namen Züge hegelischer Bevor-
mundung nicht verleugnen konnte, im Wilhelminischen Deutschland sogar ausdrücklich zur Stabilisierung eines vormodernen Regimes benutzt wurde, hat doch der soziale Rechtsstaat der Gegenwart
mit dem absoluten Staat vor den Revolutionen wenig gemein.

Der scheinbare Widerspruch der beiden liberalen Blickrichtungen
löst sich vollends auf, wenn man T. H. Marshalls Analyse von

Staatsbürgerrechten und sozialen Klassen (1950) folgt (92). Ein Hauptstrang der Entwicklung der dominierenden Gesellschaften der Welt in den letzten zwei Jahrhunderten betraf das Grundniveau des Lebens für alle Menschen und die damit begründeten Möglichkeiten der Entfaltung der besonderen Talente und Wünsche des einzelnen. Staatsbürgerrechte und Lebenschancen sind das Thema der Geschichte seit der amerikanischen und der Französischen Revolution. Jenseits aller Terminologie läßt sich zeigen, daß ein solches Grundniveau der Staatsbürgerrechte drei Säulen hat, die sich auch als Stufen der Entwicklung beschreiben lassen. Die erste Stufe betrifft ebenjene Anrechte und Verpflichtungen aller, die sich aus Rechtsstaat und Gleichheit vor dem Gesetz ergeben. Diese werden für die Mehrzahl jedoch erst sinnvoll durch eine zweite Stufe der Bürgerrechte, deren Kern in politischen Teilnahmechancen liegt, also im allgemeinen und gleichen Wahlrecht und den Foren und Medien der Öffentlichkeit. Auch politische Rechte bleiben indes formal. Erst die dritte Stufe der Schaffung und Sicherung eines sozialen und wirtschaftlichen Grundstatus gibt ihnen Substanz. Mindestansprüche sind daher mit immer weiteren Horizonten des Lebensstandards und der Wohlfahrt zu verbinden.

Der in solchen Sätzen glatt und eingängig beschriebene Prozeß war in Wirklichkeit holperig, schmerzhaft und voller verwirrender Ungleichzeitigkeiten. Selbst in Großbritannien, wo er ziemlich folgerichtig verlief, forderte er einen Preis. Die spezifisch britische Verbindung allgemeiner Anrechte und auf vormodernen Wertvorstellungen beruhender sozialer Ungleichheiten könnte die britische Mischung von Bürgerfreiheit und wirtschaftlicher Schwäche erklären[8]. In den Vereinigten Staaten blieb der Prozeß der Ausweitung der Staatsbürgerrechte in den sozialen Bereich halbherzig und umstritten. Indem Präsident Roosevelts *New Deal* und Präsident Johnsons *Great Society* zur Domäne der *liberals* erklärt wurden, waren sie für viele schon als beinahe unamerikanisch abgetan[9]. Dort, wo neue wirtschaftliche Chancen sich mit der nachhallenden Entmündigung durch feudale Abhängigkeiten verbanden, wie in Deutschland, entstand ein explosives Gemisch, in dem schreckliche Bewegungen gedeihen konnten.

In der Tat wäre selbst diese schematische Skizze der beiden Jahrhunderte seit den liberalen Revolutionen ganz unvollständig ohne die Erwähnung der Geißel des zwanzigsten Jahrhunderts, des Totalitarismus. Der Kommunismus, vor allem aber der deutsche Nationalsozialismus und seine milderen Abarten in anderen Ländern haben erneut die Grundfragen der liberalen Ordnung aufgeworfen. Autoren wie Raymond Aron (1905–1983), Hannah Arendt (1906–1975), Friedrich von Hayek (geb. 1899), Karl Popper (geb. 1902) haben duch ihre Reaktion auf den Totalitarismus dem liberalen Denken einen neuen, kräftigen Schub gegeben. Staatsbürgerrechte und Lebenschancen setzen beide die offene Gesellschaft voraus, in der niemand sich anmaßen kann, alle Antworten zu wissen oder Antworten ein für allemal zu geben.

Am Ende des ersten Bandes seiner *Offenen Gesellschaft* fordert Popper charakteristischerweise die Verbindung von »Freiheit und Sicherheit« (119, S. 268). Bis in die siebziger Jahre unseres Jahrhunderts war ein Widerspruch zwischen entwickelten Staatsbürgerrechten, Wirtschaftswachstum und Bürgerfreiheit nicht zu sehen. Dann aber wurden Zweifel wach. Ein neues Vokabular der öffentlichen Diskussion breitete sich aus. »Weniger Staat« wurde zu einer gängigen Parole. Auch wo sie nicht bloße Phrase bleibt, bedeutet sie zuweilen kaum mehr als die Kürzung der öffentlichen Ausgaben. Das ist zwar folgenschwer, aber in der Regel weniger als eine durchdachte Politik. Selbst wenn die entstehenden Haushaltslücken durch den Verkauf bisher öffentlicher Unternehmungen zum Teil gestopft werden, wird allenfalls eine politische Absicht klar, nicht schon ein Konzept. In einigen Ländern sind Steuerreformen mit dem Ziel der Senkung der Abgaben- und Steuerlast hinzugekommen. Auch dabei spielt der kurzfristige Sympathiegewinn bei kritischen Wählergruppen sicherlich eine ebenso große Rolle wie eine neue Vorstellung der Rechte und Pflichten des einzelnen im Gemeinwesen; immerhin, Fragen der Steuerverfassung rühren an den Gesellschaftsvertrag. Das ist auch dort der Fall, wo aus strukturellen Gründen die Wirksamkeit des Staates an ihre Grenzen gekommen zu sein scheint. Zur Rechten wie zur Linken regen sich daher die Verächter von Keynes und Beveridge. In der Wirtschaftspolitik suchen Angebotsorientierte, aber auch Alternative neue Wege; in der Sozialpolitik gibt es zunehmend Verfechter einer stärkeren Eigenbeteiligung und solche der kleinen sozialen Netze. Fast vergessene Altliberale wie Friedrich von Hayek erleben eine Wiedergeburt. Neuere Autoren kommen hinzu, Milton Friedman und James Buchanan, Robert Nozick und Mancur Olson, Neoliberale mit unterschiedlichen Brennpunkten des Interesses. Zugleich mit dieser Hauptlinie des neuen Denkens gibt es eine zartere, zaghafte Nebenlinie; manche nennen sie »ökolibertär«. Beide stellen dieselbe Frage: Wieviel Staat läßt sich rechtfertigen? Welche Wege führen zum reduzierten, gar zum minimalen Staat? Wie sieht die Gesellschaft aus, wie soll die Gesellschaft aussehen, die hinter dem zurücktretenden Staat zum Vorschein kommt?

Spätestens hier wird dann eine Tatsache deutlich, die die Leser dieses Kapitels, ja dieses ganzen Buches nicht mehr überraschen wird. Liberalismus ist nicht eigentlich die Sache einer politischen Partei. Es hat mindestens so viel Sinn, von einer »liberalen Gesellschaft«, auch einem »liberalen Staat« zu sprechen wie von einer »liberalen Partei«. Liberalismus ist nämlich im Kern immer eine Sache der Verfassungspolitik. Das ist nicht eng zu verstehen. Es geht keineswegs nur um Verfassungsrecht, also um formale Bestimmungen des staatlichen Zusammenlebens. Es geht vielmehr um jene Regeln, die freie Gemeinwesen als solche begründen. Zu ihrer Bezeichnung ist der alte Begriff des Gesellschaftsvertrages wieder aktuell geworden.

Der Gesellschaftsvertrag enthält jene Normen der sozialen Ordnung, die zu einer gegebenen Zeit ein Höchstmaß an Freiheit garantieren. (Zu Beginn dieses Kapitels haben wir das Höchstmaß an Freiheit näher zu bestimmen versucht: allen die Grundfreiheiten, möglichst vielen offene Grenzen der Entfaltung, den schöpferischen Neuerern ein Klima der Ermutigung.) Diese Garantie verlangt manchmal den Abbau von Regelungen und Instanzen, manchmal deren Schaffung. Indem wir den Gesellschaftsvertrag an die Bedingungen einer gegebenen Zeit ketten, unterscheiden wir seinen dynamischen Begriff von jenem Normalverständnis, wonach dieser Vertrag gewisse, durch die Geschichte hin gleichbleibende Regeln enthält[10]. Ein solcher starrer Vertrag, ein Vertrag ein für allemal, ist

unhistorisch mit praktischen Folgen. Er kann bedeuten, daß Freiheit
im Namen einer dogmatischen Idee beschränkt und nicht erweitert
wird. Demgegenüber wird hier eine andere Position vertreten. Auch
der Gesellschaftsvertrag ist immer nur menschlicher Entwurf, ein
Regelnetz, das wir unter bestimmten Umständen über die Gesellschaft legen. Zwar bleiben die Ziele dieselben. Der Gesellschaftsvertrag kann weder totalitär noch autoritär sein. Aber die Formen
unterliegen dem Wandel.

Liberale haben es also mit dem Entwurf des Gesellschaftsvertrages zu tun. In der Revolutionszeit bedeutete dieser die Begründung
der bürgerlichen Gesellschaft durch die klare und tendenziell enge
Bestimmung der Grenzen der Wirksamkeit des Staates. Am Ende
des neunzehnten Jahrhunderts hatte sich die Problematik verändert.
Da ging es nicht mehr nur um den Bürger, sondern um den Staatsbürger, nicht mehr nur um die bürgerliche Gesellschaft, sondern um
den bürgerlichen Staat, den Bürger-Staat. Der Gesellschaftsvertrag
mußte neben den Grundrechten politische Teilnahmechancen und
dann soziale Elemente der Zugehörigkeit einschließen.

Am Ende des zwanzigsten Jahrhunderts steht der Entwurf des
Gesellschaftsvertrages erneut in Frage. Es ist unübersehbar, daß
vielerorts die Probleme der Zeit in Kategorien erörtert werden, die
nicht mehr die des normalen politischen Prozesses sind. Im Fall der
»Wende«, auch der »Tendenzwende«, mag das noch hingehen; eine
gewisse Dramatisierung des Wechsels im Regierungspersonal liegt
zuweilen im Interesse aller Beteiligten. Zwei andere Begriffe stimmen schon nachdenklicher. Im angelsächsischen Raum ist das der
Begriff der Regierbarkeit, der sich beharrlich in der öffentlichen
Diskussion hält. Gewiß hat die Wiederwahl von Premierministerin
Thatcher 1983 und Präsident Reagan 1984 zu einem Abklingen der
in den wechselvollen siebziger Jahren noch lebhafteren Verfassungs-
diskussion geführt; doch haben beide Regierungschefs Themen in
den politischen Prozeß eingebracht, die selbst an den konstitutionellen Bereich rühren. Sie haben sozusagen die Frage der Regierbarkeit
positiv gewendet und zu ihrem Programm gemacht. Auf dem europäischen Kontinent, wo man dramatischere Sprache gewohnt ist,
bleibt die Legitimitätsfrage aktuell. Auch wenn überraschende neue

Gruppen Episode bleiben sollten, steckt in ihnen eine Herausforderung nicht nur an versteinerte alte Parteien, sondern an ein »System«. Die Frage, ob Demokratien noch regierbar sind und ob sie an Legitimitätsschwund leiden, sind also durchaus verwandt.

Der Liberale, der die *civil society* erhalten und entfalten will, wird in dieser Lage vor allem fragen, wo denn die neuen Aufgaben des Gesellschaftsvertrages liegen und welche Antworten zu dieser Zeit ein Höchstmaß an Freiheit versprechen. Neoliberale Gralssucher empfehlen den minimalen Staat und im übrigen den Markt. Sie haben wahrscheinlich einen richtigen Richtungssinn und eine falsche inhaltliche Präferenz, die ihr fehlendes Geschichtsverständnis dokumentiert. Daß der Gesellschaftsvertrag von morgen die bürgerliche Gesellschaft wieder stärker und den bürokratisierten Staat eher weniger betonen muß, ist wahrscheinlich. Daß im Gehäuse der Hörigkeit moderner Organisation Initiative und Phantasie zu kurz kommen, ist ein naheliegender Schluß. Aber der Nachtwächterstaat und die unsichtbare Hand Adam Smiths sind schon aus praktischen Gründen keine geeignete Antwort auf die neuen Fragen. Nichts dergleichen wird geschehen – nichts dergleichen ist in Thatchers Großbritannien, Reagans Amerika, geschweige denn Kohls Deutschland geschehen –; denn moderne Gesellschaften sind weit über diese ihre Manufakturphase hinausgegangen. Wer nicht Stecknadeln produziert, sondern Halbleiter, lebt nun mal in einer anderen Welt.

Die kritische Frage ist daher, wie wir die Problematik des Gesellschaftsvertrages – die liberale Problematik – am Ende des zwanzigsten Jahrhunderts formulieren. Dazu vor allem sollte dieser Band einen Beitrag leisten. Er hat den Blick auf bestimmte Themen gelenkt, die hier in vier Punkten noch einmal benannt werden sollen.

Die erste Frage kann man die der Zugehörigkeit nennen. Die bürgerliche Gesellschaft als Staatsbürgergesellschaft sollte allen Menschen (innerhalb der für Bürgerrechte einstweilen noch relevanten territorialen Räume) ein notwendiges Maß an gleichen Teilnahmechancen garantieren. Wie weit diese Gleichheit gehen soll, ist das Rawls-Problem; wir haben es hier jenseits aller Philosophie mit T. H. Marshall beantwortet[11]. Wir haben allerdings auch, in immer neuen Anläufen, darauf hingewiesen, daß die Staatsbürgergesellschaft der reichen Länder der Welt dabei ist, ihr eigenes Grundprinzip zu verraten und volle Teilnahmerechte zum Privileg zu machen. Dabei haben wir den Akzent auf die Fragen der neuen Arbeitslosigkeit und der neuen Armut gelegt. Beide bedeuten, daß viele Menschen aus der staatsbürgerlichen Gesellschaft herausdefiniert werden. Hier ist eine große neue Anstrengung nötig, um das Band der Staatsbürgerschaft neu zu knüpfen. Das ist eine (in der Umgangssprache der Politik gesprochen) soziale Anstrengung, wie sie liberale Parteien heutzutage ungern machen. Hier geht es um die neue Definition des Sozialstaates, nicht seine Demontage, und um die Verteilung der Arbeit. Das Thema des garantierten Mindesteinkommens könnte in diesem Zusammenhang strategische Bedeutung gewinnen.

Fragen der Zugehörigkeit sind aber nicht auf im engeren Sinn soziale Fragen beschränkt. Der Umgang der Deutschen mit Gastarbeitern und Asylanten, der der Engländer oder Amerikaner mit der Rassenproblematik, der der Israelis mit der Frage, wer denn ein Jude ist – sie alle gehören in dasselbe Kapitel. Man kann es als die Suche nach Homogenität oder, unfreundlicher, als die Unfähigkeit moderner Gesellschaften, mit der Vielfalt zu leben, die zu nutzen sie geschaffen worden sind, bezeichnen. Hier liegt ein großes Potential der Gewalt, zugleich eine große Aufgabe der Liberalen. Bürger zweiter Klasse sind immer ein Zeugnis explosiver Unvollkommenheiten der Freiheit.

Die zweite Frage des Gesellschaftsvertrages am Ende des zwanzigsten Jahrhunderts hängt mit der ersten zusammen; es ist die Frage der Ordnung. Das ist kein Begriff, den Liberale gerne hören. Doch muß man seine Augen schon sehr fest vor der Realität verschließen, um die Problematik nicht zu sehen. Die neuen Arbeitslosen werden ebensowenig wie die neuen Armen eine Revolution anzetteln. Wer am stärksten benachteiligt ist, neigt eher zur Lethargie oder zum individuellen Protest. Dennoch sind diese Gruppen eine Anklage moderner Gesellschaften, und ihre Mitglieder tun das auch kund. Eine Gesellschaft, die es sich leistet, zehn Prozent oder mehr ihrer Mitglieder herauszudefinieren, zahlt dafür einen Preis. Es ist ein Preis an Geltung ihrer Normen. Dieser Preis wird konkret in Form der Zunahme von Verbrechen bezahlt, aber auch abstrakter als

Drohung der Anomie. Und hier trifft die aktive Desillusionierung der Ausgebürgerten sich mit einer anderen Tendenz. Modernität, gerade auch moderne Liberalität, ist vielfach als Toleranz ohne Grenzen mißverstanden worden, bis am Ende die Toleranz selbst ihren Sinn verliert. Diejenigen, die sich an geltende Regeln nicht gebunden fühlen, treffen also auf wenig Widerstand. Ein schwammiges Verhältnis zu sozialen Normen auf seiten der Mehrheit verbindet sich mit der gelegentlichen, meist individuellen Aggression der Minderheit zu einem höchst ungemütlichen Gemisch.

Für den Gesellschaftsvertrag hat das eine wichtige Folge. Der Liberalismus von morgen muß ein betont institutioneller Liberalismus sein[12]. Eine der Hauptaufgaben der Liberalen am Ende des zwanzigsten Jahrhunderts liegt darin, Institutionen zu schaffen, die der Freiheit ihren Sinn geben. Das sind nicht irgendwelche Institutionen, sondern solche, deren Sinn einleuchtend ist, zumindest einleuchtend gemacht werden kann. Man muß nicht ständig Gründe geben; das hält niemand aus. Man muß aber Gründe geben können. Dort, wo Fragen der sozialen Ordnung und ihrer Legitimität auftauchen, ist es besonders wichtig, solche Gründe zu geben. Doch sind dies immer Gründe für bleibende Strukturen sozialer Normen und auch Sanktionen. Wir sollten nicht vergessen, daß das Bauen von Institutionen eine vornehme menschliche Tätigkeit ist.

Die dritte aktuelle Frage des Gesellschaftsvertrages hat mit der Universalität der bürgerlichen Gesellschaft zu tun. Sie ist hier ausdrücklich zum Thema eines eigenen Beitrages gemacht worden[13]. Die »allgemein das Recht verwaltende bürgerliche Gesellschaft« (so Kant), die alle Menschen in dieser Welt einschließt, ist keineswegs eine nur moralische, das heißt eine nur das Gewissen befriedigende Forderung. Solange die bürgerliche Gesellschaft auf Nationalstaaten beschränkt bleibt, ist sie an sich unvollständig. Sie schafft Nationalstaatsbürger und nicht Weltbürger. Damit begrenzt sie die Rechte und Chancen aller Bürger. Sie macht einen Status zum Privileg, der dies seiner Natur nach nicht sein kann. Es gibt kein wichtigeres Thema des internationalen, des weltweiten Handelns als die Schaffung der Weltbürgergesellschaft.

Erst im Kontext der drei Themen der Zugehörigkeitsfrage, der Ordnungsfrage und der Universalitätsfrage gewinnt ein viertes Thema seine Bedeutung; man kann es die Innovationsfrage nennen. Auch sie rührt an den Gesellschaftsvertrag, und zwar sowohl in ihrer politischen als auch in ihrer wirtschaftlichen Version. Daß Demokratien erstarren, war bei ihrer Konstruktion nicht mitgedacht, sind sie doch Ordnungen, die den Wandel ohne Revolution erlauben sollen. Doch gibt es gewiß das von Mancur Olson eindrucksvoll analysierte Phänomen der Kartelle von Sonderinteressengruppen[14]. Diesem amerikanischen Phänomen entspricht in Europa das von Max Weber beinahe seherisch, nämlich lange vor seiner Zeit immer wieder betonte Thema der bürokratischen Unbeweglichkeit, eben des Gehäuses der Hörigkeit. Die Verlegenheit beider Autoren bei der Suche nach Lösungen ist vielsagend. Weder das von Weber bevorzugte Charisma noch die von Olson gelegentlich angedeuteten Katastrophen (Kriege, Revolutionen) lassen sich als konstitutionelle, ja auch nur erträgliche Lösungen des Dilemmas beschreiben. Sie belegen nur, daß beträchtliche Erschütterungen nötig sind, um erstarrte Strukturen aufzulockern. Jenseits von Katastrophenlösungen scheint es vor allem von Interesse, einen Vergleich von Verfassungsregeln (im engeren Sinne) vorzunehmen, um zu prüfen, welche am ehesten dem Bedürfnis nach geregeltem Wandel entsprechen.

Auch marktwirtschaftliche Ordnungen sind auf ständige Innovation und auf das, was heute Anpassung genannt wird, angelegt; auch sie haben in jüngerer Zeit eine Tendenz zur Erstarrung gezeigt. Weder technologische Entwicklungen als solche noch die Mechanismen einer angebotsorientierten Wirtschaftspolitik haben bisher jene Welt wiederbeleben können, die Schumpeter in so leuchtenden Farben beschrieben hat. Große, selbst bürokratisierte Unternehmen haben kaum Platz für traditionelle Unternehmertugenden. Ermutigt man diese ohne Rücksicht auf vorhandene Strukturen, dann endet man eher bei einem »Kasino-Kapitalismus« als bei offenen Marktwirtschaften (144). Wiederum fehlt es noch an einem subtileren Programm der Öffnung verharzter Volkswirtschaften.

Es gibt also genügend Themen für ein Programm der liberalen Erneuerung. Das sind alles Themen, die den Entwurf des Gesellschaftsvertrages erneuern. Es sind überdies Themen, die quer liegen zu den festgewordenen Strukturen der politischen Auseinandersetzung. Noch ist keineswegs abzusehen, wer ein Interesse daran hat, die liberale Erneuerung zu seiner oder ihrer Sache zu machen. Vielleicht ist das am Ende doch die Zeit der politischen Theorie. Jedenfalls kann es nichts schaden, die Eule der Minerva zum Flug zu ermuntern.

ANHANG

Anmerkungen

1 Politik und politische Theorie

Der Text ist bisher unveröffentlicht. Er stammt aus einem nicht abgeschlossenen Manuskript über »Markt, Macht und Recht«, das im Frühjahr 1986 verfaßt wurde.

2 Theorie und Praxis

Dies war meine Konstanzer Abtrittsvorlesung am 10. 7. 1986. Sie war Teil einer Vorlesungsreihe der Sozialwissenschaftlichen Fakultät.

1 Pater Bonifatius von Beuron ist für mich das eindrucksvollste Beispiel eines Wissenschaftlers, der ohne zeitliche Begrenzung arbeitet. Seine Ausgabe der frühesten lateinischen Bibelübersetzung kann auch sonst als Modell wissenschaftlicher Tätigkeit dienen.

2 Die Bemerkung bezieht sich auf die Theorien der Politik, insbesondere der politischen Parteien: Sind sie bloße Wahlvereine (vgl. Schumpeter, 135) oder zur Rigidität neigende Organisationen (vgl. Michels, 101)?

3 Die Anfangsbuchstaben dieser Theorie, *fad*, ergeben das englische Wort für einen Modetrend, was Sen durchaus beabsichtigt hat.

4 Die Frage der Härte (oder Plastizität) von Gesellschaft ist ein eigenes Thema. Wenn es in Brasilien 1986 möglich war, alle Bürger zur Preiskontrolle aufzurufen, dann auch darum, weil es dort (zum Unterschied von Südasien) nicht selbstverständlich ist, daß Menschen ihre Not einfach hinnehmen. Es gibt kulturelle Unterschiede der Bedeutung von Recht und Ordnung, die eine eigene Untersuchung lohnen würden.

5 Die Bemerkung bezieht sich vor allem auf das Projekt »Wirtschaft hilft Hungernden«.

6 Die Theorie ist mit dem Namen von Raúl Prebisch verbunden, der sie allerdings unter dem Eindruck der lateinamerikanischen Entwicklung (»Belindien«: s. dazu das 6. Kapitel dieses Bandes) widerrufen hat. Zur Diskussion s. unten Kap. 14.

3 Soziale Klassen und Klassenkonflikt:
ein erledigtes Theoriestück?

Öffentliche Vorlesung an der Universität Konstanz am 27. 1. 1985. Dies
ist das »älteste« Stück in diesem Band. Es war der Versuch, meine neuen
Themen auf frühere Arbeiten zu beziehen.

1 Zur Begründung dieser weitreichenden Formulierung muß hier der Hinweis auf das Werk von J. L. Talmon (146) genügen, in dem die Brücke
von Rousseaus »allgemeinem Willen« zum Totalitarismus geschlagen
wird. S. auch das Kapitel »Seeking Rousseau, Finding Hobbes« in meinem Büchlein *Law and Order* (43).

2 Hier sei nur angemerkt, daß nach meinem heutigen Urteil die wichtigste
Schwäche im darstellenden Teil meines Klassenbuches von 1957 und
1959 (31) darin liegt, daß der Bezug der Klassen auf Produktionsverhältnisse und Produktivkräfte zu kurz kommt. (Die Schwäche des
konstruktiven Teils liegt im Fehlen einer inhaltlichen Analyse, wie sie
in diesem Band mit dem Begriffspaar Anrechte/Wachstum nachgeholt
wird.)

3 S. zu diesem Absatz die etwas detailliertere Darstellung im nächsten
Stück dieses Bandes.

4 Der schöne Begriff wird in meinem Buch *Lebenschancen* (38) in Erweiterung von Begriffen wie »Lebensstandard« und »Wohlfahrt« entwickelt.
Dort habe ich Lebenschancen durch zwei Elemente definiert: Optionen
und Ligaturen. Heute finde ich diese Definition unzulänglich. Vor allem
die Optionen bedürfen der Präzisierung. Sie enthalten jene beiden Bestandteile, die in diesem Band eine wiederkehrende Rolle spielen: *Anrechte*, also Zugangschancen, die in Etappen oder Schwellen entwickelt
werden (Staatsbürgerrechte) und ein quantitatives oder graduelles Element des *Angebots*, für das hier immer wieder der Begriff des Wachstums
verwendet wird. Eine systematischere Neudefinition von Lebenschancen
werde ich in dem im Vorwort erwähnten Buch vornehmen.

5 Studentenarbeiten sind meist ephemer; doch möchte ich hier auf die
Examensarbeit von Harry Dahms unter dem Titel: »Kann eine demokratische Gesellschaft in eine Legitimitätskrise geraten?« verweisen (29).

6 Damit ist gemeint, daß wir dort in aller Form miteinander diskutierten.
Talcott Parsons ist gegenüber Kritikern, auch wenn sie relativ schweres
Geschütz auffuhren, großzügig gewesen. Vielleicht war er sich seiner
Sache zu sicher, um von ihnen beunruhigt zu werden.

7 Der Widerstand gegen das von mir gewünschte Habilitationsthema war
einer der Gründe, warum ich die (an sich ersehnte) Assistentenstelle am
Frankfurter Institut für Sozialforschung 1954 nach wenigen Wochen
kündigte. Der andere, tiefere Grund lag in der einschließenden und zu-

gleich ausschließenden Stimmung des Instituts, das fast im Sinne Erving Goffmans eine »totale Institution« war.

8 Der zuständige Fachausschuß hatte mit David Glass und Theodor Geiger zwei ungewöhnlich bedeutende Vorsitzende.

9 Ganz langsam kehrt die politische Ökonomie heute an die Universitäten zurück. Der Nobelpreis für James Buchanan im Jahre 1986 dürfte dabei helfen (s. Kap. 8 dieses Bandes).

10 Das Thema wird unten vielfach, vor allem aber in den Kapiteln 11 und 12 dieses Bandes aufgenommen. Dort finden sich dann auch die wichtigsten Literaturhinweise.

4 Nach dem demokratischen Klassenkampf

Dies ist der weitgehend unveränderte (von mir übersetzte) Text des Deneke Lecture an der Universität Oxford, gehalten am 25. 2. 1985 unter dem Titel: »After the Democratic Class Struggle: the Changing Social Basis of Politics«.

1 Lipset nahm den Begriff von D. Anderson und P. Davidson auf (4). Deren Buch verwendet den Begriff allerdings fast durchweg für Meinungsforschungsanalysen, also ohne tiefere Bedeutung.

2 Schumpeter ist der Erfinder jener Formalanalyse der Politik, wonach Parteien Stimmenmaximierung kaum anders betreiben als Unternehmen Gewinnmaximierung (vgl. 135). Allerdings ist bei ihm das »Ende der Ideologie« noch ausdrücklich mitgedacht, das bei Downs schlicht vorausgesetzt wird und bei Buchanan (19) hinter dem Modell-Interesse verschwindet.

3 Was in diesem Abschnitt angedeutet wird, ist das Thema des 14. Kapitels dieses Bandes.

4 Gelegentlich habe ich über einen allgemeinen Begriff für antagonistische Sozialenergien nachgedacht (s. auch oben, Kap. 3). Es geht um die soziologische Entsprechung des psychologischen Begriffs der Aggression oder Aggressivität. Simmels »Streit« oder das englische Wort *contest* sind die Vokabeln, die dem Gemeinten am nächsten kommen.

5 Das Amerikanische an diesen Thesen liegt darin, daß sie weniger auf Institutionen der Bürokratie oder generell der Verwaltung als auf den (aus der *civil society* herauswachsenden) Konflikt zwischen Interessengruppen bezogen sind. Olsons prinzipiell starke Theorie wird schwach angesichts der von Max Weber analysierten Phänomene (und umgekehrt).

6 Für eine ausführliche Erörterung des Sozialstaates s. unten Kap. 9.

7 Das Wort »prinzipiell« in dieser Aussage soll auf den wohl unlösbaren Widerspruch zwischen Max Weber, dem Theoretiker der Ratio-

nalität, und Max Weber, dem Verfechter des Charismas, hinweisen. Daß nicht nur die Willkür, sondern auch der »Dilettantismus« der alten Welt überwunden werden muß, stand für ihn außer Zweifel; daß auch die Rationalität Kosten hat, war für ihn Quelle der Beunruhigung.

8 Der fundamentale Optimismus einer solchen Position trennt Bell von den Neokonservativen, die – wie Helmut Schelsky (131) und Irving Kristol (80) – in den Intellektuellen die Quelle des Übels sehen und am Ende nicht mehr zwischen Intellektualität und technologischer Innovation unterscheiden können.

9 »Akademiker« ist eine zu enge Übersetzung von *professionals*, zu denen Fachleute von allerlei Art gehören, die zwar das College besucht, aber oft keinen fachspezifischen akademischen Grad haben.

10 Der *stockbroker belt* liegt außerhalb der traditionellen Wohnvororte. Golfplätze und Bahnhöfe mit direkten Zügen in die innere Stadt sind (außer den teuren Villen) seine Merkmale.

11 Der (bessere) amerikanische Ausdruck für »positive Diskriminierung« ist *affirmative action*. Mit den Rückschlägen sind etwa Gerichtsurteile wie das im Fall des weißen Studienbewerbers Bakke in Kalifornien gemeint, der seine Aufnahme in die Universität gegen den ursprünglich bevorzugten schwarzen Bewerber durchsetzte. Im übrigen ist *affirmative action* immer auch eine Frage der vorherrschenden Stimmung, die in den achtziger Jahren umgeschlagen ist.

12 Die IG Metall hat bekanntlich von vornherein Arbeitszeitverkürzungen bei vollem Lohnausgleich gefordert. Ob das Ergebnis des Streiks in nennenswertem Umfang zur Schaffung neuer Arbeitsplätze geführt hat, wird schon darum umstritten bleiben, weil es in eine Zeit des Konjunkturaufschwungs fiel, in dem die Ursachen der (erfreulichen) Wirkungen sich kaum auseinanderhalten lassen.

13 In der Weimarer Republik sprach man vom »akademischen Proletariat«. Diese Kategorie – es sind heute die »arbeitslosen Akademiker« plus manche, die Arbeit haben, aber nicht allzuviel tun müssen – hat eine andere Soziallage und Mentalität als die Unterklasse und verdiente eine eigene Analyse.

14 In dieser Analyse der Klassenstruktur der Politik kommt die Rolle des Wirtschaftswachstums für demokratisches Bewußtsein und demokratische Institutionen zu kurz. Vgl. dazu 27 sowie unten Kap. 6.

15 Die *wets* – wörtlich die »Nassen (Handtücher)«, die Schlappschwänze – sind von Frau Thatcher so benannt worden. Sie vertreten Disraelis *one nation*-Politik, wonach die innere Einheit der Nation, nicht die Durchsetzung eines radikalen Programms, Aufgabe der Konservativen ist. Von

Ian Gilmour über James Prior zu Francis Pym haben ihre wichtigsten Sprecher das Thatcher-Kabinett verlassen.

16 Vgl. dazu das folgende Kap. 5.

5 Ideen ohne Realität, Realität ohne Ideen: das Schicksal der (britischen) Linken

Dieser Aufsatz war eine vom *Times Literary Supplement* in Auftrag gegebene Rezension der (zehn) im Text erwähnten Bücher. Geschrieben im Frühjahr 1986, wurde das Stück am Ende vom TLS teils wegen seiner Länge, teils wegen nie ganz geklärter inhaltlicher Bedenken nicht veröffentlicht. Es erscheint also hier zum ersten Mal (von mir übersetzt).

1 Die Verhandlungen des Frankfurter Soziologentages (46) erzählen einen guten Teil der Geschichte. Der Disput war natürlich die Fortsetzung des »Positivismusstreits« (vgl. 1), wobei der Begriff der »Industriegesellschaft« als positivistisch, der des »Spätkapitalismus« als kritisch-theoretisch galt.

2 Es gibt andere Autoren, die den zentralen Platz der Produktion unverändert betonen, das sind die offiziellen Schreiber des real existierenden Sozialismus. Hier ist die Insistenz auf der Produktion (zum Unterschied von Burawoy) jedoch offenbares Herrschaftsinstrument: Produktion heißt Organisation, heißt Kontrolle. Es ist viel schwieriger, eine *Nomenklatura* der Landwirtschaft oder des Dienstleistungsgewerbes zu erhalten.

3 Die Klage von Robert Michels über die Unvermeidlichkeit der Oligarchie in Organisationen ist ausweglos und daher in gewisser Weise eine Klage über Gesellschaft als solche (vgl. 101). Das aber ist reine Sentimentalität, auch wenn die Neigung dazu verbreitet ist. Interessant sind allein auflösbare Versteinerungen sozialer Strukturen. Interessant ist die Sünde, nicht die Erbsünde.

4 Die Labour Party hat individuelle Mitglieder und Gruppenmitglieder. Zu den letzteren (die nach der Zahl ihrer Mitglieder Stimmrecht auf Parteitagen haben) zählen nicht nur Gewerkschaften, einschließlich kleiner, von Mitgliedern der Kommunistischen Partei beherrschter Gewerkschaften, sondern auch »angeschlossene Organisationen« wie die Fabian Society. Außerdem gibt es organisierte Fraktionen wie die in den letzten Jahren heftig umstrittene Militant Tendency, die am Rande von Parteitagen ihre eigenen Veranstaltungen abhalten.

5 Die beiden Namen werden hier wie auch sonst in diesem Band als symptomatisch für eine konjunkturausgleichende staatliche Wirtschaftspolitik (John Maynard Keynes) und einen Sozialstaat verbriefter Ansprüche für alle (William Beveridge) verwendet. Sie sind zugleich Belege für das, was hier »strategische Reform« genannt wird. Der Liberalismus von

Keynes und Beveridge verlangte und verdiente eine eigene Untersuchung. S. dazu auch unten Kap. 15.

6 Das relative Mehrheitswahlrecht übersetzt Minderheiten der Wählerstimmen insbesondere dann in Mehrheiten der Parlamentssitze, wenn es dritte und vierte Parteien gibt, die zwar nicht unbeträchtliche Prozentsätze der Stimmen, aber (da sie in Wahlkreisen Mehrheiten brauchen) nur verschwindend wenige Sitze erringen. Das ist jedenfalls die britische Situation der siebziger und achtziger Jahre.

7 Die *Fabian Essays* des Jahres 1889 (153) mit ihren Beiträgen von Sidney Webb, George Bernard Shaw und anderen markieren den Anfang der wichtigen Bewegung intellektueller Sozialisten (oder nur reformerischer Positivisten?), die unter dem Namen *fabianism,* Fabiertum, bekannt geworden ist. Wolf Lepenies hat dazu Wichtiges gesagt (88).

8 Am deutlichsten hat diese These in jüngerer Zeit Martin Wiener (157) entwickelt.

9 Harold Wilson ist später zum Inbegriff der Konsenspolitik, ja des Korporatismus (»*social contract*«) geworden. Als er indes 1964 zuerst an die Regierung kam, leitete ihn ein Programm der Reform, in dem Technologie (»*the white heat of the technological revolution*«) eine besondere Rolle spielte.

10 Weil die strukturierte College-Ausbildung in kleinen Gruppen effektiver ist als die aufgeblasene angebliche »Einheit von Forschung und Lehre« in Massenveranstaltungen. Der Vorteil des englischen (und amerikanischen) Systems wird noch deutlicher in der Institution der auf den College-Abschluß aufbauenden Graduate School.

11 Derzufolge Steuereinnahmen von einer bestimmten Höhe des Steuersatzes an nicht steigen, sondern zurückgehen. Das ist sozusagen die Theorie hinter den allerorten angestrebten Steuersenkungen.

12 »Anständige Gesellschaften«, *decent societies* – die Formulierung mag beinahe ästhetisch klingen, sie bezeichnet dennoch die tiefere Absicht der Stücke dieses Bandes.

13 *Institution-building* ist das Thema meines Büchleins über *Law and Order* (43).

6 Belindien:
Wirtschaftswachstum, Regierbarkeit und Anrechte

Dies war, unter dem Titel »Economic Growth, Governability and Entitlements«, der Titel meines Beitrages zum International Leadership Forum des Georgetown Center for Strategic and International Studies in Brüssel vom 3.–5. 4. 1986. *The Washington Quarterly* Bd. 9, Nr. 4 (Fall 1986) hat das Stück unter dem gleichen Titel veröffentlicht. Es erscheint hier zuerst auf deutsch (in meiner Übersetzung).

1 Die genaue Geschichte des Begriffes habe ich nicht ermitteln können; doch heißt es, daß er auf den Soziologen A. Bacha zurückgeht.

2 Eine umgekehrte Beziehung natürlich: Hat wirtschaftlicher Erfolg einen sozialen Preis? Vgl. dazu mein Buch *On Britain* (39).

3 Gemeint ist hier, daß es in den Entscheidungen, also in der Praxis der internationalen Organisationen nicht um Anrechtsfragen geht. Die Rhetorik internationaler Organisationen legt eher das Gegenteil nahe – und beweist dadurch die Verwirrungen, die die hier vorgeschlagenen Begriffe auflösen sollen.

4 An der Schuldenfrage – vielmehr an der Frage, ob die OECD-Länder trotz der Schulden vor allem der lateinamerikanischen Länder bereit sind, ihnen Kredite zu gewähren – entscheidet sich also, ob wir es ernst meinen mit der Freiheit in der Dritten Welt. Bisher gibt die Antwort nicht viel Anlaß zu liberalem Optimismus.

7 Die Rolle des Staates im Wandel sozialer Strukturen

Unter dem Titel »Changing Perceptions of the Role of Government« war dies mein Beitrag zu dem Symposion aus Anlaß des 25. Jahrestages der Gründung der OECD über »Opportunities and Risks for the World Economy: the Challenge of Increasing Complexity« am 21./22. 10. 1986. Die Beiträge zu dem Symposion werden von der OECD (auf englisch) veröffentlicht; dies ist meine Übersetzung.

1 Dies ist der letzte Anlauf zur Definition der beiden Begriffe in diesem Band. Vgl. dazu Anm. 4 zu Kap. 3. Vielleicht hilft es, hier noch einmal darauf hinzuweisen, daß der Anrechtsbegriff für mich nicht nur auf A. Sen (136), sondern vor allem auf T. H. Marshall (92) bezogen ist, während ich bei dem Wachstumsbegriff oft J. Schumpeter (134) im Sinn gehabt habe.

2 Natürlich hat niemand eine »Theorie« des Nachtwächterstaates entwickelt. Das war vielmehr Lassalles Karikatur der (nach seiner Meinung) vorherrschenden Theorie (vgl. 86).

3 Der »Starke Staat« ist die Übersetzung, die ich hier (mit Zögern) für *Big Government* gewählt habe.

4 Das Thema des »Endes des sozialdemokratischen Konsenses«, auf das solche Hinweise anspielen, habe ich in früheren Publikationen näher untersucht (vgl. 38; 41). Der Bezug gilt nicht einer Partei, sondern einer Haltung – übrigens einer, die von manchen sozialdemokratischen Parteien heute entschieden zurückgewiesen wird.

5 *Young urban professionals.*

6 Solche Schätzungen sind sicher problematisch. In den USA ist manchmal von einer Unterklasse von fünfzehn Prozent die Rede; andererseits hat

Glotz (58) von einer Zweidrittelgesellschaft gesprochen. Für die großen OECD-Länder ist die wahrscheinlichste Zahl der Ausgeschlossenen zwölf bis fünfzehn Prozent.

7 Zum Zeitpunkt der Abfassung dieses Textes gibt es Formen »großer« Koalitionen in Italien, in Frankreich (als *cohabitation*) und in einigen kleineren europäischen Ländern; die Tendenz zur »Allparteienkoalition der Programmatik« ist trotz aller oberflächlichen Polarisierung nahezu allgemein.

8 Die Skepsis, die aus diesen knappen Sätzen spricht, reicht tief. (Sie geht mindestens so weit wie die von Ch. Jencks, vgl. 75.) Nichts ist wohlfeiler als die »Lösung« aller Fragen durch die Forderung nach mehr und besserer Bildung; doch ist dies oft bloßes Alibi: Fortbildung hilft den Ausgegrenzten nicht; Elitebildung zieht andere Gruppen nicht nach – man könnte eine schneidende Ideologiekritik der Bildungspolitik als leerem Verbalismus schreiben. Das gilt gerade auch im Hinblick auf Fragen der Arbeit.

9 Die These bedarf der Überprüfung. Genauer besagt sie: Solange Verkürzung der Arbeitszeit tatsächlich Erhöhung der Überstunden bedeutete, war sie populär: wenn sie tatsächlich mehr Freizeit schafft, ruft sie zunehmend Angst wach.

10 S. dazu unten Kap. 10 sowie das von Thomas Schmid herausgegebene Buch *Befreiung von falscher Arbeit* (132).

11 Vgl. zu diesem Punkt, wie überhaupt zum Thema der Weltgesellschaft, Kap. 14 in diesem Band.

12 Kants Schriften »Zum ewigen Frieden« und »Idee zu einer allgemeinen Geschichte in weltbürgerlicher Absicht« finden sich in den *Populären Schriften* (76).

8 Marktversagen und Staatsversagen: Anmerkungen zu James Buchanan

Auf der CIVITAS-Konferenz zum Thema »Individuelle Freiheit und demokratische Entscheidungsfindung«, die vom 22.–25. 10. 1986 an der Universität Herdecke stattfand, hielt James Buchanan einen Vortrag über »Marktversagen und politisches Versagen«. Kernthese des (teilweise technischen) Vortrages war es, daß Markt und Staat – vielmehr, wie Buchanan mit Bedacht formulierte: Markt und politischer Prozeß – beide bei wichtigen *public choices* versagen müssen. Der hier mit leichten Veränderungen abgedruckte Text war mein Kommentar zu dem Vortrag von Buchanan. Die gesamte Diskussion fand auf englisch statt; die Übersetzung stammt von mir.

1 Die von Buchanan und seinen Kollegen entwickelte *public choice theory* – auch *constitutional economics* genannt – ist teils Ergänzung der traditionellen Ökonomie, teils Gegensatz zu ihr. Sie ergänzt die ökonomische Analyse durch die Anwendung ökonomischer Kategorien auf den politischen Prozeß (wie das ansatzweise K. Arrow (9) und A. Downs (47) schon getan hatten). Sie steht im Gegensatz zur ökonomischen Analyse, weil sie den ökonomischen und den politischen Prozeß durch bestimmte Rechtsregeln begrenzen will. Hier vor allem dürfte der Grund für die Überraschung liegen, die manche Ökonomen angesichts der Verleihung des Nobelpreises an James Buchanan gezeigt haben.

2 In der Diskussion dieser Bemerkungen gestand James Buchanan den ersten Kritikpunkt, also die Begrenzung von Märkten und Politik durch Regeln, zu und betonte, er sei keineswegs ein neokonservativer Theoretiker der Resurrektion des Marktes wegen des Staatsversagens; vielmehr hielte er beide Institutionen für gleich fragil.

3 Hume – wie Smith und andere – hielt die Entwicklung einer den Naturwissenschaften mindestens ebenbürtigen Wissenschaft von Politik und Gesellschaft für selbstverständlich (vgl. 71). Vielleicht helfen uns die *public choice theorists* auf diesem unverändert wünschenswerten Weg weiter.

4 Die Anspielung ist nicht mißzuverstehen: der Rütli-Schwur, die Verfassung von Virginia, auch die amerikanische Unabhängigkeitserklärung und dann die Verfassung der USA kommen dem hier ironisierten Bild durchaus nahe.

5 »From status to contract« ist Maines Formulierung; vgl. dazu T. H. Marshall (92).

6 Diese grundsätzlichere Kritik an statischen Vertragsmodellen hat Buchanan in der Diskussion natürlich nicht akzeptiert, ohne daß er die eigene Position ausdrücklich verteidigt hätte. Vgl. dazu Kap. 15 in diesem Band.

9 Vom Sozialstaat zum zivilisierten Gemeinwesen

Unter dem Titel »The New Social State: a Liberal Perspective« war dies ursprünglich ein Vortrag in einer von dem britischen Liberalenführer David Steel eingesetzten Arbeitsgruppe. Der überarbeitete Vortrag wurde dann in dem von David Steel herausgegebenen Band *Britain 2000* veröffentlicht. Meine Übersetzung enthält kleinere Ergänzungen und Korrekturen.

1 Die Freisinnige Partei im deutschen Kaiserreich und die Liberalen im Großbritannien Victorias und Edwards haben vor dem eigentlichen Siegeszug der Sozialisten eine vergleichbare Rolle in diesem Prozeß gespielt.

Gedacht ist bei dieser Bemerkung jedoch vor allem an die beiden großen unorthodoxen Liberalen J. M. Keynes und W. Beveridge, die in diesem Band aus gutem Grund vielfach erwähnt werden.

2 Viele Umverteilungsmaßnahmen, gerade im Bereich der Besteuerung, haben sich im nachhinein als wirkungslos erwiesen; Wirkung dagegen hat die totale Einebnung, etwa im Bildungsbereich, nur eben um den Preis der Freiheit.

3 Die Unterschiede sind enorm. Hier sind einige Prozentsätze für Sozialausgaben: Renten – Großbritannien 42 %, Frankreich 46 %, Deutschland 54 %. Gesundheitswesen – Großbritannien 32 %, Frankreich 30 %, Deutschland 25 %. Sozialhilfe – Großbritannien 17 %, Frankreich 9 %, Deutschland 4 % (vgl. J. Alber, 2).

4 Auch hier sind die Unterschiede bemerkenswert (vgl. 2): Staat – Großbritannien 50 %, Frankreich 23 %, Deutschland 26 %. Versicherung – Großbritannien 17 %, Frankreich 19 %, Deutschland 30 %.

5 Der damalige Gesundheitsminister Bevan hat im Unterhaus bei der Einbringung des Gesetzes die Vermutung ausgesprochen, daß die medizinische Versorgung nach der Beseitigung der gröbsten Schädigungen immer billiger werden würde.

6 Auch Lohnnebenkosten und durch sie finanzierte Sozialleistungen sind von der Wachstumsschwäche offenbar betroffen.

7 Das Thema wird im folgenden Kap. 10 ausgeführt. Dort auch die detaillierte Kritik an dem bei Neokonservativen beliebten Ansatz des *targeting,* also der gezielten Hilfe nach Bedürfnisprüfung.

8 Dieser kurze Satz reicht weder zur Lösung der einen (Finanzierung der Ausbildung) noch der anderen (persistente Armut) Frage aus. Hier läßt der vorliegende Aufsatz viele Fragen offen.

9 S. dazu unten Kap. 11 und 12.

10 Ein garantiertes Mindesteinkommen

Die beiden Teile dieses Kapitels sind bezogen auf das Buch von Thomas Schmid (132). Der erste Teil (»Das garantierte Mindesteinkommen und die Arbeitslosigkeit«) erschien zuerst unter dem Titel »Für jeden Bürger ein garantiertes Einkommen« in der *Zeit* vom 17. 1. 1986. Der zweite Teil wurde unter dem hier beibehaltenen Titel (»Ein garantiertes Mindesteinkommen als konstitutionelles Anrecht«) in der 2. Auflage des Buches von Schmid veröffentlicht.

1 Wie rasch die Ereignisse in Vergessenheit geraten! (Auch das ein Merkmal der neuen Probleme?) Brixton: wiederholte Rassenunruhen, wie sie vor allem Lord Justice Scarman in seinem Bericht beschrieben hat (129). Heysel-Stadion: die Fußballschlacht im Brüsseler Stadion beim Europa-

cup-Finale von 1985. Frankfurt: der Tod des Demonstranten Sare, ebenfalls 1985.

2 Der (in diesem Band oft wiederholte) Bezug auf Beveridge gilt vor allem dem sogenannten Beveridge Report (16). Vgl. im übrigen die Biographie von José Harris (66).

3 S. dazu Kap. 12 unten.

4 Mancher mag das Bildungsthema, zu dem ich mich in den sechziger Jahren vielfach geäußert habe, in diesem Band vermissen. Doch hat sein Fehlen einen guten Grund. Für mich war Bildung von Anfang an Bürgerrecht, nicht soziale Patentmedizin und schon gar nicht Wachstumsspritze. Das ist der Kern meines Büchleins aus jener Zeit (37). Es bedeutet, daß das Problem in der Hauptsache gelöst ist. Die neuen Bildungsthemen sind von ganz anderer Natur und gehören nicht zu den Kernfragen der Zeit.

5 Der sogenannte Kronberger Kreis umfaßt undogmatische liberale Ökonomen, die sich gelegentlich zu wichtigen Zeitfragen äußern, so zum Steuersystem (81).

6 Die Frage, wie die Aufnahme des Grundeinkommens in die »Verfassung im weiteren Sinne« praktisch aussehen soll, ist vor allem aus quantitativen Gründen schwierig. Im Idealfall sollte die Verfassung im engeren Sinne erstens das Prinzip etablieren und zweitens bestimmen, daß das Grundeinkommen nicht durch einfaches Gesetz gesenkt werden kann.

11 Die Arbeitsgesellschaft in der Krise

Dies war eine Parteitagsrede, allerdings mit voller Absicht eine zum Abgewöhnen, das heißt ein Abschied von der Politik. Gehalten auf dem Dreikönigstreffen der baden-württembergischen FDP/DVP am 5. Januar 1986, ist sie in diversen Parteiblättern veröffentlicht worden, ohne daß sie ein nennenswertes Echo in einer auf Wachstum eingeschworenen Partei gefunden hätte.

1 Die Tatsache der unterschiedlichen Ausgangsgrößen wird bei Vergleichen oft übersehen; doch ist sie angesichts etwa gleicher Bevölkerungszahlen wichtig. 2,5 % 1986 entsprechen mengenmäßig 10 % 1950!

2 »Arbeit und Umwelt« war der Wahlkampfslogan der Sozialdemokraten bei Landtagswahlen des Jahres 1986. Leinen im Saarland und Fischer in Hessen sind die »bunten Vögel«, an die hier gedacht ist.

3 Das war kein deutscher Finanzminister, versteht sich.

4 Der ausgeprägt regionale Charakter der neuen Arbeitslosigkeit verdiente eine eigene Analyse. Nicht nur innere Städte, sondern Regionen wie das Saarland, Teile Nordrhein-Westfalens, aber auch der englische Norden oder Nordirland leiden an einem Syndrom von »Sozialpathologien«, zu

dem die Arbeitslosigkeit beiträgt, für das sie aber möglicherweise nicht die wichtigste Ursache ist.

5 S. dazu die Analyse oben in Kap. 4.

6 Ein paar dieser Reflexionen werden im folgenden Stück dieses Bandes angestellt.

7 Die schwierige Frage ist: Welche Interessen lassen sich mobilisieren, um erstens Arbeitnehmer zu veranlassen, Produktivitätssteigerungen nicht gänzlich in Form von Lohnerhöhungen einzuklagen und zweitens Unternehmer zu veranlassen, den verbleibenden »Überschuß« nicht prompt als Gewinn einzustreichen. Ob Gefährdungen von Recht und Ordnung beides zugleich bewirken können, mag man bezweifeln. Solange die Frage unbeantwortet bleibt, haben die hier erörterten Vorschläge den Charakter frommer Wünsche.

8 Eine Bemerkung im privaten Gespräch.

9 Das ist ein wichtiger, zuwenig untersuchter Aspekt ökonomischer Theorien: Sie erklären zwar Entwicklungen, doch lassen sie sich nicht einfach in Rezepte umkehren. Die »Laffer-Kurve« zum Beispiel mag den Punkt bezeichnen, an dem Steuererhöhungen nicht mehr zur Erhöhung der Steuereinnahmen führen; wenn er einmal überschritten ist, reicht es aber nicht mehr, an den Ausgangspunkt zurückzukehren.

10 Eine Variante dieses Vorschlags wurde noch vor den Parlamentswahlen von 1986 (also unter rein sozialistischer Regierung) Gesetz. Allerdings bleibt diese Variante vor manchen der genannten Tabus stehen.

11 Der Begriff entstammt meinem Buch *Lebenschancen* (38) und wird hier vor allem in Kap. 13 verwendet.

12 Arbeit und Tätigkeit: eine neue Angst vor der Freiheit?

Unter dem Titel »Work and Life, or the New Fear of Freedom« war dies mein Beitrag zu der von Bo Ekman herausgegebenen »Festschrift« für Pehr Gyllenhammar (50). Der Beitrag ist im Frühjahr 1985 geschrieben und von mir übersetzt.

1 Die Bemerkung fiel im Gespräch in kleiner Runde.

2 Bei Aristoteles läßt sich diese Auffassung vor allem in der *Nikomachischen Ethik* auffinden.

3 Abgesehen von der zitierten Stelle im *Kapital* hat Marx sich in den Pariser Manuskripten über *Nationalökonomie und Philosophie* und in der *Deutschen Ideologie* mit dem Thema beschäftigt.

4 Die relevanten Entwicklungen sind leicht aufgezählt: die Verkürzung der Wochenarbeitszeit, neue Urlaubsregelungen, Feiertage, die Verlängerung der Schulpflicht und Ausbildungszeit, Ruhestandsregelungen. Wenn man will, kann man noch die Lohnfortzahlung im Krankheitsfall dazurechnen.

5 Die »grey panthers« sind die amerikanische Organisation aktivistischer Pensionäre. Für das »dritte Lebensalter« gibt es in Frankreich eine eigene Universität und andere Einrichtungen.

6 *Conspicuous consumption* heißt es bei Veblen (150).

7 Wenn ein Thema in den verschiedenen Beiträgen dieses Bandes zur Arbeitslosigkeit zu kurz gekommen ist, dann das der akademischen Arbeitslosen. Sie sind möglicherweise ein Übergangsphänomen (weil sich Bildungs- und Berufsentscheidungen der Nachwachsenden an den Marktchancen orientieren); aber ihre Zahl ist groß genug, um sie zu einer wortstarken politischen Kraft zu machen. Auch sind sie zum Unterschied von anderen Arbeitslosen eher zur Solidarität in der Lage.

8 Dieses Stück ist vor der anderswo in diesem Band geäußerten Vermutung geschrieben worden, daß die Flexibilität der Reallöhne nach unten zur neuen Armut der *working poor* führen muß, wie sie in den USA tatsächlich existiert.

9 Gemeint ist: Angesichts der Kosten des Sozialstaates konnte es gar nicht ausbleiben, daß mit der Ersetzung von Arbeit durch Kapital (von Menschen durch Maschinen) die Lohnnebenkosten steigen. Die (vor allem in Österreich diskutierte) Maschinensteuer wäre da kein gar so großer Schritt mehr.

10 Daniel Bell hat das in seinem Buch über die »kulturellen Widersprüche des Kapitalismus« eindrucksvoll gezeigt (14).

11 Die Schlüsselbegriffe der gemeinten Unterscheidung, die hier nicht weiter erörtert werden können, sind Begriffe von Kant: Heteronomie und Autonomie.

12 Kern des Volvo-Modells ist die Arbeit in Gruppen mit gemilderter Arbeitsteilung, wobei die Gruppen nicht durch das Tempo der Maschinen aufeinander bezogen sind.

13 Das Thema ist in Deutschland tabu wegen des Reichsarbeitsdienstes der Nazis, und es wird erschwert durch die Wehrpflicht der Männer. Doch wäre selbst die öffentliche Ermutigung zum freiwilligen Sozialdienst schon ein Gewinn.

13 Die Stadt und die Bilanz der Moderne

Unter dem Titel »The Disenchantment of the World: The City and the Balance Sheet of Modernity« war dies mein Suntory Foundation Lecture in Osaka, Japan, am 4. 11. 1986. Wie auch sonst in diesem Band stammt die Übersetzung von mir.

1 Die Frage, die sich hier stellt (und die im folgenden mit der Rede vom »Virus der Modernität« noch einmal aufgenommen wird) ist für alle Fundamentalismen relevant: Sind diese Widerlegungen der Annahme

einer inneren Gesetzlichkeit (gar Unausweichlichkeit) der Modernität oder betreiben sie die Sache der Modernität auf andere Weise?

2 Die Anspielung gilt der im folgenden näher erörterten These von Galbraith (53).

3 Man kann sagen, daß erst Modernität im hier definierten Sinne Gesellschaft konstituiert; erst sie macht daher Gesellschaftswissenschaft möglich. Das entspricht der heute gängigen Auffassung von den Anfängen der Soziologie im achtzehnten Jahrhundert.

4 Vgl. 154. Die Frage ist, ob es »funktionale Äquivalente« der protestantischen Ethik gibt, also andere öffentliche Werte, die wachsende Bedürfnisse mit der Bereitschaft zur aufgeschobenen Befriedigung verbinden.

5 Oben im 7. Kapitel habe ich vorzugsweise von »Anrechten« und »Wachstum« gesprochen. Es geht um denselben Begriffszusammenhang und es ist durchaus beabsichtigt, hier noch keine endgültige Festlegung vorzunehmen.

6 In meinem Buch *Lebenschancen* liest man es etwas anders (38). Dort habe ich nur zwischen »Optionen« und »Ligaturen« (wozu s. die folgende Erörterung) unterschieden. Heute möchte ich den Begriff der Optionen durch die beiden Elemente der Grundgleichheit und der Wohlfahrt präzisieren. Beides, Bürgerrechte und Lebensstandard, sind Optionen. Der durch beide konstituierte Begriff ist schärfer und nützlicher als die bloße Rede von Optionen. Indes sind solche Selbstkorrekturen immer auch verwirrend. Klarheit wird wohl erst das einleitend erwähnte Buch bringen.

7 Zum wichtigen Begriff der Anomie s. vor allem É. Durkheim (48, 49) und R. Merton (100). In *Law and Order* habe ich den Begriff ausführlich erörtert (43, S. 19–27).

8 Tönnies (148) war nur einer von vielen, die eine solche Dichotomie nützlich fanden. Durkheims »mechanische« und »organische Solidarität« (48) sind ein weiteres Beispiel. Spuren der Unterscheidung finden sich bei allen klassischen Soziologen.

9 Es könnte Spaß machen, das *ancien régime* in der Spiegelung bei Autoren entschiedener Modernität zu untersuchen: eine Studie in Sozialromantik, die auch Marx einschließt.

10 In seiner berühmten Definition der Aufklärung in der Schrift »Was ist Aufklärung?« (s. 76).

11 So bei Michio Morishima (s. 108, S. 7).

12 Die Geschichte ist oft erzählt worden. Hier habe ich gerne die Version von Hartmut Häußermann in seinem Vortrag vor dem deutschen Soziologentag von 1986 zugrunde gelegt (67).

13 Immerhin hat der Begriff sich so sehr eingebürgert, daß man ihn ohne große Bauchschmerzen verwenden kann. In seiner Definition finde ich mich nahe bei J. Habermas (63). Dort übrigens auch Anmerkungen zur Geschichte des Begriffs.

14 Zu dieser Debatte und ihren Protagonisten s. oben Kap. 8 und unten Kap. 15.

15 Zu dem Thema ist nach wie vor lesenswert das Buch von W. Mommsen (106).

16 Die Bemerkung bezieht sich auf das Buch von F. Stern (143).

17 Um den englischen Titel des Buches von Fritz Schumacher, *Small Is Beautiful,* zu paraphrasieren (133).

14 Die Zukunft der Weltgesellschaft

Dieses Stück ist in zwei Anläufen im Oktober und Dezember 1986 geschrieben (und von mir übersetzt) worden. Unter dem Titel »The Future of World Society: Citizenship and Life Chances in International Perspective« ist es als Vortrag unter den Auspizien der Suntory Foundation am 7. 11. 1986 in Tokio sowie in der Van Leer Foundation in Jerusalem am 7. 1. 1987 gehalten worden.

1 Eine detaillierte Erörterung und vorsichtige Anwendung dieser Begriffe findet sich bei Ralph Pettman (115).

2 *Utopia and Revolution* ist der Titel eines Buches von Melvin Lasky, das viel Material zum Thema enthält (85). Manches weitere zum Thema findet sich in meinen *Pfaden aus Utopia* (36). Die zugrundeliegende Haltung wird am ehesten von Karl Popper formuliert (vgl. 119, 120).

3 So in der »Idee zu einer allgemeinen Geschichte in weltbürgerlicher Absicht« (in 76).

4 Das Wort »*Staats*bürger« ist in diesem Zusammenhang besonders mißlich, in dem es eben nicht mehr um (National-)Staaten geht. Auch hier trifft das englische Wort *citizen* besser.

5 Einzelne Länder dieser Kategorie gehören tatsächlich nicht zur OECD, sind hier jedoch mitgedacht. Israel ist ein Beispiel. Eine besondere Kategorie ist die der *nics,* der *newly industrialized countries* wie Singapur, Korea usw.

6 Die ersteren sind offenkundig; die letzteren hat M. Olson (113) eindringlich herausgearbeitet.

7 Jedenfalls könnte man die Aktionen von Generalsekretär Gorbatschow, die auf die Schaffung einer effektiveren Öffentlichkeit zielen, so interpretieren. Die Öffentlichkeit als Vorreiter des Marktes?

8 Die beste Darstellung dieses Prozesses und der ihm zugrundeliegenden Erwägungen findet sich nach meiner Meinung in dem Buch von Max Hagemann (64).

9 Eine vorzügliche Darstellung dieser Ereignisse liefert Susan Strange in dem von Andrew Shonfield herausgegebenen Buch (140).

10 Die detaillierteste Darstellung des Prozesses findet sich in dem Buch von Walt Rostow (126).

11 Vgl. 99. Zur Wachstumsdebatte s. auch die Bücher von E. J. Mishan (105) und L. P. Pringle (122).

12 Man müßte wohl auch differenzieren zwischen verschiedenen Rechtsbereichen und insbesondere zwischen dem internationalen öffentlichen Recht und dem internationalen Privatrecht.

13 Die Verträge von Paris haben die Europäische Gemeinschaft für Kohle und Stahl und die Europäische Atomgemeinschaft begründet, der Vertrag von Rom schuf die Europäische Wirtschaftsgemeinschaft.

14 Der hier kritisierte Irrtum kennzeichnet leider auch den sogenannten Brandt-Bericht (vgl. 72).

15 S. dazu das Buch von Raúl Prebisch aus dem Jahre 1950 (121). In jüngeren Veröffentlichungen hat Prebisch selbst sich von der »Durchfiltertheorie« distanziert.

16 Etwa D. Senghaas (138) oder I. Wallerstein (152).

17 Das ist das Thema insbesondere der Kap. 7, 9 und 11 in diesem Band.

18 Die Anspielung gilt Schumpeter, dem Theoretiker der Innovation und des Unternehmertums (vgl. 134), und Keynes, dem Theoretiker des Wachstums durch Veränderung von Anrechtsstrukturen (vgl. 78). Die These soll nicht die Forderung nach Nachfragesteuerung neu aufwärmen, sondern das Prinzip strategischer Veränderungen an der Grenzlinie von Anrechten und Wachstum unterstreichen.

15 Die Liberalen und der Gesellschaftsvertrag

Dieser im Frühsommer 1986 begonnene Text wurde für diesen Band zu Ende geführt. Er kann hier als eine Art resümierendes Schlußwort gelten.

1 Das gibt sogar Anthony Arblaster zu, der im übrigen in seinem Buch vor allem die Schattenseiten des Liberalismus betont (5).

2 Wo Hegel, Hölderlin und Schelling bekanntlich als Studenten gemeinsam die Französische Revolution feierten.

3 Zur liberalen Anthropologie s. das Buch von Arblaster (5) sowie auch die Studie von John Gray (60). Keiner von beiden rechnet allerdings den »Anarchisten« Max Stirner in die liberale Ahnenreihe.

4 »Errichten feierlich« ist eine sehr schwache Übersetzung des amerikanischen *do ordain and establish*.

5 So Mill in seiner Autobiographie (104, S. 196).

6 Das galt vor allem für die britischen Liberalen und die deutschen Freisinnigen, und zwar sowohl in Wahlrechtsfragen wie in der Sozialpolitik.

7 Wichtige Werke von Beveridge und Keynes werden in der Bibliographie aufgeführt; s. auch die Biographien von Harris (66) und Hession (68).

8 Diese These kehrt gleichsam die Erklärung der britischen Wirtschaftsschwäche, wie sie zuletzt M. Wiener versucht hat (157), um.

9 »*Liberals*« im amerikanischen Sinn sind Wohlfahrtsstaatsanhänger mit einem weichen Herzen; in Europa gibt es dafür kein eigentliches Äquivalent (»Sozialliberale«?).

10 Vgl. dazu die Kritik an J. Buchanan im 8. Kapitel dieses Bandes.

11 Das Buch von Rawls (124) bleibt nach meinem Urteil der wichtigste Beitrag zur Moralphilosophie liberaler Politik am Ende des zwanzigsten Jahrhunderts; es wird all die ephemeren Kritiker überleben, die es auf den Plan gerufen hat.

12 Die These bildet den Kern meiner Vorlesungen über *Law and Order* (43).

13 Im 14. Kapitel, das aus diesem Grunde in den Vierten Teil einbezogen worden ist.

14 Die Schwäche der Olsonschen Theorie (vgl. 113) liegt in ihrem spezifisch amerikanischen Charakter; sie untersucht Politik ohne Staat. Mit dem Staat kommt die Institution der Bürokratie (und anderes mehr) ins Spiel.

Bibliographie

(Die Zitate im Buch beziehen sich jeweils auf die deutsche Ausgabe, die hier ebenfalls angegeben wird. Wird nur das Original genannt, so handelt es sich um meine eigene Übersetzung. R. D.)

1 Adorno, Th. W. u. a.: Der Positivismusstreit in der deutschen Soziologie. Neuwied 1969.
2 Alber, Jens: »Einige Grundlagen und Begleiterscheinungen der Entwicklung der Sozialausgaben in Westeuropa, 1949–1977«, in: Zeitschrift für Soziologie, Jg. 12, Heft 2 (April 1983).
3 Alt, James: The Politics of Economic Decline. Cambridge 1979.
4 Anderson, Dewey/Davidson, Percy S.: Ballots and the Democratic Class Struggle. Stanford 1943.
5 Arblaster, Anthony: The Rise and Decline of Western Liberalism. Oxford 1984.
6 Arendt, Hannah: Vita activa oder Vom tätigen Leben. München 1967.
7 Aron, Raymond: »Fin de l'âge idéologique?«; in: L'opium des intellectuels. Paris 1955, S. 315 ff. Dt.: »Ende des ideologischen Zeitalters?«; in: Opium für Intellektuelle oder die Sucht nach Weltanschauung. Köln/Berlin 1957, S. 362 ff.
8 Aron, Raymond: Die industrielle Gesellschaft. Frankfurt/M. 1964.
9 Arrow, Kenneth J.: Social Choice and Individual Values. New York ²1966.
10 Auletta, Ken: The Underclass. New York 1982.
11 Baranski, Zygmunt G./Short, John R.: Developing Contemporary Marxism. London 1985.
12 Bell, Daniel: The End of Ideology. New York 1961.
13 Bell, Daniel: The Coming of Post-Industrial Society. New York 1973. Dt.: Die nachindustrielle Gesellschaft. Frankfurt/M.–New York 1975.
14 Bell, Daniel: The Cultural Contradictions of Capitalism. New York 1976.

15 Bergmann, Jochen/Brandt, Gerhard/Körber, Klaus/Mohl, Ernst Theodor/Offe, Claus: »Herrschaft, Klassenverhältnis, Schichtung«; in: (46, S. 67–87).

16 Beveridge, William: Full Employment in a Free Society. London 1944.

17 Boudon, Raymond: Education, Opportunity, and Social Inequality. New York 1973.

18 Branson, Noreen: History of the Communist Party of Great Britain 1927–1941. London 1985.

19 Buchanan, James M./Tullock, Gordon: The Calculus of Consent. Ann Arbor 1965.

20 Buchanan, James M.: The Limits of Liberty. Chicago 1975. Dt.: Die Grenzen der Freiheit. Tübingen 1984.

21 Buchanan, James M.: »Market Failure and Political Failure«. Paper Presented to CIVITAS Conference. Herdecke 22.–25.10.1986 (Schreibmaschinenmanuskript).

22 Burawoy, Michael: The Politics of Production. Factory Regimes Under Capitalism and Socialism. London 1985.

23 Burnham, James: The Managerial Revolution. New York 1941. Dt.: Das Regime der Manager. Stuttgart 1949.

24 Buruma, Ian: »The Road to Mandalay«; in: New York Review of Books, vol. XXXIII, No. 16 (October 1986).

25 Carter, Robert: Capitalism, Class Conflict and the New Middle Class. London 1985.

26 Coates, David/Johnston, Gordon/Bush, Ray (Hg.): A Socialist Anatomy of Britain. Cambridge 1985.

27 Crozier, Michel/Huntington, Samuel/Watanake, Joji: The Crisis of Democracy. New York 1975.

28 Curran, James (Hg.): The Future of the Left. Cambridge 1984.

29 Dahms, Harry: Kann eine demokratische Gesellschaft in eine Legitimitätskrise geraten? Magisterarbeit, Konstanz 1986.

30 Dahrendorf, Ralf: Marx in Perspektive. Hannover 1953; 2. Aufl.: Die Idee des Gerechten im Denken von Karl Marx. Hannover 1971.

31 Dahrendorf, Ralf: Soziale Klassen und Klassenkonflikt in der industriellen Gesellschaft. Stuttgart 1957. Engl.: Class and Class Conflict in Industrial Society. Stanford 1959.

32 Dahrendorf, Ralf: Über den Ursprung der Ungleichheit unter den Menschen. Tübingen 1961 (Reihe »Recht und Staat in Geschichte und Gegenwart«, Nr. 232). Siehe auch in (36).

33 Dahrendorf, Ralf: »Über einige Probleme der soziologischen Theorie der Revolution«; in: Europäisches Archiv für Soziologie II/1 (1961), S. 153 ff.

34 Dahrendorf, Ralf: Conflict after Class. London 1967. Dt.: »Konflikt nach dem Klassenkampf«; in: Dahrendorf, Ralf: Konflikt und Freiheit. München 1972, S. 73 ff.

35 Dahrendorf, Ralf: Die Soziologie und der Soziologe. Konstanz 1967.

36 Dahrendorf, Ralf: Pfade aus Utopia. München 1967.

37 Dahrendorf, Ralf: Bildung ist Bürgerrecht. Hamburg 1965.

38 Dahrendorf, Ralf: Lebenschancen. Ansätze zur sozialen und politischen Theorie. Frankfurt/M. 1981.

39 Dahrendorf, Ralf: On Britain. London 1982.

40 Dahrendorf, Ralf: The Voluntary Sector in a Changing Economic Climate. London 1983.

41 Dahrendorf, Ralf: Die Chancen der Krise. Stuttgart 1983.

42 Dahrendorf, Ralf: Reisen nach innen und außen. Stuttgart 1984.

43 Dahrendorf, Ralf: Law and Order. London 1985.

44 Dahrendorf, Ralf: »Soziale Klassen und Klassenkonflikt: Zur Entwicklung und Wirkung eines Theoriestücks«; in: Zeitschrift für Soziologie, Jg. 14, Heft 3 (Juni 1985).

45 Dangerfield, George: The Strange Death of Liberal England. New York 1961.

46 Deutsche Gesellschaft für Soziologie: Spätkapitalismus oder Industriegesellschaft? Verhandlungen des 16. Deutschen Soziologentages in Frankfurt 1968. Stuttgart 1969.

47 Downs, Anthony: An Economic Theory of Democracy. New York 1957. Dt.: Ökonomische Theorie der Demokratie. Tübingen 1968.

48 Durkheim, Émile: De la division du travail social (1893). Paris ^{4}1922. Dt.: Über die Teilung der sozialen Arbeit. Frankfurt/M. 1977.

49 Durkheim, Émile: Le Suicide (1897). Paris ^{2}1967. Dt.: Der Selbstmord. Frankfurt/M. 1983.

50 Ekman, Bo (Hg.): Dignity at Work. A book dedicated to Pehr G. Gyllenhammar. Stockholm 1985.

51 Fink, Ulf: »Die Pessimisten könnten recht bekommen«; in: *Der Spiegel*, Nr. 46, 39. Jg., 11. November 1985.

52 Galbraith, John Kenneth: The Affluent Society. New York 1958. Dt.: Gesellschaft im Überfluß. München 1959.

53 Galbraith, John Kenneth: The Nature of Mass Poverty. Cambridge, Mass. 1979.

54 Gamble, A. M./Walkland, S. A.: The British Party System and Economic Policy 1945−1983. Studies in Adversary Politics. Oxford 1984.

55 Geiger, Theodor: Die soziale Schichtung des deutschen Volkes. Stuttgart 1932.

56 Geiger, Theodor: Die Klassengesellschaft im Schmelztiegel. Köln 1949.

57 Giersch, Herbert: Eurosclerosis. Kieler Diskussionsbeiträge. Kiel, Oktober 1985.

58 Glotz, Peter: Manifest für eine Europäische Linke. Berlin 1985.

59 Grass, Günther: Kopfgeburten. Darmstadt/Neuwied 1980.

60 Gray, John: Liberalism. Minneapolis 1986.

61 Habermas, Jürgen: Legitimationsprobleme im Spätkapitalismus. Frankfurt/M. 1973.

62 Habermas, Jürgen: Theorie des kommunikativen Handelns. Frankfurt/M. 1981.

63 Habermas, Jürgen: Der philosophische Diskurs der Moderne. Frankfurt/M. 1985.

64 Hagemann, Max: Der provisorische Frieden. Erlenbach–Zürich 1964.

65 Hamilton, Alexander/Jay, John/Madison, James: The Federalist (1787). New York ca. 1961. Dt.: Der Föderalist. Wien 1958.

66 Harris, José: William Beveridge. A Biography. Oxford 1977.

67 Häußermann, Hartmut: »Vom Müsli zum Kaviar«; in: DIE ZEIT (Zeitmagazin), Nr. 41, 3. Oktober 1986.

68 Hession, Charles H.: John Maynard Keynes. New York – London 1984. Dt.: Stuttgart 1986.

69 Hirsch, Fred: Social Limits to Growth. London 1977. Dt.: Die sozialen Grenzen des Wachstums. Reinbek bei Hamburg 1980.

70 Huizinga, Johan: Herbst des Mittelalters (1919). Stuttgart [10]1969.

71 Hume, David: A Treatise on Human Nature. Ed. L. A. Selby-Bigge. Oxford 1888. Dt.: Ein Traktat über die menschliche Natur. Hamburg 1978.

72 Independent Commission on International Development: North-South. A programme for Survival. London 1980. Dt.: Unabhängige Kommission für Internationale Entwicklungsfragen: Das Überleben sichern. Der Brandt-Report. Bericht der Nord-Süd-Kommission. Frankfurt/M., Berlin, Wien 1981.

73 Ingham, Geoffrey: Capitalism Divided? The City and Industry in Britsh Social Development. London 1984.

74 Inglehart, Ronald: The Silent Revolution – Changing Values and Political Styles Among Western Publics. Princeton 1977.

75 Jencks, Christopher: Inequality. New York 1972. Dt.: Chancengleichheit. Reinbek bei Hamburg 1973.

76 Kant, Immanuel: Populäre Schriften, hg. v. P. Menzer. Berlin 1911.

77 Kennan, George F.: Memoirs 1925–1950, Hutchinson: London 1967. Dt.: Memoiren eines Diplomaten, Bd. 1, Stuttgart 1960.

78 Keynes, John Maynard: The General Theory of Employment, Interest and Money. London 1936. Dt.: Allgemeine Theorie der Beschäftigung, des Zinses und des Geldes. Berlin [6]1983.

79 Kluge, F./Götze, A.: Etymologisches Wörterbuch der deutschen Sprache. Berlin 1948.

80 Kristol, Irving: »The Adversary Culture of Intellectuals«; in: Encounter, October 1979.

81 Kronberger Kreis: Bürgersteuer – Entwurf einer Neuordnung von direkten Steuern und Sozialleistungen. Frankfurt/M. April 1986.

82 Kuhn, Thomas S.: The Structure of Scientific Revolutions. Chicago 1963. Dt.: Die Struktur wissenschaftlicher Revolutionen. Frankfurt/M. 1973.

83 Lambsdorff, Otto Graf: »Konzept für eine Politik zur Überwindung der Wachstumsschwächen und zur Bekämpfung der Arbeitslosigkeit«; in: liberal 4/1984, 26. Jg.

84 Landshut, Siegfried: »Die Gegenwart im Lichte der Marxschen Lehre«; in: Ortlieb, H.-D. (Hg.): Hamburger Jahrbuch für Wirtschafts- und Gesellschaftspolitik, Bd. 1. Tübingen 1956.

85 Lasky, Melvin J.: Utopia and Revolution. Chicago 1976.

86 Lassalle, Ferdinand: Ausgewählte Texte, hg. v. Thilo Ramm. Stuttgart 1962.

87 Lederer, Ernst/Marschak, J.: »Der neue Mittelstand«; in: Grundriß der Sozialökonomik IX/1. Tübingen 1926.

88 Lepenies, Wolf: Die drei Kulturen. München–Wien 1985.

89 Lewis, W. Arthur: Some Aspects of Economic Development. Accra 1969.

90 Lipset, Seymour Martin: Political Man. Garden City 1960. Dt.: Soziologie der Demokratie. Darmstadt/Neuwied 1962.

91 Locke, John: Two Treatises on Government. Ed. by Peter Laslett. Cambridge ²1967. Dt.: Zwei Abhandlungen über die Regierung, hg. v. Walter Euchner. Frankfurt/M. 1967.

92 Marshall, Thomas H.: Citizenship and Social Class. Cambridge 1950.

93 Marx, Karl: Ökonomisch-philosophische Manuskripte. MEGA Bd. I/3. Glashütten/Ts. 1970.

94 Marx, Karl/Engels, Friedrich: Die Heilige Familie oder Kritik der kritischen Kritik. MEW Bd. 2. Berlin 1957.

95 Marx, Karl/Engels, Friedrich: Die deutsche Ideologie. MEW Bd. 3. Berlin 1958.

96 Marx, Karl/Engels, Friedrich: Manifest der Kommunistischen Partei. MEW Bd. 4. Berlin 1959.

97 Marx, Karl: Der achtzehnte Brumaire des Louis Bonaparte. MEW Bd. 8. Berlin 1960.

98 Marx, Karl: Das Kapital. MEW Bd. 23–25. Berlin 1964.

99 Meadows, Dennis et al.: The Limits to Growth. New York 1972. Dt.: Die Grenzen des Wachstums. Stuttgart 1972.

100 Merton, Robert K.: Social Theory and Social Structure. Glencoe 1957.
101 Michels, Robert: Zur Soziologie des Parteiwesens. Stuttgart 1970.
102 Middlemas, Keith: Politics in Industrial Society. London 1979.
103 Middlemas, Keith: Power and the Party. Changing Faces of Communism in Western Europe. London 1980.
104 Mill, John Stuart: Autobiography (1873). London 1969.
105 Mishan, E. J.: The Economic Growth Debate. London 1977.
106 Mommsen, Wolfgang J.: Max Weber und die deutsche Politik 1890–1929. Tübingen 1974.
107 Morishima, Michio: Why Has Japan ›Succeeded‹? Cambridge 1982.
108 Morishima, Michio: A Historical Transformation From Feudalism to ›Capitalism‹. London 1986.
109 Nossiter, Bernard: Britain. A Future That Works. London 1978.
110 Nozick, Robert: Anarchy, State, Utopia. Oxford 1974. Dt.: Anarchie, Staat, Utopia. München o.J.
111 OECD Report on Labour Market Flexibility. Paris 1986.
112 Offe, Claus: Strukturprobleme des kapitalistischen Staates. Frankfurt/M. 1972.
113 Olson, Mancur: The Rise and Decline of Nations. New Haven–London 1982. Dt.: Aufstieg und Niedergang von Nationen. Tübingen 1985.
114 Parsons, Talcott: Structure and Process in Modern Societies. New York – London 1960.
115 Pettman, Ralph: State and Class. New York 1979.
116 Picht, Georg: Die deutsche Bildungskatastrophe. München 1965.
117 Pimlott, Ben (Hg.): Fabian Essays in Socialist Thought. London 1984.
118 Popper, Karl R.: Logik der Forschung. Tübingen [8]1984.
119 Popper, Karl R.: Die offene Gesellschaft und ihre Feinde. Bern Bd. 1: 1957, Bd. 2: 1958.
120 Popper, Karl R.: The Poverty of Historicism. London [2]1960. Dt.: Das Elend des Historizismus. Tübingen [5]1979.
121 Prebisch, Raúl: The Economic Development of Latin America and Its Principal Problems. Buenos Aires 1950.
122 Pringle, Laurence P.: The Economic Growth Debate: Are These Limits to Growth? New York 1978.
123 Przeworski, Adam: Capitalism and Social Democracy. Cambridge 1985.
124 Rawls, John: A Theory of Justice. Oxford–London 1972. Dt.: Eine Theorie der Gerechtigkeit. Frankfurt/M. 1979.
125 Renner, Karl: Wandlungen der modernen Gesellschaft. Wien 1953.
126 Rostow, Walt W.: The World Economy. Austin 1978.

127 Rotteck, Karl von/Welcker, Karl: Staats-Lexicon: Encyclopädie der sämtlichen Staatswissenschaften für alle Stände. Leipzig [2]1856–1866.

128 Runciman, Gary: Relative Deprivation and Social Justice. Berkeley–Los Angeles 1966.

129 Scarman, Leslie: The Brixton Disorders. London 1981.

130 Schelsky, Helmut: »Gesellschaftlicher Wandel«; in: Offene Welt, Nr. 41 (1956).

131 Schelsky, Helmut: Die Arbeit tun die andern. Opladen 1975.

132 Schmid, Thomas: Befreiung von falscher Arbeit. Thesen zum garantierten Mindesteinkommen. Berlin 1984/ 2. erh. veränd. Aufl. 1986.

133 Schumacher, Fritz: Small is beautiful. New York 1976. Dt.: Die Rückkehr zum menschlichen Maß. Reinbek bei Hamburg 1977.

134 Schumpeter, Joseph Alois: Theorie der wirtschaftlichen Entwicklung (1911). Berlin [6]1964.

135 Schumpeter, Joseph Alois: Kapitalismus, Sozialismus und Demokratie (1942). München 1950.

136 Sen, Amartya: Poverty and Famines. An Essay on Entitlement and Deprivation. Oxford 1981.

137 Sen, Amartya: »Food, Economic, and Entitlements«; in: WIDER/ UNU: Helsinki 1986.

138 Senghaas, Dieter: Weltwirtschaftsordnung und Entwicklungspolitik. Frankfurt/M. 1977.

139 Sering, Paul (Löwenthal, Richard): Jenseits des Kapitalismus. Nürnberg 1947.

140 Shonfield, Andrew: International Economic Relations of the Western World 1959–1971. Bd. 2. London 1976.

141 Sombart, Werner: Warum gibt es in den Vereinigten Staaten keinen Sozialismus? Tübingen 1906.

142 Sombart, Werner: »Die Anfänge der Soziologie«; in: Erinnerungsgabe für Max Weber. Hg. v. Melchior Palyi. München und Leipzig 1923, Bd. 1.

143 Stern, Fritz: The Politics of Cultural Despair. Berkeley 1961. Dt.: Kulturpessimismus als politische Gefahr. Bern 1963.

144 Strange, Susan: Casino Capitalism. Oxford 1986.

145 Strasser, Johano: Grenzen des Sozialstaats? Frankfurt/M. 1979.

146 Talmon, J. R.: The Origins of Totalitarian Democracy. London 1961. Dt.: Die Ursprünge der totalitären Demokratie. Köln und Opladen 1961.

147 Tocqueville, Alexis de: Demokratie in Amerika (1864). Frankfurt/M. 1956.

148 Tönnies, Ferdinand: Gemeinschaft und Gesellschaft (1887). Darmstadt 1979.

149 Veblen, Thorstein: Imperial Germany and the Industrial Revolution. Toronto 1966.

150 Veblen, Thorstein: The Theory of the Leisure Class. New York 1961. Dt.: Theorie der feinen Leute. München 1981.

151 Vorländer, Hans: »Neoliberalismus in den Vereinigten Staaten«; in: liberal 1/1986, 28. Jg.

152 Wallerstein, Immanuel: The Politics of the World-Economy. Cambridge 1984.

153 Webb, Sidney et al: Fabian Essays in Socialism (1889). London ⁶1962.

154 Weber, Max: Die Protestantische Ethik und der Geist des Kapitalismus (1920). Tübingen 1972.

155 Weber, Max: Gesammelte Politische Schriften. Tübingen ²1958.

156 Weber, Max: Wirtschaft und Gesellschaft. Tübingen ⁴1956.

157 Wiener, Martin: English Culture and the Decline of the Industrial Spirit. Cambridge 1981.